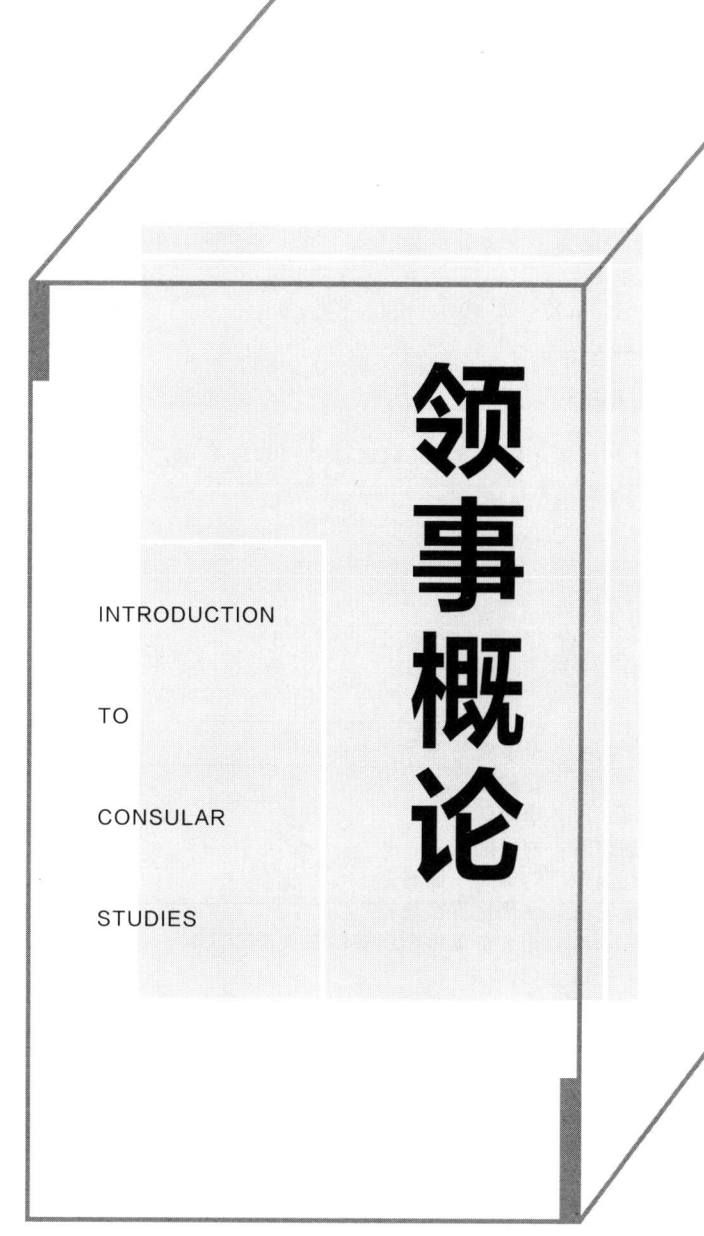

领事概论

INTRODUCTION

TO

CONSULAR

STUDIES

夏莉萍 著

当代世界出版社
THE CONTEMPORARY WORLD PRESS

图书在版编目（CIP）数据

领事概论 / 夏莉萍著. -- 北京：当代世界出版社，2024.11
ISBN 978-7-5090-1742-5

Ⅰ.①领… Ⅱ.①夏… Ⅲ.①领事事务 Ⅳ.①D802.5

中国国家版本馆 CIP 数据核字（2023）第 082105 号

书　　名：领事概论
作　　者：夏莉萍 著
出 品 人：李双伍
策划编辑：刘娟娟
责任编辑：刘娟娟　徐嘉璐
出版发行：当代世界出版社
地　　址：北京市东城区地安门东大街70-9号
邮　　编：100009
邮　　箱：ddsjchubanshe@163.com
编务电话：（010）83907528
（010）83908410 转 804
发行电话：（010）83908410 转 812
传　　真：（010）83908410 转 806
经　　销：新华书店
印　　刷：北京新华印刷有限公司
开　　本：710 毫米×1000 毫米　1/16
印　　张：19
字　　数：256 千字
版　　次：2024 年 11 月第 1 版
印　　次：2024 年 11 月第 1 次
书　　号：ISBN 978-7-5090-1742-5
定　　价：83.00 元

法律顾问：北京市东卫律师事务所　钱汪龙律师团队　（010）65542827
版权所有，翻印必究；未经许可，不得转载。

前　言

领事制度源远流长。《维也纳领事关系公约》开篇即告"查各国人民自古即已建立领事关系"。领事是伴随着国际商贸的出现而产生和发展的，处理的事务主要与国家间人员跨境交往相关。

现代领事制度可追溯到古代希腊和罗马，形成于中世纪地中海沿岸商业城镇中。随着资本主义的发展及其向世界各地的扩张，法国在总结中世纪以来领事实践经验的基础上，于19世纪率先建立起以职业领事为核心、辅以名誉领事的现代领事制度，欧美各国纷纷仿效并向世界各地传播。按照主权平等的原则，资本主义国家之间建立起相对平等互惠的领事关系。但是，西方列强在推行侵略和战争政策、瓜分世界、建立殖民地的过程中，把单方享有的领事裁判权强加给殖民地和半殖民地国家，形成了不平等的领事关系。第二次世界大战后，原殖民地和半殖民地国家纷纷获得独立和解放，殖民体系土崩瓦解，领事裁判权也随之消亡。

根据《联合国宪章》规定的各国主权平等的原则，联合国于1963年召开国际会议，产生了历史上第一个全面规定领事关系准则的全球性国际公约——《维也纳领事关系公约》。该公约对领事关系的建立、领事机构的设立、领事职务、领事的级别和种类、领事特权与豁免等一系列领事制度中的重要问题作出规定。《维也纳领事关系公约》的诞生标志着领事制度在全球范围内正式确立。截至2023年12月底，已有182个国家加入了该公约。

当今世界，国与国之间的交流与合作不断深化。人员跨境交往是各领域交流与合作的基础，而依据一定规则，通过一定途径，妥善解决人员跨境交往中的问题，维护好本国利益，则成为当今各国领事工作的重要任务。世界主要大城市都有领事的身影。

新中国成立70多年来，在独立自主、平等互惠的基础上，与各国建立和发展领事关系，走出了一条采用和遵循国际普遍领事实践惯例，同时具有中国特色的领事工作发展道路，为促进中外人员往来，推动中外各领域交流合作，维护中国海外权益，捍卫中国的主权、安全和发展利益作出了积极贡献。尤其是党的十八大以来，领事事务在整体外交工作中的重要性日益凸显，领事工作成为外交工作践行"以人民为中心"的发展思想的直接体现。

外交学院是外交部唯一直属高校，自2002年起开设领事课程。本书是作者多年教学积累的成果。本书共分为六章，系统介绍领事与领事制度、领事关系与领事机构、领事条约及领事特权与豁免、领事业务、中外领事关系及中共十八大以来中国领事保护与服务的新发展等内容。这是为使高校学生和广大读者迅速掌握领事业务基本知识而提供的一本实用学习材料，对与领事工作有关的涉外单位和个人也是一本有价值的参考手册，亦可作为公民出国活动的指南性知识读本。

夏莉萍
2024年7月

目 录

前 言

第一章　领事与领事制度 / 1
第一节　领事 / 1
第二节　领事制度 / 6

第二章　领事关系与领事机构 / 15
第一节　领事关系 / 15
第二节　领事机构 / 22
第三节　驻外领事机构的联合组织 / 29

第三章　领事条约及领事特权与豁免 / 33
第一节　领事条约 / 33
第二节　领事特权与豁免概述 / 44
第三节　领事特权与豁免的主要内容 / 47
第四节　领馆和领馆成员对接受国的义务 / 64
第五节　外国领馆及领馆成员在华享有的领事特权与豁免 / 66

第四章　领事业务 / 72
第一节　护照 / 72
第二节　签证 / 82
第三节　领事认证 / 98

第四节　驻外使领馆办理的公证 / 104
第五节　领事保护与协助 / 108
第六节　其他领事业务 / 119

第五章　中外领事关系 / 133
第一节　中华人民共和国成立前的中外领事关系 / 133
第二节　中华人民共和国成立至改革开放前的中外领事关系 / 146
第三节　改革开放以来的中外领事关系 / 165

第六章　中共十八大以来中国领事保护与服务的新发展 / 174
第一节　领事保护与服务工作指导理念的升华 / 174
第二节　领事保护机制建设的新发展 / 179
第三节　领事服务惠民新举措 / 184

附录1　维也纳领事关系公约 / 192
附录2　中华人民共和国领事保护与协助条例 / 216
附录3　中华人民共和国护照法 / 222
附录4　领事认证办法 / 228
附录5　中国与外国缔结领事条约（协定）一览表 / 235
附录6　中国与外国互免签证协定一览表 / 239
附录7　持普通护照中国公民前往有关国家和地区入境便利待遇
　　　　一览表 / 253

后　记 / 292

第一章　领事与领事制度

领事起源于民间，后改为官方委派。领事制度是关于国与国之间领事关系（Consular Relations）的建立、领事机构（Consular Institution）的设立、领事官员的委派、领事职务的执行、领事特权与豁免（Consular Privileges and Immunities）等制度的总称。① 领事制度从最初产生到在全球范围内正式确立，经历了曲折的过程。

第一节　领事

关于领事的定义，有不同的说法。在各国领事实践中，领事被分为不同的等级，各等级领事官员的衔名也略有不同。

一、领事的定义

"领事"一词在中文中的含义为"一国根据协议派驻他国某城市或某地区的代表"②。领事在英文中对应的词是"Consul"③，指政府派驻

---

① 钱其琛主编:《世界外交大辞典》(上册)，北京:世界知识出版社，2005年版，第1225页。
② 夏征农主编:《辞海》，上海:上海辞书出版社，2002年版，第1048页。
③ "Consul"一词的英文解释是"A person appointed by a government to protect and help its citizens and its interests in trade in a foreign city"，参见萨默斯等著，朱原等译:《朗文当代英语大辞典》，北京:商务印书馆，2004年版，第368页。

到外国城市保护和帮助本国公民及保护本国贸易利益的人。

历史上，领事这一称谓在不同时期和不同国家含义不同——在罗马共和国时期（公元前509—公元前27年），用来称呼每年选举产生的两位执政官（元首）；在古代英国法中，指伯爵的头衔；在中世纪后期意大利、法国和西班牙的商业城镇中，指被外国商人推选出来为其解决商业纠纷的仲裁人，即"法官领事"或"商人领事"；在法兰西第一共和国时期（1792—1804年），指三位主要执政官的头衔；在近代国际法和领事法中，指一国派驻另一国某一地区或城市中，代表本国政治、经济和法律利益并为本国国民服务的国家代表。①

《奥本海国际法》认为，"领事是各国为了各种目的，但主要是为了本国商务和航海利益驻在外国的国家代表"②。日本国际法学会编写的《国际法辞典》将领事定义为："主要是为保护本国和本国国民在驻在国商业、经济上的利益，由国家任命的驻外机构。"③ 根据苏联克里缅科等编的《国际法词典》，领事是指"一国经他国明示同意派驻该国某一地区的负责人员。为了保护本国、本国法人和公民在这一地区的利益，促进派遣国和接受国之间发展政治、经济、科学文化及其他方面的往来，观察和报告驻在地区的经济形势和社会政治状况。领事不得违反当地法制、习惯和传统，其活动受派遣国大使馆的监督"④。《维也纳领事关系公约》中规定，称"领事官员"者，谓派任此职承办领事职务之任何人员，包括领馆馆长（Head of the Consular Posts, Head of the Consulates）在内。领馆馆长分为总领事（Consuls-General）、领事（Consul）、副领事（Vice Consul）、领事代理人（Consular Agents）四

---

① 钱其琛主编：《世界外交大辞典》（上册），北京：世界知识出版社，2005年版，第1215页。
② 罗伯特·詹宁斯、阿瑟·瓦茨修订，王铁崖等译：《奥本海国际法》（第一卷）（第二分册），北京：中国大百科全书出版社，1998年版，第560页。
③ 日本国际法学会编：《国际法辞典》（中文版总校订：外交学院国际法教研室），北京：世界知识出版社，1985年版，第798页。
④ 克里缅科等编，刘莎、陈森、马金文译：《国际法词典》，北京：商务印书馆，1996年版，第178页。

级。①

中国外交部领事司组织编写的《新中国领事实践》一书将领事定义为："一国政府根据同另一国政府达成的协议，派驻对方国家的特定城市，在一定区域内保护本国国家和本国公民权利和利益的政府代表。"②

尽管各国对于领事的定义略有不同，但总体来看，领事的含义可分为广义和狭义两种，广义上的领事指领馆馆长、领事官员和领馆的总称，狭义上指领事官员等级中第二级领事官员的衔名。

二、领事的职类

按照《维也纳领事关系公约》和世界各国普遍的领事实践，领事分为职业领事（Career Consul）和名誉领事（Honorary Consul）两类。

职业领事，又称派任领事（Consules Missi）、专业领事（Professional Consuls）、受薪领事（Salaried Consuls）等，指一国政府所任命的、执行领事职务的专职官员。职业领事除执行公务外，不得在接受国内为私人利益从事商业或其他任何私人有偿职业。职业领事一般由派遣国国民担任，可享受全部的领事特权与豁免。职业领事是现代领事制度中的核心和主流。世界上绝大多数国家通常倾向于向重要的港口、贸易中心及重要地区派遣职业领事。一些国际公约和双边领事条约（Consular Treaties，Consular Conventions）中有关领事和领事制度内容的规定，凡未特别注明系指或包含名誉领事的，均指职业领事。中国迄今只委派职业领事。③

名誉领事，又称选任领事（Consules Electi）、兼职领事（Non-Career Consuls）、商人领事（Consuls Merchants）、不受薪领事（Unsalaried Consuls）等，指一国政府从接受国当地居民中选任的、执行领事职务的兼职官

---

① 《维也纳领事关系公约》，https://www.un.org/zhdocuments/treaty/ILC-1963。
② 《新中国领事实践》编写组：《新中国领事实践》，北京：世界知识出版社，1991年版，第1页。
③ 《中国领事》编写组编著：《中国领事》（制度编），北京：世界知识出版社，2021年版，第160页。

员。名誉领事一般不领取领事薪俸，可以在领事职务以外为私人利益从事商业或其他私人有偿职业，也可以在其办理领事业务时收取的领事规费中提取报酬，有的则没有报酬。名誉领事可以是派遣国国民，也可以是接受国国民或第三国国民，不能享受全部的领事特权与豁免。《维也纳领事关系公约》第六十八条"名誉领事官员制度由各国任意选用"规定，"各国可自由决定是否委派或接受名誉领事官员"①。名誉领事是现代职业领事在特定情况下的替代或补充。一些国家为了节省财力，在世界众多港口或贸易中心不派遣职业领事，而选任名誉领事承办有限的领事职务，在接受国代表派遣国提供和加强领事服务和保护。世界上没有统一的名誉领事制度，对名誉领事的规定因各国的传统和习惯不同而各有不同。②

三、领事的等级

《维也纳领事关系公约》将领馆馆长分为总领事、领事、副领事和领事代理人四个等级，同时又规定"不限制任何缔约国对馆长以外之领事官员设定衔名之权"。③各国既可以采用上述四级领事官员的衔名，也可以采用本国法律规章规定的任何其他衔名。

《维也纳领事关系公约》于1967年生效后，各国授予领事官员的衔名也逐渐趋于一致。在领事实践中，各国派出领事官员使用的衔名，以《维也纳领事关系公约》规定的四级领事官员的衔名居多。对于使用该公约规定以外的领事官员衔名，以接受国承认和接受为限。在领事实践中，中国接受的外国在华设立的领馆有总领事馆、领事馆和以领事代理人为馆长的领事代理处，接受的外国驻华领馆馆长以外的领事官员有副总领事（Deputy Consuls-General）、领事、副领事、领事随

---

① 《维也纳领事关系公约》，https://www.un.org/zh/documents/treaty/ILC-1963。
② 《中国领事》编写组编著：《中国领事》（制度编），北京：世界知识出版社，2021年版，第161页。
③ 关于领事的级别可参见《维也纳领事关系公约》第九条"领馆馆长之等级"第一款。

员（Consular Attache），但没有非馆长的领事代理人。① 自2010年1月1日起开始施行的《中华人民共和国驻外外交人员法》第三章"职务和衔级"第十一条规定，"驻外外交人员的职务分为外交职务和领事职务。领事职务分为：总领事、副总领事、领事、副领事、领事随员"②。

总领事是最高等级的领事官员。总领事一般担任总领事馆馆长，负责一个大而重要的领区的工作，有时也是大使馆执行领事职务的最高一级官员。有的国家由大使兼任总领事。总领事可以领导本领区内本国的领事馆、副领事馆、领事代理处或领事办事处的工作，还可以兼任驻一国或几个国家的总领事。中国派遣并接受担任领馆馆长的总领事，或外交官兼任总领事。

副总领事是在一些国家的领事官员制度中位于总领事之后一级的领事官员，被派往总领事馆担任馆长的助手，协助馆长工作。在领馆馆长不能执行职务或缺位时，可被授权暂时代理领馆馆长的职务。

领事可以担任领事馆的馆长，也可以在总领事馆内担任总领事或副总领事的助手，承担分派的领事职务，分管某一方面的工作。副领事可以担任副领事馆馆长，也可以在总领事馆或领事馆中担任总领事或领事的助手，承办具体的领事职务。领事随员指一些国家领事官员制度中位于副领事之后一级的领事官员，协助领事或副领事承办一定的领事职务。

领事代理人可为领事代理处的负责人，也可为一般领事官员。有的国家不承认领事代理人为职业领事官员，将领事代理人的名称专门用于名誉领事的职衔。即使在承认领事代理人为职业领事官员的国家中，关于领事代理人的职务、训练、报酬、管辖、国籍和任命方式等方面的规定，更类似名誉领事，不同于职业领事。③

---

① 《中国领事工作》编写组编：《中国领事工作》（下册），北京：世界知识出版社，2014年版，第391页。
② 《中华人民共和国驻外外交人员法》，载《人民日报》，2009年11月21日，第7版。
③ 梁宝山：《实用领事知识》，北京：世界知识出版社，2001年版，第6页。

按照国际惯例，名誉领馆馆长分为名誉总领事、名誉领事、名誉副领事和名誉领事代理人四个级别。各国可根据实际需要考虑设立某一级别或某几个级别的名誉领馆或选择委派某一级别的名誉领事，并就名誉领事人选和设领的级别、地点等同接受国达成协议。①

第二节　领事制度

领事制度历史悠久。1963年的《维也纳领事关系公约》序言中称："各国人民自古即已建立领事关系。"

一、现代领事的先驱

"领事是从国际贸易的需要中发展出来的工具。"② 早在古代，周游世界的商人们就发现其他国家有着与他们本国极为不同的法律制度和习惯，他们需要由自己选择的法官来适用其国内法，以解决纠纷。于是出现了被称为"现代领事先驱"的"前导者"（Prostates）和"外国代表人"（Proxeni）。

在古希腊时期，前导者指由当地居住的外国人推举出来，在涉及法律和政治问题时，沟通外侨与当地政府的中间人。在公元前1000年，希腊的一些城邦就存在外国代表人制度。外国代表人是从居留民中——甚至从接受国国民中——推举出来的，为他所代表的国家的国民执行各种任务，包括给予他们保护，为他们的贷款取得保证，促成他们货物的出售，当他们死亡时验证他们有无遗嘱等。在外国代表人所代表的国家的政府与他们自己国家的政府发生争执时，外国代表人还常被选作仲裁者。外国代表人这一职位一般是世袭的，担任外国代表人被视为一种荣誉，很多名人都乐于担任。如著名的抒情诗人品达

---

① 《中国领事》编写组编著：《中国领事》（制度编），北京：世界知识出版社，2021年版，第163页。

② L. T. 李著，傅铸译：《领事法和领事实践》，北京：商务印书馆，1975年版，第5页。

担任过在底比斯的雅典人的代表人；演说家和政治家狄摩西尼斯担任过在雅典的底比斯人的代表人。①

在古罗马时期，外国人和敌人是一类概念，外国人毫无权利可言。随着罗马征服活动的不断开展，出于发展商业的需要，罗马开始给予对罗马友好的外国人一些权利。罗马法不适用于外国人，古罗马允许在其境内的外国人中施行外国人的法律。公元前242年，罗马共和国开始设置"外国人执政官"，对外国人之间或外国人同罗马人之间的争端进行仲裁。在罗马帝国崛起的过程中，出现了类似于后来名誉领事的角色。在被保护人遇到困难时，"外国人执政官"代表他们出庭，帮助处理他们贸易事务，收集商业或其他方面的信息。

二、领事的产生和领事裁判权

"领事"一词最早产生于公元5世纪末。公元476年西罗马帝国灭亡后，西欧社会制度发生巨大变革，奴隶社会迅速瓦解，逐步进入封建社会。在地中海沿岸的意大利、西班牙和法国的一些商业城镇中，商人们常常在他们的同行者中选举出一人或数人，作为发生商务争执时的仲裁者，被称为仲裁领事或商人领事。② 中世纪时，凡是国际贸易兴旺的地方，都有领事的存在。在领事早期的职能中，商业保护和司法仲裁方面是最重要的。

关于世界上第一个领事机构何时设立的问题，一直存在争议。有人认为是10世纪之前比萨商人在黎凡特③建立的；也有人同意是比萨商人首先建立的领事机构，但认为时间是1087年。但是，可以肯定地说，法兰西共和国、比萨共和国与威尼斯共和国是第一批设立领事机

---

① Harold Nicolson, *The Evolution of Diplomatic Method*, London: Constable & Co. Ltd, 1954, p.8.

② 罗伯特·詹宁斯、阿瑟·瓦茨修订，王铁崖等译：《奥本海国际法》（第一卷）（第二分册），北京：中国大百科全书出版社，1998年版，第559页。

③ 黎凡特是地中海东岸地区的旧称，包括叙利亚、黎巴嫩、以色列和部分土耳其地区。

构的国家。① 15世纪时，西方国家相互之间设立领事已成为一种普遍的做法。意大利在荷兰和伦敦设立领事，英国也在荷兰、瑞典、挪威、丹麦和意大利设立领事。

十字军东征（1096—1291年）扩大了东西方贸易，将领事制度从西方带到了东方。当时，意大利、西班牙和法国的商人在东方（今地中海东岸一带）的一些国家定居下来，建立了商栈。各国商人选举出自己的代表作为某些东方国家的领事，以监督商务，保护本国人的利益并审判商人之间的争讼案件。15世纪，西方基督教国家称其侨民不习惯伊斯兰教国家的法律，伊斯兰教国家也认为伊斯兰教的一些法权不应适用于异教徒。于是，土耳其政府以特惠条例（Capitulation）的形式单方面给予外国商人一定的特权，后来演变成在侨居商人的本国政府同商人的居住国政府之间签订条约。通过条约，领事获得了对本国侨民的特权，包括对本国侨民生命和财产的保护权，以及对侨民行使民事和刑事的管辖权，这被称为领事裁判权（Consular Jurisdiction）。②

16世纪，领事职务发生了根本的变化。国家接管了派遣领事的权力，领事不再是从地方商人中选举出来的代表，而成为行使某些有关保护国际贸易这一外交职能的国家官方代表，享有某些特权和豁免。

值得注意的是，当时在属人管辖原则③的影响下，驻在西方国家的

---

① Graham H. Stuart, *American Diplomatic and Consular Practice*, New York: D. Appleton-Century Company, 1936, pp. 30-31.

② 在英美国际法著作和国际文件中，指称领事裁判权时，除普通使用的 extraterritorial jurisdiction 外，也使用 exterritoriality, extraterritoriality, extraterritorial privileges, extraterritorial rights, capitulations, capitulatory rights 和 consular jurisdiction 等词，甚至在同一处这些表达并用。参见周鲠生：《国际法》（上册），北京：商务印书馆，1976年版，第304页。

③ 属人管辖原则指根据国际法一国所享有的对具有本国国籍的人进行管辖的权利，无论该本国人处于何地。属人管辖权，指国家对在其领土范围之内和在其领土范围之外的具有本国国籍的人进行管辖的权利。《奥本海国际法》指出，进入一国领土的外国人"仍然受他们本国的保护，根据这一普遍承认的国际法的习惯规则，每一个国家对于在国外的本国公民享有保护的权利"。参见罗伯特·詹宁斯、阿瑟·瓦茨修订，王铁崖等译：《奥本海国际法》（第一卷）（第二分册），北京：中国大百科全书出版社，1998年版，第332页。

领事也如驻在东方国家的领事一样，享有对本国侨民完全的民事和刑事管辖权。① 例如，1490 年英格兰和佛罗伦萨签订的商业条约规定，佛罗伦萨允许英格兰商人在英格兰领事的领导下在比萨建立自己的社团。当比萨居民和英国商人之间发生冲突时，由会审法庭审判，会审法庭由波德斯塔（Podesta，中世纪意大利城邦的最高长官）和英国领事组成。② 但是，领事裁判权在西方和东方的发展道路完全不同。

三十年战争（1618—1648 年）之后，由于近代国家领土主权观念的形成和发展，领事在民事和刑事方面的司法职能被认为有损驻在国的主权，因此，驻西方国家的领事逐渐丧失了对本国侨民的民事和刑事管辖权。再加上《威斯特伐利亚和约》签订后各国设立使馆的做法日趋普遍，领事制度一度衰落，领事机构甚至在某些国家变得不受欢迎。1739 年《凡尔赛条约》第四十条规定："今后，双方都不接纳领事。如果认为派遣侨民、代理人、受托人或其他人是适当的话，他们只能在宫廷常驻地设定自己的居住所。"③

与驻西方国家的领事丧失领事裁判权的情况相反，西方国家驻东方国家的领事不仅没有丧失特权，反而在更多的国家获得了此种特权。亚非一些国家被迫与西方列强签订不平等条约，使西方国家的公民在这些亚非国家仍然由其本国的领事根据其国内法进行管辖。在亚洲，中国、暹罗（今泰国）、日本分别于 1843 年、1855—1856 年和 1858 年被迫给予了西方列强这样的特权，但实施的长短各有不同——在日本的领事裁判权于 1890 年被废除；在土耳其的于 1923 年被废除；在暹罗的于 1927 年被废除；就中国而言，直到 1949 年新中国成立，领事裁判权才被彻底废除。

---

① 周鲠生：《国际法》（下册），北京：商务印书馆，1976 年版，第 572 页。
② Harold Nicolson, *The Evolution of Diplomatic Method*, London: Constable & Co. Ltd., 1954, p. 41.
③ L. T. 李著，傅铸译：《领事法和领事实践》，北京：商务印书馆，1975 年版，第 8 页。

在西方国家眼里，近东和远东的"落后"国家对其国内所发生的伤害外国人的行为负有的责任要远远大于西方的"先进"国家。西方国家在就本国国民的保护事件和东方国家交涉时提出的条件也远比在西方国家之间发生同类事件时要苛刻：除了要求经济上的赔偿外，往往还要求这些国家的政府开除失职的警察，处罚犯罪的官员，以及采取一系列措施保证此类事件不再发生。

领事裁判权后来甚至发展为：西方国家的侨民不受东方国家当地法院的管辖；住所不受侵犯；除非犯有严重的罪行，一般不受当地官员的逮捕；如果被逮捕，只有该公民所属国的领事有权审判和处罚；西方国家的领事对其本国公民有管辖权，且有权要求驻在国当地政府的协助。西方列强在亚非国家通过缔结不平等条约而获得的领事裁判权不仅用于保护本国公民，还用于保护一些为外国机构或外国人服务的当地人。东方国家的政府逮捕服务于外国公民的当地雇员后也要及时通知该外国公民所属国的领事机构。例如，1740年，奥斯曼帝国与法国签署的《特惠条例》规定，为法国驻奥斯曼帝国的大使和领事服务的翻译和商人等都有权享受法国领事的保护，他们的安全应得到奥斯曼帝国的保证。[①] 根据列强于1880年7月与摩洛哥签订的一项条约，受外国领事保护（Consular Protection）的摩洛哥人可以分为以下三类：①外国使团或领事馆的雇员；②被外国商人雇佣的当地的掮客或代理人；③为保护国提供信息服务的当地人，但人数不超过12个人。[②]

领事裁判权的出现扩大了西方国家的领事在一些国家保护其本国公民的权利。

[①] David Bailie Warden, *On the Origin, Nature, Progress and Influence of Consular Establishment*, Paris: Smith, 1813, p. 203.

[②] 同①, p. 469。

三、领事制度的系统发展及领事系统与外交系统的合并

18世纪下半叶,随着国际贸易、商业及海运的进一步发展,西方国家重新认识到领事制度的重要性,领事制度得以系统地发展起来。欧洲主要的贸易国家都在国外建立了自己的领事网络,但很少由职业领事组成。有的国家委任在国外生活的本国公民为领事,允许他们在从事自己的贸易的同时维护本国的商业利益,承担一些领事服务并收取一定的费用;有的国家则委任值得信任的外国公民从事这些活动。只有当时的欧洲大国——法国建立了自己的职业领事系统。

1769年,法国与西班牙在西班牙帕尔多宫签署了《法国西班牙领事条约》,该条约因其签订地点又被称为《帕尔多条约》,这是世界上第一部对领事的地位和职务作出详细规定的条约。此后,领事的地位、职务和特权成为通商航海条约或领事专约的主题。

从19世纪起,双边商务和航海条约常常包括有关领事事务的条款,对领事职责和领事特权的确认也在更大程度上一致起来。这些条约还对互换领事作出了规定,领事被认为是政府代表,其职能包括对贸易和商务的保护。各国在缔结双边领事条约的同时,也先后通过颁布内部指令、制订法律法规等形式对领事官员的权力和职责,尤其是领事保护侨民的职责作出了详细规定。从19世纪后期开始,特别是第一次世界大战前后,越来越多的国家将领事部门与外交部门合并,如:法国根据1880年7月10日和1883年4月27日的两个法令,将领事部门与外交部门合并。1918年,德国将外交和领事系统合并。美国通过1924年的《罗杰斯法案》将外交和领事两个部门合并。英国在20世纪30年代末40年代初取消了领事部门与外交部门的划分。这些国家将领事与外交系统合并的主要原因是,国家对外活动增多,领事的工作任务也有所增加,将两个系统合并有助于节约国家资源,统一指挥,提高驻外机构的工作效率。

领事系统与外交系统的合并是领事制度的重大发展,它缩小了外

交与领事之间的差距，大大提高了领事的地位，为领事制度在全球范围内的规范化发展奠定了基础。目前，世界上绝大部分国家的领事系统与外交系统都是一体的。

四、领事制度在全球范围内的正式确立

到 20 世纪 30 年代时，领事制度有了更大的发展，国家间签订的双边领事条约和协定、多边领事公约不断出现。随着世界范围内领事实践的发展，对领事的地位和职责作出统一规范显得越来越有必要。1925 年，美洲国际法学会在其年会上讨论了领事豁免问题并将其通过的一项草案提交给美洲各国政府。1927 年，美洲国家间法官委员会在里约热内卢召开会议，草拟了关于领事职责的法案。1928 年 1 月，在哈瓦那举行的第六届泛美会议通过了该法案，产生了《关于领事代表的公约》（The Convention on Consular Agents），其目的是向美洲各国阐明，"依照有关惯例和协定，确定领事人员的义务、权利、特权和豁免"。西半球的 10 个国家签署了该公约。该公约是《维也纳领事关系公约》问世前最具有影响力的地区性领事关系公约。

1932 年，哈佛大学出台了《哈佛关于领事法律地位和职务公约的研究草案》（Harvard Research Draft Convention on the Legal Position and Functions of Consuls，简称"哈佛研究草案"或"哈佛草案"）。在广泛收集和分析 1932 年以前有关领事制度、领事法规、领事条约和国际惯例等资料的基础上，该草案对有关领事的法律地位和职务等问题提出系统而具体的方案。该草案中所提出的领事规则和原则，为后来许多国家的双边领事条约所参照或采用，对领事制度在世界范围内的规范化起到了推动作用。

1949 年，联合国秘书长向联合国大会建议，"鉴于国际贸易的不断扩大，领事的法律地位和职务应该在尽可能普遍统一的基础上予以规定"。为了达到这一目的，联合国国际法委员会在 1949 年第一次会议上将"领事往来及豁免"列为准备编纂成法典的 14 个专题之一，并于1955年选中雅罗斯拉夫·佐雷克为该专题的特别报告员。在哈佛研究草案的基础上，1957年4月，佐雷克向联合国国际法委员会提交了题为《关于领事往来和豁免的临时条款草案》[*Draft Provisional Articles on Consular Intercourse and Immunities*，又名《佐雷克报告》(*Zourek Report*)]。该临时条款草案包含领事关系的建立、领事馆的设立、领事代表的等级和委派、领事职务、职业领事代表的特权与豁免等方面的内容，并附有评注。在评注中，起草人列出了为理解临时条款草案所需的材料。① 在听取了各方意见后，佐雷克对该临时条款草案进行了修改。随后，联合国国际法委员会以公函形式将修改过的《关于领事往来和豁免的条款草案》送交各国政府征求意见。1961年，联合国国际法委员会拟订《领事关系条款草案》，作为多边公约的底稿，提交联合国大会讨论，并提请联合国召开关于领事关系的会议。

1963年3月，91个国家的代表参加了联合国在维也纳召开的关于领事关系的国际会议，会议产生了历史上第一部全面规定领事关系准则的全球性国际公约——《维也纳领事关系公约》。该公约对领事关系的建立、领事机构的设立、领事职务、领事的级别和种类、领事特权与豁免等一系列领事制度中的重要问题作出了规定。② 1967年3月，该公约生效。与该公约同时通过的还有《维也纳领事关系公约关于取得国籍之任择议定书》和《维也纳领事关系公约关于强制解决争端之任择议定书》。《维也纳领事关系公约》的诞生标志着领事制度在全球范围内的正式确立。截至2024年8月底，已有182个国家加入了该公约。③

---

① 钱其琛主编:《世界外交大辞典》(下册)，北京:世界知识出版社，2005年版，第2555页。

② "Vienna Convention on Consular Relations", https://treaties.un.org/doc/Treaties/1967/06/19670608%2010-36%20AM/Ch_III_6p.pdf.

③ "Chapter III Privileges and Immunities, Diplomatic and Consular Relations, ETC: 6. Vienna Convention on Consular Relations", https://treaties.un.org/Pages/ViewDetails.aspx?src=IND&mtdsg_no=III-6&chapter=3&clang=_en.

思考题

1. 何为领事？根据《维也纳领事关系公约》，领事官员的衔名包括哪几级？
2. 职业领事和名誉领事有何区别？
3. 推动领事制度从西方传到东方的因素有哪些？
4. 《维也纳领事关系公约》的诞生有何意义？

第二章　领事关系与领事机构

领事关系指一国官员被允许在另一国领土上行使领事职务所形成的两个国家之间关系的总称。领事机构指在国家机关及其派驻外国的代表机关中代表国家执行领事政策和领事职务的职能部门。[①]

第一节　领事关系

领事关系是国与国之间进行经常联系的一种官方形式，是外交关系不可缺少的组成部分，也是国家处理和发展对外关系的重要手段，在国际关系中起着重要的作用。

一、领事关系的建立和发展

《维也纳领事关系公约》第二条"领事关系之建立"规定："国与国间领事关系之建立，以协议为之。""除另有声明外，两国同意建立外交关系亦即谓同意建立领事关系。"[②] 这包含了建立领事关系的两种方式：第一，两国间就建立领事关系专门达成协议；第二，两国在建

---

① 关于领事关系和领事机构的定义参见钱其琛主编：《世界外交大辞典》（上册），北京：世界知识出版社，2005年版，第1219、1220页。

② 《维也纳领事关系公约》，https://www.un.org/zh/documents/treaty/ILC-1963。

立外交关系的协议中包括了建立领事关系，无须再专门达成关于建立领事关系的协议。在中国的领事实践中，以上两种情况都有。例如，中国1971年与圣马力诺、1995年与摩纳哥公国均经过双方政府谈判达成协议而建立领事关系；中国政府同美国政府通过谈判，于1979年1月1日起建立外交关系，于同年1月31日达成关于建立领事关系和互设领事馆的协议。①

中国同绝大多数国家在建立外交关系的同时就建立了领事关系，无须做出特别声明或另订协议。但是涉及设立领馆问题，双方必须另行协议。②

两国在未建交之前建立的领事关系是两国间唯一经常性的国家关系，是两国进行经常联系的一种官方形式，为两国建立外交关系疏通道路。在这种情况下，领事关系构成外交关系的基础。两国建交后的领事关系表现为两国互派领事官员在对方领土上执行领事职务，一般形式为：大使馆设立领事部或指派外交官执行领事职务；两国政府（或经过大使馆）通过谈判达成互设领馆协议；视领事工作需要，在总领事馆或领事馆所在地以外，设立领事馆或副领事馆、领事代理处，或开设作为领馆组成部分的办事处；签订双边领事条约和专门领事协定；进行领事磋商，安排主管领事业务的高级官员互访，以调整和发展双边领事关系。在国家领事实践中，上述各项活动是为适应两国外交关系的发展需要并配合重大外交行动而进行的，为推动两国国家关系的全面发展服务。③

---

① 《中国领事》编写组编著：《中国领事》（关系编），北京：世界知识出版社，2021年版，第186—187页。
② 《中国领事》编写组编著：《中国领事》（制度编），北京：世界知识出版社，2021年版，第164页。
③ 关于领事关系和领事机构的定义参见钱其琛主编：《世界外交大辞典》（上册），北京：世界知识出版社，2005年版，第1219、1220页。

二、领事关系的中止和断绝

领事关系的中止和断绝有两种情况：一是两国外交关系恶化引起两国领事关系恶化，导致两国中止或实际上中止领事关系；二是国家出于财政或安全方面等考虑关闭或暂时关闭驻其他国家的领事机构，导致领事关系的中止或断绝。两国外交关系的恶化会使双方或一方单方面地撤走驻对方国家的领事官员、限制或中止两国之间的领事业务活动甚至关闭领馆。例如，20世纪60年代中国和印度关系恶化以及70年代中国和越南关系恶化，都导致双方关闭领馆和撤走领事官员，中止领事关系。再比如，1977年12月，埃及政府宣布，因苏联在埃及的领事馆和文化中心从事颠覆活动，以及煽动反对萨达特总统的活动，决定关闭苏联在埃及的文化中心和苏联在亚历山大、塞得港和阿斯旺的领事馆。[1]

两国外交关系恶化往往导致两国领事关系的恶化。撤走领事官员、限制或中止两国之间的领事业务活动，关闭领馆，导致两国中止或在事实上中止领事关系，但仍可保持着外交关系。当两国中断外交关系时，往往也中断领事关系。但是，两国断绝外交关系并不当然断绝领事关系。在断绝外交关系的情况下，保持一定水平的领事关系有利于双方处理两国间的问题。[2]

在国际实践中，断交国双方往往会达成协议，委托第三国代表本国在对方国家中的利益，包括外交和领事方面的利益，或者在第三国的大使馆中设立本国的"利益处"，以处理两国在断交情况下发生的问题。正如《维也纳领事关系公约》第二十七条"非常情况下领馆馆舍与档案及派遣国利益之保护"第一款第（三）项规定，遇两国断绝领事关系时，"派遣国得委托接受国可以接受之第三国代为保护派遣国及其国民之利益"。

---

[1] 《埃及决定关闭苏联文化中心和领事馆》，载《人民日报》，1977年12月9日，第6版。
[2] 钱其琛主编：《世界外交大辞典》（上册），北京：世界知识出版社，2005年版，第1219页。

关于断绝外交或领事关系后当事国之间的法律关系，《维也纳条约法公约》第六十三条规定："条约当事国间断绝外交或领事关系不影响彼此间由条约确定之法律关系，但外交或领事关系之存在为适用条约所必不可少者不在此限。"该公约第七十四条规定："两个以上国家之间断绝外交或领事关系或无此种关系不妨碍此等国家间缔结条约。条约之缔结本身不影响外交或领事关系方面之情势。"①

在两国断绝领事关系或发生武装冲突的非常情况下，应采取积极措施保护派遣国领馆馆舍、财产和档案及派遣国的利益。②

三、领事关系和外交关系的区别及联系

领事关系与外交关系的区别表现在以下四点。

第一，领事关系作为一种国家间关系，其起源和外交关系截然不同。最早的领事是从民间选举产生的，由一国在国外同一地区或城市经商的侨民自己推选，没有官方性质，而外交关系从一开始就代表国家与国家之间的关系。后来，由于国际交往的增加，特别是贸易和侨务的发展，领事才改由国家委派。随着领事系统与外交系统的合并，领事部门随之也成为执行外交任务的政府机构。

第二，外交关系与领事关系所注重的层次不同。外交关系主要在政府层次上进行，具有高度的政治内容，总体负责建交国之间的政治、经济、军事、文化、教育、领事等双边事务。而领事关系主要在行政管理层次上进行，不具有高度的政治内容。但值得注意的是，领事关系的实质对象与外交关系的实质对象并不总是能够明确地分清，因为高度政治事务与非高度政治事务的界限是模糊的。同一件事既可以成为外交工作的对象又可以成为领事活动的对象。如文化关系，既可以

---

① 《维也纳条约法公约》，http://treaty.mfa.gov.cn/tykfiles/20180718/1531876068204.pdf。
② 《中国领事》编写组编著：《中国领事》（制度编），北京：世界知识出版社，2021年版，第168—169页。

通过外交代表缔结文化（交流）条约，又可以通过领事代表在条约基础上维护和发展文化关系。①

第三，领事关系和领事业务具有相对的独立性。两国在建立外交关系之前可以先建立领事关系，两国断绝外交关系并不意味着当然断绝领事关系。在断绝外交关系的情况下，领事关系甚至尤为重要。例如，1957—1968年间，联邦德国与南斯拉夫断绝了外交关系，但两国之间仍然保持领事关系。2008年，格鲁吉亚与俄罗斯关系恶化。8月29日，格鲁吉亚外交部表示，将召回除领事之外的所有驻俄外交官。9月2日，格鲁吉亚宣布同俄罗斯断绝外交关系，但两国仍保持领事关系。当时，格鲁吉亚全国共有440万人口，约有近百万人在俄罗斯务工，每年侨汇就超过了国外汇入款总额的60%。这是格方希望在同俄方断绝外交关系后仍保持领事关系的一个主要原因。②

第四，使馆和领馆分别主要负责国家间的外交关系和领事关系，二者在职能、工作范围、交涉对象、外交官和领事官所享有的特权和豁免的程度等方面的不同，也在一定程度上反映了外交关系和领事关系的区别，见表1。使馆全面代表派遣国，着重保护派遣国国家和国民的整体利益和重大利益，活动范围是接受国全部领土，主要与接受国中央政府进行外交往来；而领馆着重保护派遣国国家和国民的具体利益，活动范围一般限于有关的领事区域，通常就保护侨民、商业和航务等领事范围内的事务与接受国地方政府进行交涉。使馆及外交代表享有的外交特权与豁免略高于领馆及领事享有的领事特权与豁免。③

---

① 英戈·冯·闵希著，林荣远、莫晓慧译：《国际法教程》，北京：世界知识出版社，1997年版，第276—277页。
② 于宏建：《俄格关系添新"堵"》，载《人民日报》，2008年9月5日，第3版。
③ 饶戈平主编：《国际法》，北京：人民法院出版社，2002年版，第124页。

表 1　使馆和领馆的区别

	工作范围	所保护的利益	交涉对象	所享受的特权与豁免
使馆	接受国全境	派遣国国家和国民在接受国的整体利益和重大利益	接受国中央政府	受限制较少
领馆	领区	派遣国国家和国民在领区内的具体利益	接受国地方政府	受限制较多

资料来源：作者自制。

尽管领事关系和外交关系有着诸多不同之处，但它们都是国家对外关系的组成部分，都是为国家的对外政策服务的，两者之间的相互联系、相互影响主要表现在以下三方面。

第一，在两国尚未建立外交关系或尚未恢复外交关系的情况下，领事关系的存在有助于两国建立和恢复外交关系。领事关系是一种国家关系，是两国政府间的官方关系。两国建立领事关系即构成对国家或政府的承认。两国在建交之前建立的领事关系，是两国政府之间建立的一种官方关系，是两国正式建立外交关系的一个过渡阶段。两国断绝外交关系后保持的领事关系，是两国政府维持联系的一种官方渠道。同未建交国家之间通常只能建立或保持非官方关系。在特殊情况下，未建交国家经双方政府同意可以建立临时的官方对话渠道，包括领事级别的对话。例如，1954年日内瓦会议期间，中美两国政府代表开启关于两国侨民和留学生回国问题的接触；日内瓦会议后，中美举行领事级会谈等。[①]

第二，领事关系的发展深受国家间外交关系的影响。两国建交后建立和发展领事关系的活动，包括两国政府（或经过大使馆）通过谈判达成协议互设领馆；两国互派领事官员或由大使馆指派领事官员在

[①]《中国领事》编写组编著：《中国领事》（制度编），北京：世界知识出版社，2021年版，第170页。

对方领土上执行领事职务；增设各级领事馆；签订双边领事条约和各项专门领事协定；进行领事磋商，安排主管领事业务的高级官员互访以调整和发展领事关系等，都受双边外交关系影响。随着外交关系的断绝，两国可能保持领事关系，也可能断绝领事关系。例如，1966年，在联邦德国承认以色列后，叙利亚断绝了与联邦德国之间的领事和外交关系。1989年10月31日，斐济发表声明决定把斐济和印度的外交关系从大使级降为领事级，并限令印度驻斐济大使在三天之内离开斐济。声明指责印度政府干涉斐济的内政，并称印度驻斐济大使"在过去2年中的言行引起了斐济政府的关注和不悦""卷入了政治敏感问题"。①

第三，使馆和领馆都是为执行本国对外政策和保护本国利益服务的。领事官员与外交官员同属外交人员组织系统，由外交部统一领导，使馆可以执行领事职务，在一定情况下，领事官员也可承办外交事务。根据《维也纳领事关系公约》，使馆执行领事职务时，应将派任领事职务的使馆人员姓名通知接受国外交部或其指定机关；使馆执行领事职务时可与其辖区内的地方政府接洽，或者与接受国中央政府接洽，但须遵守国际惯例、有关国际协定和接受国的法律规章；执行领事职务的使馆人员仍享有按其使馆人员身份应享有的外交特权与豁免。在派遣国未设使馆，也没有由第三国使馆代表的国家内，领事官员经接受国同意后可以承办外交事务，但不影响其领事身份，也不因此而享有外交官员所享有的外交特权与豁免。在通知接受国后，领事官员可以担任派遣国出席任何政府间组织的代表。领事官员担任此项职务时，有权享受国际组织代表依国际习惯法或国际协定享有的特权与豁免；但在其执行领事职务时，仍无权享有比领事官员依照《维也纳领事关系公约》所享有的更为广泛的管辖豁免。在中国的外交实践中，经驻外大使授权，使馆的其他外交官员也可履行领事职务。

---

① 《斐济与印度关系降为领事级》，载《人民日报》，1989年11月2日，第3版。

第二节 领事机构

领事机构包括国内领事机构和驻外领事机构。国内领事机构又分为中央领事机关和执行领事职务的地方机关。驻外领事机构包括大使馆领事部、领事馆、大使馆和领事馆驻外地的办事处、执行领事职务的其他驻外机构和国际组织等。领事机构与外交机构区别明显。

一、国内领事机构

国内领事机构主要是指一国的中央领事机关及其授权执行领事职务的地方机关和部门。

（一）中央领事机关

中央领事机关一般设在外交部，通常称领事司或领事局，是国家领事工作的归口管理单位。领事司或领事局在外交部领导下工作，通常由一位部级官员分工主管，由领事司司长主持日常工作。中国的中央领事机关是中华人民共和国外交部领事司。[①] 其主要职责包括：办理中外领事关系事宜；负责颁发外交、公务、公务普通护照；负责领事公证认证、签证工作；管理外国领事机构；办理和参与外国人在中国境内发生的有关案件的相关对外交涉；承担海外侨务工作；会同处理移民事务；承担领事保护和协助工作，拟订领事保护和协助政策规定，发布领事保护和协助预警信息；指导驻外外交机构和地方外事部门相关业务。[②]

（二）执行领事职务的地方机关

执行领事职务的地方机关一般为地方政府的外事部门或中央政府

[①] 《中国领事》编写组编著：《中国领事》（制度编），北京：世界知识出版社，2021年版，第172页。

[②] 《领事司（领事保护中心）》，https://www.mfa.gov.cn/web/wjb_673085/zzjg_673183/lss_674689/。

外交部派驻地方的派出机关，它们在外交部的领导和中央领事机关的指导下执行一定的领事职务，给驻外领事机关执行领事职务以一定的协助。① 在中国，这一任务由各省、市、自治区的外事（侨务）办公室承担；在香港和澳门特别行政区，则分别由外交部驻香港特别行政区特派员公署和驻澳门特别行政区特派员公署，以及香港和澳门特别行政区政府相关部门承担。例如，广东省政府外事办公室的职能包括"负责本省与外国驻华外交、领事机构的交涉事宜，管理外国驻穗领事机构、驻粤新闻机构等工作"及"协助实施本省在境外公民和机构合法权益保护等相关事务。协调处理外国公民及法人在粤发生的各类重大案（事）件"。下设相关机构包括领事处、海洋权益与涉外安全处。② 外交部官网相关链接"地方外办"一栏列出了省级人民政府外事（侨务）办公室和重要城市的人民政府外事（侨务）办公室共47个。③

二、驻外领事机构

驻外领事机构是指派遣国派驻国外执行领事职务的领事机关和部门的总称，一般包括大使馆领事部和专设的各级领事馆、大使馆和领馆驻外地的办事处，以及被授权执行领事职务的其他驻外机构和国际组织等。

---

① 梁宝山：《实用领事知识》，北京：世界知识出版社，2001年版，第66页。
② 《中共广东省委外事工作委员会办公室（广东省人民政府外事办公室）主要职责与机构设置》，http://www.gdfao.gov.cn/zwgk/jc/jgzn/content/post_307634.html。
③ 具体包括北京市外办、天津市外办、河北省外办、山西省外办、内蒙古自治区外办、辽宁省外办、吉林省外办、黑龙江省外办、上海市外办、江苏省外办、浙江省外办、安徽省外办、福建省外办、江西省外办、山东省外办、河南省外办、湖北省外办、湖南省外办、广东省外办、广西壮族自治区外办、海南省外办、重庆市外办、四川省外办、贵州省外办、云南省外办、西藏自治区外办、陕西省外办、甘肃省外办、青海省外办、宁夏回族自治区外办、新疆维吾尔自治区外办、新疆生产建设兵团外办、沈阳市外办、大连市外办、长春市外办、哈尔滨市外办、南京市外办、杭州市外办、宁波市外办、厦门市外办、济南市外办、青岛市外办、武汉市外办、广州市外办、深圳市外办、成都市外办、西安市外办，参见中华人民共和国外交部"地方外办网站"，http://www.fmprc.gov.cn/web/ztlj/dfwb_683744/。

（一）大使馆领事部

大使馆领事部是大使馆为执行领事职务而设立的职能部门。领事部主任在大使的领导下主持日常工作。在使馆规模较小、不设领事部的情况下，一般指派一两名外交官员执行领事职务。一般来说，在使馆执行领事职务的外交官同时兼任领事官。[①]《维也纳领事关系公约》第七十条"使馆承办领事职务"规定，"使馆人员派任领事组工作者，或另经指派担任使馆内领事职务者，其姓名应通知接受国外交部或该部指定之机关"[②]。派任至领事部工作的使馆人员或被指定担任使馆内领事职务的使馆人员继续享有按其使馆人员身份所享有的外交特权与豁免。

（二）领事馆

领事馆也称领馆，指派遣国经接受国同意后在接受国境内为派遣国领事官员执行领事职务设立的办公机构。领馆分为以职业领事官员为馆长的领馆和以名誉领事为馆长的领馆。两国建立领事关系后，一方要设立领馆，须经另一方同意。两国在互设领馆时，在领馆的等级、设领地点和领区范围等方面一般实行对等原则。例如，1979年1月，中美达成建立领事关系和开设总领事馆的协议，明确美方在上海、广州设立总领事馆，中方在旧金山、休斯敦设立总领事馆。1980年9月，中国与美国签订领事条约后，双方于1981年6月就相互增设总领事馆具体事宜达成协议，中方在纽约、芝加哥、檀香山（后改为洛杉矶）三地增设总领事馆，美方在成都、沈阳、武汉增设总领事馆。[③] 领馆设立的地点、领馆类别及其辖区的确立与变更，总领事馆或领事馆

---

① 《中国领事工作》编写组编：《中国领事工作》（下册），北京：世界知识出版社，2014年版，第402页。
② 《维也纳领事关系公约》，https://www.un.org/zh/documents/treaty/ILC-1963。
③ 《中国领事工作》编写组编：《中国领事工作》（上册），北京：世界知识出版社，2014年版，第144—145页。

如欲在本身所在地以外的地方设立副领事馆或领事办公室，或在原设领馆所在地以外开设办事处作为该领馆的一部分等，都须经两国协商并获接受国同意。

1. 领事馆的级别

根据《维也纳领事关系公约》，按照职业领事官员所担任馆长的级别，领馆分为总领事馆、领事馆、副领事馆和领事代理处。一般来说，一国在另一国何地设立领事馆，设立什么级别的领事馆，是根据该地区的重要性、领事业务多少及对等原则来确定。各国领事实践不同，一些国家在接受国同时设立职业领事馆和名誉领事馆。例如，荷兰在海外设有近300个名誉领事馆。[1] 而大多数国家在国外仅仅设立职业领事馆，中国即是如此。

2. 领区

领区又称"领馆辖区""领事区域"或"领事区"，指为领馆执行职务而设定之区域。领区的范围一般为接受国领土的一部分，在特定情况下也可以是接受国的全部领土，包括领空和领海在内。领区的范围及变更由派遣国和接受国通过协议决定。[2]《维也纳领事关系公约》第四条"领馆之设立"规定，"领馆之设立地点、领馆类别及其辖区确定后，派遣国须经接受国同意始得变更之"；第六条"在领馆辖区外执行领事职务"规定，"在特殊情形下，领事官员经接受国同意，得在其领馆辖区外执行职务"。[3]

派遣国通常在领事任命书中注明领区的范围，而接受国在相应的领事证书中予以确认。两国依据对等原则来确定双方领馆辖区的范围。《维也纳领事关系公约》第十一条"领事委任文凭或委派之通知"第一款规定，"领馆馆长每次奉派任职，应由派遣国发给委任文凭或类似

---

[1] "What does an Honorary Consul do? Foreign Affairs in Plain Language", https://www.government.nl/latest/news/2022/03/22/what-is-an-honorary-consul.

[2] 钱其琛主编：《世界外交大辞典》（上册），北京：世界知识出版社，2005年版，第1215页。

[3] 《维也纳领事关系公约》, https://www.un.org/zh/documents/treaty/ILC-1963.

文书以充其职位之证书,其上通例载明馆长之全名,其职类与等级,领馆辖区及领馆设置地点";第十四条"通知领馆辖区当局"规定,"领馆馆长一经承认准予执行职务后,接受国应立即通知领馆辖区之各主管当局,即令系属暂时性质,亦应如此办理。接受国并应确保采取必要措施,使领馆馆长能执行其职责并可享受本公约所规定之利益"。①

3. 领事馆的组织结构

为便于领馆人员执行各项领事职务,领馆内一般设有政治新闻组、领事侨务组、签证护照组(证件组)、商务组、科技组、文化组、教育组和行政组(办公后勤组)等。例如,法国驻上海总领事馆下设机构包括政治处、新闻处、法国人事务处、签证事务处、文化教育合作处-法国文化中心(包括文化处和教育处)、科技处、法国国内安全部门、法国驻上海领事馆经济处、法国商务投资署、法国教育服务中心、法国培训中心(包括上海法语培训中心、南京法语培训中心和杭州法语培训中心)等。②如领馆人员较少,则视情况合并组别,或指派相应的领事官员分管各项工作。

4. 领事官员的委派

领馆人员包括领馆馆长、其他领事官员、行政技术人员和服务人员。如前文所述,《维也纳领事关系公约》第十一条规定,"领馆馆长每次奉派任职,应由派遣国发给委任文凭或类似文书以充其职位之证书,其上通例载明馆长之全名,其职类与等级,领馆辖区及领馆设置地点";第十三条"暂时承认领馆馆长"规定,"领事证书未送达前,领馆馆长得暂时准予执行职务"。③

领馆馆长的任命程序在不同国家不尽相同。大多数国家规定,领馆馆长由政府首脑任命,也有国家规定,领馆馆长由国家元首任命。

---

① 《维也纳领事关系公约》,https://www.un.org/zh/documents/treaty/ILC-1963。
② 《法国驻上海总领事馆组织机构图表》,https://cn.ambafrance.org/%E7%BB%84%E7%BB%87%E6%9C%BA%E6%9E%84%E5%9B%BE%E8%A1%A8。
③ 同①。

在中国，领馆馆长由国务院任命，外交部根据国务院任命颁发领事任命书。新任总领事向接受国外交部门递交领事任命书。例如，2023年6月9日，中国新任驻拉各斯总领事赴尼日利亚外交部拜会常务秘书并递交领事任命书。尼日利亚外交部常务秘书欢迎中国总领事履新，表示尼日利亚外交部愿为新任总领事履职提供一切必要支持和帮助，愿同中方携手促进两国政治、经济、文化等各领域交往合作。①

随着领事实践的发展，对领馆馆长的委派和接受手续逐渐趋于简化。如《中华人民共和国和美利坚合众国领事条约》规定，派遣国只需通过外交途径将领馆馆长的任命以照会方式通知接受国，接受国复照确认即可。根据国际惯例，接受国如不同意派遣国任命的领馆馆长，可不发给入境签证，或不发给领事证书，或不复照确认，以示拒绝，但无须说明拒绝的理由。

对于馆长以下的领事官员，一般由派遣国自由委派，无须持有领事任命书或取得领事证书。通行做法是由派遣国事先将该领事官员的全名、职衔等通知接受国即可，但也有些国家要求非馆长的领事、副领事也要同样办理委任和承认手续。经接受国同意，两个以上国家可以委派同一人为驻该国的领事官员。领馆行政技术人员和服务人员可以是派遣国国民、接受国国民或第三国国民，具体由两国间的双边领事条约或协定确定。

（三）大使馆和领事馆驻外地的办事处

《维也纳外交关系公约》第十二条"领事证书"规定，"派遣国非经接受国事先明示同意，不得在使馆本身所在地以外之地点设立办事处，作为使馆之一部分"②。按照《维也纳领事关系公约》第四条"领

---

① 《驻拉各斯总领事严宇清向尼日利亚外交部常务秘书递交领事任命书》，https://www.mfa.gov.cn/web/gjhdq_676201/gj_676203/fz_677316/1206_678356/1206x2_678376/202306/t20230612_11095044.shtml。

② 《维也纳外交关系公约》，https://www.un.org/zh/documents/treaty/UNCITRAL-1961。

馆之设立"部分规定，在事先征得接受国之明示同意后，总领事馆或领事馆可在本身所在地以外之地点设立副领事馆或领事代理处或在原设领馆所在地以外开设办事处作为该领馆之一部分。例如，泰国普吉岛是十分受中国游客欢迎的旅行目的地，也是泰国南部华侨华人的主要聚集地。在2014年11月中国驻宋卡总领事馆驻普吉领事办公室开馆之前，普吉岛属中国驻宋卡总领事馆领区，但两地相距约600公里，航班较少，游客遭遇意外事故求助、旅泰华侨申办证件等多有不便。为了推动中国与泰国南部地区在经贸、文化和教育领域的合作和发展，更好维护中国游客在泰合法权益，中国决定设立驻宋卡总领事馆驻普吉领事办公室。[1]

（四）执行领事职务的其他驻外机构和国际组织

除驻外使领馆有权执行领事职务外，有些国家在尚未建交时互设的商务代理处也被授权执行领事职务。例如，1995年9月，中国和巴拿马两国政府谈判并签署了《中华人民共和国政府和巴拿马共和国政府关于互设民间商务代表处的协议》。1996年3月和8月，中、巴先后在对方首都设立贸易发展办事处，该办事处除了履行经济和商务方面的职务外，还被授权执行护照、签证、公证认证及领事保护等方面的领事职务。2017年6月13日中巴建交后，由使馆履行领事职务。[2]

在国际领事实践中，一些国家驻联合国使团，包括驻联合国总部和驻联合国日内瓦办事处的使团，均被允许执行某些领事职务。例如，斯里兰卡驻联合国总部的使团设有领事部，提供领事服务。[3] 此外，联合国难民事务高级专员公署在联合国框架内向难民提供国际保护的服

---

[1] 《中国驻宋卡（泰国）总领事馆驻普吉领事办公室正式开馆》，http://world.people.com.cn/n/2014/1109/c1002-25999797.html.

[2] 《中国领事》编写组编著：《中国领事》（制度编），北京：世界知识出版社，2021年版，第176页。

[3] "Permanent Mission of Sri Lanka to the United Nations", https://www.un.int/srilanka/consular.

务被视为"准领事的职务"。联合国难民署曾两次荣膺诺贝尔和平奖，拥有超过18 000名工作人员在130多个国家工作，为约1.08亿被迫流离失所的人群提供保护和援助。①

三、领事机构与外交机构的区别

一般来说，领事业务由外交部统一指挥和领导。派遣国驻同一接受国的领事馆均由派遣国大使馆领导。随着时代和形势的发展，领事业务和外交事务逐渐融合，但领事机构与外交机构仍存在较为明显的区别，主要体现在以下方面。

第一，领馆一般只在接受国的领区内，执行各种由相关条约和法律所规定的或依国际惯例所实行的领事职务；使馆在接受国中代表派遣国，处理与接受国间的全部外交事务。

第二，领馆一般只能与领区内的地方主管当局联系或办理交涉；使馆有权与接受国政府办理交涉。

第三，领馆一般仅限于保护本馆辖区内的派遣国及其国民的利益；使馆保护接受国全境内的派遣国及其国民的利益。

第四，领馆和使馆虽均有促进两国友好关系的职务，但两者在性质和层次上有差别。

第五，领事官员只有在一定条件下得准予承办外交事务，而外交代表可同时执行领事职务。②

第三节 驻外领事机构的联合组织

驻外领事机构的联合组织既包括各国驻在同一城市或地区的领事

---

① 《联合国难民事务高级专员》，https://www.unhcr.org/cn/homepage/%E8%81%94%E5%90%88%E5%9B%BD%E9%9A%BE%E6%B0%91%E4%BA%8B%E5%8A%A1%E9%AB%98%E7%BA%A7%E4%B8%93%E5%91%98#。

② 《领事常识》，http://cs.mfa.gov.cn/gyls/lscs/。

机构所组成的团体，也包括全球范围内领事官员所组成的联合体。

一、领团

领团（Consular Corps）也称为领事团，指驻接受国某一城市或地区所有外国领馆的馆长和其他领事官员所组成的团体。名誉领事官员也可以成为领团成员并参加领团的活动。按照国际惯例，设在同一个城市的各国领馆可以成立领团。领团为非法人团体。领团的活动内容和程序、领团团长的职务等完全由领团自己决定。领团通常有自己制定的章程，在领团团长（有的还设有副团长）主持和领团秘书协助下进行日常工作。

传统上，领团的活动主要是礼仪性的，例如出席节日庆典、参加吊唁活动等。二战后，世界各地领团活动趋于活跃，为维护和发展领团利益，联谊性活动逐渐增多。组织领团成员定期聚会，就领团关注的议题邀请领区当局主要官员、社会名流及专家、学者与会演讲，交流情况；介绍新到任的领团成员；组织交谊和参观活动，增进领团与领区地方当局、社会各界以及领团各成员之间的了解、友谊、交流与合作。领团活动应尊重接受国的法律法规和惯例，不得干涉接受国的内政。处理领团内部事务应遵循平等协商原则。接受国主管当局一般对领团的正常活动给予一定的便利和支持。在外国设领馆比较多的城市，如纽约、旧金山、伦敦、悉尼、墨尔本、上海等地，都有领团活动。领团的活动经费由领团成员自筹。每位领团成员每年应按照章程规定交纳会费。领团每次聚会的费用由与会成员按规定及时交付。领团的活动计划、通知和活动情况报告，由领团秘书及时发送给每个成员。每年年终聚会时，领团团长向其成员做简要的领团年度工作报告。[①]

凡是国际商业和贸易比较发达的城市，几乎都有领团的存在。美国的纽约、华盛顿、旧金山、洛杉矶、芝加哥，英国的伦敦、利物浦、

[①] 钱其琛主编：《世界外交大辞典》（上册），北京：世界知识出版社，2005年版，第1226页。

曼彻斯特、伯明翰、格拉斯哥，加拿大的多伦多和温哥华，印度的孟买和加尔各答，澳大利亚的悉尼和墨尔本，中国的上海、广州和香港等地都有领团的活动。例如，2020年3月，新冠疫情期间，在外国驻上海领团团长、卢森堡驻沪总领事吕可为的号召下，各国总领事、领事官员、中方雇员等以个人名义筹集了近34万元的善款，支援中国抗击疫情。① 2023年11月9日，为展示广州市从化区中国式现代化实践成果，挖掘对外合作商机，广州市人民政府外事办公室与从化区政府共同举办主题为"相约从化 共创未来"的外国驻穗领团"读懂广州"活动，来自25个国家驻穗总领事馆的35名官员及家属参加。②

二、世界领事联合会

世界领事联合会，原领团和领事协会国际联合会，是世界各地名誉领事团体的国际联合组织，于1982年10月在哥本哈根成立。世界领事联合会联合全球范围内的领事协会和领团，为支持和提高全球领事官员的地位、合法性和影响力提供了重要平台。该联合会成立的目的在于促进和加强世界各地名誉领事之间的相互了解；交流和提供有关名誉领馆的经验和建议；增进国际社会对名誉领事职责和特权等的了解。

1993年起，世界领事联合会享有联合国经济及社会理事会观察员地位。1998年5月，该会成立了联合会代表大会和执行委员会，在布鲁塞尔设立了秘书处，并制定了《联合会章程》。截至2023年11月，世界领事联合会在全球14个地区设有联合会地区委员会，共有87个国家名誉领事公会及团体作为会员，每三年定期举行一次世界领事代表大会。③

---

① 占悦：《专访卢森堡、荷兰驻沪总领事，46家领馆捐款超33万元驰援武汉！》，载《文汇报》，2020年3月8日，城事版。
② 张姝泓：《外国驻穗领团相约从化读懂广州》，载《广州日报》，2023年11月10日，第A3版。
③ K. S. Bhalla, "History of FICAC", http://www.ficacworld.org/about/history/.

中华人民共和国香港、澳门特别行政区名誉领事团为该联合会会员。

思考题

1. 领事关系与外交关系有何区别和联系？
2. 国内领事机构和驻外领事机构各包括哪些？
3. 领事机构与外交机构有何区别？

第三章　领事条约及领事特权与豁免

领事条约指国家之间为建立和发展领事关系，确定领馆和领馆人员的地位、职务、特权与豁免等事项，按照国际法创设相互间权利与义务的书面协议。领事特权与豁免指一国按照国际习惯法、国际条约和国内法的规定，给予外国领馆和领馆成员的特殊权利和优惠待遇的总称，目的在于使外国领馆代表本国有效地执行领事职务。[①]

第一节　领事条约

领事条约是缔约国处理相互间领事关系的法律依据，一般分为双边条约、地区性多边条约和国际公约三种类型，是现代领事法的重要渊源。领事条约的缔结遵循一定的程序，领事条约的内容也有着较为固定的格式。

一、领事条约的内容

领事条约一般包括约名、约首、约文和约尾四部分。部分领事条约还包括附件，这通常是缔约双方以换文方式所达成的协定。

[①] 领事条约、领事特权与豁免两个名词的解释分别见钱其琛主编：《世界外交大辞典》（上册），北京：世界知识出版社，2005年版，第1222、1223页。

（一）约名

约名是指领事条约的名称，通常写明缔约双方的国名或政府的全称，用"领事条约"或"领事协定"这一名称表明条约的主要内容。使用何种约名，需由缔约双方按照国内立法程序或批准程序的要求协商决定。常见的约名表达方式有以下几种。

第一，以国家名义签订的"领事条约"。如《中华人民共和国和美利坚合众国领事条约》(The Consular Convention Between the People's Republic of China and the United States of America)。

第二，以国家名义签订的"领事协定"。如《中华人民共和国和菲律宾共和国领事协定》(The Consular Agreement Between the People's Republic of China and the Republic of the Philippines)、《中华人民共和国和澳大利亚领事关系协定》(Agreement on Consular Relations Between the People's Republic of China and Australia)。

第三，以政府名义签订的"领事协定"。如《中华人民共和国政府和加拿大政府领事协定》(The Consular Agreement Between the Government of the People's Republic of China and the Government of Canada)。[1]

（二）约首

约首即领事条约的前言或序言，包括简单格式和传统格式。按照简单格式，约首中通常列出缔约双方的全称，并表明缔约的宗旨、目的、依据或总原则。如《中华人民共和国和意大利共和国领事条约》约首："中华人民共和国和意大利共和国，为促进两国友好合作关系的发展，加强两国领事关系，以利于保护两国国家和两国国民的利益，决定缔结本条约，并为此目的议定下列各条。"[2]

---

[1] 《中国领事》编写组编著：《中国领事》（制度编），北京：世界知识出版社，2021年版，第282—283页。

[2] 中华人民共和国外交部领事司编：《中华人民共和国领事条约集(1959—2011)》（上册），北京：世界知识出版社，2012年版，第314页。

传统格式的约首在简单格式的内容之外,还要列入缔约双方全权代表的职衔、姓名和相互校阅全权证书的内容。如《中华人民共和国和美利坚合众国领事条约》约首为:"中华人民共和国和美利坚合众国,为调整和加强两国领事关系,以促进两国友好合作关系的发展,以利于保护两国国家利益和两国国民的权利和利益;决定缔结本条约,并各派全权代表如下:中华人民共和国特派薄一波副总理;美利坚合众国特派卡特总统。双方全权代表互相校阅全权证书,认为妥善后,议定下列各条。"①

(三) 约文

约文是领事条约的主体部分,也称主文。它是缔约双方以尽可能精确的文字,对双方取得一致的条约客体的特定事项,做出的如实记录。② 约文的内容一般包括条约用语定义,领馆的设立和领馆人员的委派,领事职务,领馆和领馆人员享有的便利、特权与豁免,一般条款和最后条款。③

条约用语定义通常列在约首之后的第一章。在此部分,缔约双方对条约中一些用语的含义予以明确规定,以避免在执行或解释条约时产生争议。具体对哪些用语的含义给予规定,则由缔约双方根据各自国内法和缔约的需要协商而定。

缔约双方将在主文中不便做出规定的事项写进一般条款中,内容包括:领馆人员应遵守接受国的法律规章,领事馆为第三国执行领事职务,以及领事条约与其他国际协定的关系等事项。一般条款不是必需的,如果以上这些内容在主文的其他条款中已有规定,则可以取消

---

① 中华人民共和国外交部领事司编:《中华人民共和国领事条约集(1959—2011)》(上册),北京:世界知识出版社,2012年版,第41页。
② 《中国领事工作》编写组编:《中国领事工作》(下册),北京:世界知识出版社,2014年版,第501页。
③ 钱其琛主编:《世界外交大辞典》(上册),北京:世界知识出版社,2005年版,第1223页。

一般条款，有时也会将这些内容并入最后条款。

最后条款一般明确有关持续性的内容，包括条约生效的法律程序、生效日期、有效期限及延长有效期限或终止条约等。如《中华人民共和国和美利坚合众国领事条约》最后一条"生效和终止"的内容为：

一、本条约须经批准，批准书应尽速在北京互换。二、本条约自互换批准书之日起第31天开始生效。三、除非缔约一方在六个月前以书面通知另一方要求终止本条约，则本条约应继续有效。①

（四）约尾

约尾列在约文之后，一般写明条约的签订日期、地点、正本份数、所使用的文字和各种文本的效力。最后列出缔约双方签字代表的职衔和姓名。② 有些领事条约在约尾会加写"以昭信守"等见证词。约尾有两点需要注意。一是遵守国家主权平等的轮换制度，即"在先权的次序"。一般来说，在双边领事条约中，当缔约双方国名、元首名、代表名等并列出现时，在各自保留的原件中享有在先权。二是对于条约文字使用的规定。在中外双边领事条约中，中国的现行做法是采用缔约双方的官方文字，两种文本具有同等效力。③ 例如，《中华人民共和国和美利坚合众国领事条约》规定，"本条约于一九八〇年九月十七日在华盛顿签订，共两份，每份都用中文和英文写成，两种文本具有同等效力"④。此外，有的条约还使用缔约双方同意的第三国文字，三种文本具有同等效力。例如，《中华人民共和国和哈萨克斯坦共和国领事条约》规定，"本条约于一九九二年八月十日在北京签订，一式两份，

---

① 中华人民共和国外交部领事司编：《中华人民共和国领事条约集（1959—2011）》（上册），北京：世界知识出版社，2012年版，第53页。
② 梁宝山：《实用领事知识》，北京：世界知识出版社，2001年版，第147页。
③ 《中国领事工作》编写组编：《中国领事工作》（下册），北京：世界知识出版社，2014年版，第503—504页。
④ 同①。

每份都用中文、哈文和俄文写成,三种文本同等作准"①。《中华人民共和国政府和加拿大政府领事协定》规定,"本协定于一九九七年十一月二十八日在渥太华签订,一式两份,每份都用中文、英文和法文写成,三种文本同等作准"②。

二、领事条约的缔结程序

中国同其他国家缔结领事条约由外交部主办。缔约时,需严格遵守《中华人民共和国宪法》《中华人民共和国缔结条约程序法》及外交部的相关规定。领事条约的缔结程序一般包括决定缔约、谈判、签署、批准和交换批准书等环节。

(一) 决定缔约

两国缔结领事条约之前,按一般惯例先由双方的外交代表或外交机构进行接触、试探。当双方均表达出缔约的意愿时,各自报请本国政府予以审核、批准缔约。

《中华人民共和国缔结条约程序法》第五条就谈判和签署条约、协定的决定程序规定如下:

> (一) 以中华人民共和国名义谈判和签署条约、协定,由外交部或者国务院有关部门会同外交部提出建议并拟订条约、协定的中方草案,报请国务院审核决定;(二) 以中华人民共和国政府名义谈判和签署条约、协定,由外交部提出建议并拟订条约、协定的中方草案,或者由国务院有关部门提出建议并拟订条约、协定的中方草案,同外交部会商后,报请国务院审核决定。属于具体业务事项的协定,经国务院同意,

---

① 中华人民共和国外交部领事司编:《中华人民共和国领事条约集(1959—2011)》(上册),北京:世界知识出版社,2012年版,第1001页。
② 中华人民共和国外交部领事司编:《中华人民共和国领事条约集(1959—2011)》(下册),北京:世界知识出版社,2012年版,第1818页。

协定的中方草案由国务院有关部门审核决定，必要时同外交部会商；（三）以中华人民共和国政府部门名义谈判和签署属于本部门职权范围内事项的协定，由本部门决定或者本部门同外交部会商后决定；涉及重大问题或者涉及国务院其他有关部门职权范围的，由本部门或者本部门同国务院其他有关部门会商后，报请国务院决定。协定的中方草案由本部门审核决定，必要时同外交部会商。经国务院审核决定的条约、协定的中方草案，经谈判需要作重要改动的，重新报请国务院审核决定。①

（二）谈判

谈判是缔结领事条约的重要过程。在正式谈判前，缔约双方通过外交途径将条约文本草案提供给对方，就条约文本草案提出各自修改意见。必要时，可派出工作小组进行预备性商谈。准备工作就绪后，缔约双方可派出代表团进行正式谈判。谈判的主要任务是拟定和认证条约约文，并为全权代表签署领事条约做好准备。经过认证的约文如需改动，则必须经过缔约双方的同意。

（三）签署

签署是指被授权签署领事条约的代表将其姓名签于条约约尾下方。签署领事条约的人必须是双方的全权代表。在国际领事实践中，领事条约一般由副外长以上的政府官员签署，也可由国家元首或国家元首任命的特命全权大使、特使签署。

《中华人民共和国缔结条约程序法》第六条规定了谈判和签署条约、协定的代表的委派程序：

（一）以中华人民共和国名义或者中华人民共和国政府名

---

① 《中华人民共和国缔结条约程序法》，载《人民日报》，1990年12月29日，第4版。

义缔结条约、协定，由外交部或者国务院有关部门报请国务院委派代表。代表的全权证书由国务院总理签署，也可以由外交部长签署；（二）以中华人民共和国政府部门名义缔结协定，由部门首长委派代表。代表的授权证书由部门首长签署。部门首长签署以本部门名义缔结的协定，各方约定出具全权证书的，全权证书由国务院总理签署，也可以由外交部长签署。下列人员谈判、签署条约、协定，无须出具全权证书：（一）国务院总理、外交部长；（二）谈判、签署与驻在国缔结条约、协定的中华人民共和国驻该国使馆馆长，但是各方另有约定的除外；（三）谈判、签署以本部门名义缔结协定的中华人民共和国政府部门首长，但是各方另有约定的除外；（四）中华人民共和国派往国际会议或者派驻国际组织，并在该会议或者该组织内参加条约、协定谈判的代表，但是该会议另有约定或者该组织章程另有规定的除外。[1]

中国一般由外交部长或副部长签署领事条约（协定），也可由副总理或驻外特命全权大使签署。例如，1959年《中华人民共和国和苏维埃社会主义共和国联盟领事条约》由中国副总理兼外交部长陈毅和苏联驻华特命全权大使尤金签署[2]；1980年《中华人民共和国和美利坚合众国领事条约》由中国副总理薄一波和美国总统卡特签署[3]；2010年《中华人民共和国和柬埔寨王国领事条约》由中国驻柬埔寨大使张金凤与柬埔寨外交国际合作部国务秘书龙维萨罗签署[4]；2014年《中华人民共和国和大韩民国领事协定》由外交部长王毅和韩国外交部长

---

[1] 《中华人民共和国缔结条约程序法》，载《人民日报》，1990年12月29日，第4版。
[2] 中华人民共和国外交部领事司编：《中华人民共和国领事条约集(1959—2011)》(上册)，北京：世界知识出版社，2012年版，第18页。
[3] 同[2]，第53页。
[4] 中华人民共和国外交部领事司编：《中华人民共和国领事条约集(1959—2011)》(下册)，北京：世界知识出版社，2012年版，第2102页。

官尹炳世签署。①

(四) 批准和交换批准书

批准是指缔约国的国家元首或其他有权机关按照各自的法定程序对其全权代表所签署条约的确认并同意接受该条约约束的行为。双边领事条约的批准是通过交换批准书来最后完成的。缔约双方在完成本国国内的批准程序后，即可通过外交途径商定时间和地点交换批准书。根据国际惯例，交换批准书的地点一般是：条约在缔约一方国家签署，批准书则在缔约另一方国家交换。②

《中华人民共和国缔结条约程序法》第七条规定：

> 条约和重要协定的批准由全国人民代表大会常务委员会决定。……条约和重要协定签署后，由外交部或者国务院有关部门会同外交部，报请国务院审核；由国务院提请全国人民代表大会常务委员会决定批准；中华人民共和国主席根据全国人民代表大会常务委员会的决定予以批准。双边条约和重要协定经批准后，由外交部办理与缔约另一方互换批准书的手续；多边条约和重要协定经批准后，由外交部办理向条约、协定的保存国或者国际组织交存批准书的手续。批准书由中华人民共和国主席签署，外交部长副署。③

根据中国的实践，如果在中国互换批准书，由中国外交部主管副部长或部长助理同对方国家驻华大使或临时代办互换批准书并签署互换批准书的证书。如果在对方国家互换批准书，则由中国驻该国大使或临时代办和对方国家的相应代表互换批准书并签署互换批准书的证

---

① 《全国人大常委会关于批准〈中华人民共和国和大韩民国领事协定〉的决定》，载《人民日报》，2015年2月28日，第3版。
② 梁宝山：《实用领事知识》，北京：世界知识出版社，2001年版，第154页。
③ 《中华人民共和国缔结条约程序法》，载《人民日报》，1990年12月29日，第4版。

书。根据国际惯例，互换批准书的双方代表无须提出全权证书。①

三、领事条约的生效和终止

部分双边领事条约（协定）及《维也纳条约法公约》对领事条约的生效和终止作了具体的规定。

（一）领事条约的生效

条约的生效指条约从某一特定时刻发生拘束各当事国的法律效力。条约生效后，该条约各当事国必须善意履行。条约的生效日期由缔约各方商定，一般都在条约的结尾部分载明。中外双边领事条约（协定）生效的方式主要包括两种。

第一，从缔约双方批准或互换批准书后的一定日期内生效。多数中外领事条约都采用此种方式生效。例如，《中华人民共和国和巴基斯坦伊斯兰共和国领事条约》规定，"本条约须经批准，批准书在伊斯兰堡互换。本条约自互换批准书之日起第三十天开始生效"②。

第二，双方互换照会自通知对方完成各自国内法律规定的手续之后的一定日期生效。例如，《中华人民共和国政府和加拿大政府领事协定》规定，"本协定应自缔约双方通过外交途径相互通知已完成各自的手续之日起第三十一天生效"③。

（二）领事条约的终止

关于条约的终止，《维也纳条约法公约》第五十四条"依条约规定或经当事国同意而终止或退出条约"规定，"在下列情形下，得终止条约或一当事国得退出条约：依照条约之规定；或无论何时经全体当事

---

① 《中国领事工作》编写组编：《中国领事工作》（下册），北京：世界知识出版社，2014年版，第510页。
② 中华人民共和国外交部领事司编：《中华人民共和国领事条约集（1959—2011）》（下册），北京：世界知识出版社，2012年版，第1109页。
③ 同②，第1817页。

国于谘商其他各缔约国后表示同意"①。例如,《中华人民共和国和美利坚合众国领事条约》规定,"除非缔约一方在六个月前以书面通知另一方要求终止本条约,则本条约应继续有效"②。鉴于中外双边领事条约都含有条约自动延期的规定,若缔约任何一方不提出终止条约的书面通知,则条约一直有效。条约自动终止有两种情况:一种为缔约一方不复存在,另一种是缔约国签订新约取代旧约。例如,2002年4月15日,中俄双方在莫斯科签订《中华人民共和国和俄罗斯联邦领事条约》,其中规定,"自本条约生效之日起,一九八六年九月十日在北京签署的《中华人民共和国和苏维埃社会主义共和国联盟领事条约》在中华人民共和国和俄罗斯联邦之间即告终止"③。

四、中国适用领事条约的实践

中国是《维也纳领事关系公约》的当事国,且同外国签订了近50个双边领事条约(协定)。④ 中国在执行领事公约、双边领事条约(协定)及中国国内有关法律规章时,一般视情遵循以下原则。

第一,当国际条约的规定与国内法的规定一致时,在中国境内优先适用国内法的规定。因为在这种情况下,国内法规定包含了国际条约义务的要求,国际条约是通过国内法而适用的。

---

① 《维也纳条约法公约》,https://www.un.org/zh/node/182129。
② 中华人民共和国外交部领事司编:《中华人民共和国领事条约集(1959—2011)》(上册),北京:世界知识出版社,2012年版,第53页。
③ 中华人民共和国外交部领事司编:《中华人民共和国领事条约集(1959—2011)》(下册),北京:世界知识出版社,2012年版,第1943页。
④ 截至2023年12月,中国和外国签署了49个领事条约,4个(1959年6月23日签署的《中华人民共和国和苏维埃社会主义共和国联盟领事条约》、1960年5月7日签署的《中华人民共和国和捷克斯洛伐克共和国领事条约》、1986年5月31日签署的《中华人民共和国和德意志民主共和国领事条约》、1986年9月10日签署的《中华人民共和国和苏维埃社会主义共和国联盟领事条约》已终止,1个(1959年1月27日签署的《中华人民共和国和德意志民主共和国领事条约》)已失效,1个(2002年7月2日签署的《中华人民共和国政府和尼日利亚联邦共和国政府领事协定》)尚未生效。参见《中国与外国缔结领事条约(协定)一览表》,http://cs.mfa.gov.cn/zlbg/tyxy_660627/201402/t20140225_961624.shtml。

第二，当中国缔结或者加入的国际条约与国内法的规定不同时，在民商事领域或者法律有明文规定的情况下，一般优先适用国际条约的规定。例如，《中华人民共和国民事诉讼法》第二百六十七条规定："中华人民共和国缔结或者参加的国际条约同本法有不同规定的，适用该国际条约的规定，但中华人民共和国声明保留的条款除外。"第二百六十八条规定："对享有外交特权与豁免的外国人、外国组织或者国际组织提起的民事诉讼，应当依照中华人民共和国有关法律和中华人民共和国缔结或者参加的国际条约的规定办理。"[1]

第三，当《维也纳领事关系公约》的规定与国内法发生冲突时，一般适用该公约的规定。当双边领事条约与国内法有不同规定时，优先适用于双边领事条约。例如，《中华人民共和国领事特权与豁免条例》第二十七条规定："中国缔结或者参加的国际条约对领事特权与豁免另有规定的，按照国际条约的规定办理，但中国声明保留的条款除外。中国与外国签订的双边条约或者协定对领事特权与豁免另有规定的，按照条约或者协定的规定执行。"[2]

第四，遇有双边领事条约没有规定的事项时，继续适用《维也纳领事关系公约》的规定。例如，《中华人民共和国政府和加拿大政府领事协定》第十四条规定："本协定依一九六三年四月二十四日订于维也纳的《领事关系公约》第七十三条第二款缔结，本协定未明确规定的事项，按该公约处理。"[3]

第五，遇有《维也纳领事关系公约》未规定的事项，适用国际习惯法规则。《维也纳领事关系公约》在序言中指出："确认凡未经本公

---

[1] 《中华人民共和国民事诉讼法(2021修正)》，https://www.spp.gov.cn/spp/fl/202201/t20220101_569940.shtml。

[2] 《中华人民共和国领事特权与豁免条例》，载《人民日报》，1990年10月31日，第4版。

[3] 《中华人民共和国政府和加拿大政府领事协定》，http://treaty.mfa.gov.cn/tykfiles/20180718/1531876994788.pdf。

约明文规定之事项应继续适用国际习惯法之规例。"①

第六,《联合国宪章》义务优先适用原则。《联合国宪章》第一百零三条规定:"联合国会员国在本宪章下之义务与其依任何其他国际协定所负之义务有冲突时,其在本宪章下之义务应居优先。"② 无论是国际组织条约还是国家间的条约,只要与《联合国宪章》义务相抵触,都应优先适用《联合国宪章》。这条原则是适用于国际法各个领域的普遍原则。

第二节 领事特权与豁免概述

在不同历史时期和不同国家,领事特权与豁免所包含的内容不尽相同。即使在《维也纳领事关系公约》生效后,加入该公约的当事国根据本国传统和习惯对公约的某些条款仍然做出保留或提出本国的解释。中国同外国签订的双边领事条约也对领事特权与豁免的内容有所规定。

一、领事特权与豁免的由来

从传统国际法意义上来说,领事机构和领事所享有的豁免是比较有限的。例如,《奥本海国际法》认为,"领事不享有外交使节的地位,而且在派遣国的全部国际关系中并不代表派遣国""尽管领事具有无可置疑的官方地位,但国际习惯法并未发展出全面的关于他们的特权和豁免的规则。除了按照国际法领事应享有特别的保护以外,按照习惯或普遍协议,领事没有权利享有与外交使节一样的待遇,虽然由于礼貌关系或遵照特别的条约规定,他们往往至少享有某些外交特权。在19世纪,他们有权享受的特权是很有限的。从那时以来,虽然他们

---

① 《维也纳领事关系公约》,https://www.un.org/zh/documents/treaty/ILC-1963。
② 《联合国宪章》,https://www.un.org/zh/about-us/un-charter/chapter-16。

享有特别待遇的权利愈来愈得到承认,但与外交使节相比较,给予领事的免除和豁免有不那样一贯和不那样确定的倾向"。①

随着现代领事职务的发展,一般承认领事在接受国应享有为执行职务所必需的特权与豁免,各国通常通过国内立法或双边条约对此加以确定或保证。第二次世界大战后,各国陆续将领事部门与外交部门合并。领事官员从外交官员中选任,在一些场合,他们既执行领事职务,也执行外交代表职务。越来越多的国家认为,在平等互惠的基础上,把外交代表享有的外交特权与豁免不同程度地给予职业领事官员是必要的,并通过国际条约,尤其是双边领事条约予以确定。

1963年,《维也纳领事关系公约》根据国际习惯法、多数国家条约一致的规定及主要国家国内法采用的规则,参照《维也纳外交关系公约》的有关规定,对领馆和领馆成员的便利、特权与豁免进行了系统规定。《维也纳领事关系公约》生效后,大量的双边领事条约(协定)将《维也纳领事关系公约》规定的领馆和领馆成员的便利、特权和豁免予以确认,并参照《维也纳外交关系公约》给予外交特权与豁免的规定,将领事特权与豁免引申或扩大适用范围,丰富和发展了领事特权与豁免的内容。②

二、领事特权与豁免的开始及终止

关于领事官员享有领事特权与豁免的开始时间,《维也纳领事关系公约》第五十三条"领事特权与豁免之开始及终止"第一款和第四款规定,"各领馆人员自进入接受国国境前往就任之时起享有本公约所规定之特权与豁免,其已在该国境内者,自其就领馆职务之时起开始享有。""惟关于领事官员或领馆雇员为执行职务所实施之行为,其管辖

---

① 罗伯特·詹宁斯、阿瑟·瓦茨修订,王铁崖等译:《奥本海国际法》(第一卷)(第二分册),北京:中国大百科全书出版社,1998年版,第565页。

② 《中国领事工作》编写组编:《中国领事工作》(下册),北京:世界知识出版社,2014年版,第443—444页。

之豁免应继续有效，无时间限制"。关于领事官员享有领事特权与豁免的中止时间，该公约第五十三条第三款和第五款规定，"领馆人员之职务如已终止，其本人之特权与豁免以及与其构成同一户口之家属或私人服务人员之特权与豁免通常应于各该人员离接受国国境时或其离境之合理期间终了时停止，以在先之时间为准，纵有武装冲突情事，亦应继续有效至该时为止。就本条第二项所称之人员而言，其特权与豁免于其不复为领馆人员户内家属或不复为领馆人员雇用时终止，但如此等人员意欲于稍后合理期间内离接受国国境，其特权与豁免应继续有效，至其离境之时为止。""遇领馆人员死亡，与其构成同一户口之家属应继续享有应享之特权与豁免至其离接受国国境时或其离境之合理期间终了时为止，以在先之时间为准"。①

三、领事特权与豁免的放弃

领事特权与豁免的放弃是指派遣国放弃在接受国涉讼的本国领馆成员所享有的管辖豁免的行为，从而接受国当局可对领馆成员行使管辖。②

《维也纳领事关系公约》序言部分指出，领事特权与豁免的目的"不在于给与个人以利益而在于确保领馆能代表本国有效执行职务"③。领馆成员所享有的领事特权与豁免实质上为派遣国所享有，并非属个人所有。因此，是否放弃领事特权与豁免应由派遣国政府决定。未经政府许可，领馆成员不得自行放弃所享有的特权与豁免。如果政府决定放弃某项管辖豁免，领馆成员不得反对。该公约第四十五条"特权及豁免之抛弃"规定，派遣国得就某一领馆人员放弃公约在人身不可侵犯、管辖豁免和作证义务方面所规定的任何一项特权与豁免；除领事官员或领馆雇员主动提起诉讼的情形外，特权与豁免之放弃概须明

---

① 《维也纳领事关系公约》，https://www.un.org/zh/documents/treaty/ILC-1963。
② 《中国领事工作》编写组：《中国领事工作》（下册），北京：世界知识出版社，2014年版，第445页。
③ 同①。

示，并应以书面通知接受国。

第三节 领事特权与豁免的主要内容

领事特权与豁免的主要内容包括领馆的特权与豁免及领馆成员的特权与豁免等。领事特权与豁免同外交特权与豁免之间既有相似之处，也存在差别。

一、领馆的特权与豁免

1963年，《维也纳领事关系公约》对领事特权与豁免的内容作了系统规定。领馆所享有的领事特权与豁免包括：领馆馆舍不得侵犯、领馆档案和文件不得侵犯、使用国旗和国徽、行动自由、通讯自由、免税、免除关税和免受查验等。

（一）领馆馆舍不得侵犯

《维也纳领事关系公约》对领馆馆舍不得侵犯作了原则规定。该公约第一条"定义"将领馆馆舍定义为"专供领馆使用之建筑物或建筑物之各部分，以及其所附属之土地，至所有权谁属，则在所不问"。根据该公约，领馆馆舍不得侵犯至少包括以下三层含义。[①]

第一，接受国官员不得擅自进入领馆馆舍。该公约第三十一条"领馆馆舍不得侵犯"第二款规定，"接受国官吏非经领馆馆长或其指定人员或派遣国使馆馆长同意，不得进入领馆馆舍中专供领馆工作之用之部分。惟遇火灾或其他灾害须迅速采取保护行动时，得推定领馆馆长已表示同意"。

第二，接受国对保护其境内的外国领馆馆舍负有不可推卸的责任。该公约第三十一条第三款规定，接受国负有特殊责任，采取一切适当

---

① 《维也纳领事关系公约》，https://www.un.org/zh/documents/treaty/ILC-1963。

步骤保护领馆馆舍免受侵入或损害，并防止任何扰乱领馆安宁或有损领馆尊严之情事。

第三，领馆馆舍免受征用。该公约第三十一条第四款规定，"领馆馆舍、馆舍设备以及领馆之财产与交通工具应免受为国防或公用目的而实施之任何方式之征用。如为此等目的确有征用之必要时，应采取一切可能步骤以免领馆职务之执行受有妨碍，并应向派遣国为迅速、充分及有效之赔偿"。但是，也有一些国家主张领馆馆舍应免除一切形式的征用。在国际领事实践中，具体根据双方所签订的领事条约而定。例如，《中华人民共和国和俄罗斯联邦领事条约》第二十八条"领馆馆舍不受侵犯"部分规定：

> 一、领馆馆舍于本条所规定之限度内不得侵犯。二、接受国机关人员未经领馆馆长或派遣国使馆馆长或他们两人中一人指定人员同意，不得进入领馆馆舍中专供领馆工作的区域。惟遇火灾或其他急需采取保护措施的灾害时，可推定上述人员已表示同意。三、除遵守本条第二款规定外，接受国负有特殊责任，采取一切适当措施保护领馆馆舍免受侵入或损坏，防止扰乱领馆安宁或损害领馆尊严。四、领馆馆舍、馆舍设备、领馆财产及交通工具应免受为国防或公用目的而实施的任何方式的征用。如为此目的确有必要征用以上财产时，应采取一切可能措施以免妨碍领馆执行职务，并应迅速向派遣国进行适当而有效的赔偿。五、本条第一、四款的规定也适用于领事官员的住宅。[①]

（二）领馆档案和文件不得侵犯

《维也纳领事关系公约》第一条将领馆档案定义为"领馆之一切文书、文件、函电、簿籍、胶片、胶带及登记册，以及明密电码，记录

[①] 中华人民共和国外交部领事司编：《中华人民共和国领事条约集(1959—2011)》(下册)，北京：世界知识出版社，2012年版，第1937页。

卡片及供保护或保管此等文卷之用之任何器具"①。随着科学技术的发展,有些领事条约将现代化的贮存形式,诸如磁带、录音、录像等也列入领馆档案的范围。

领馆档案和文件关乎派遣国的国家利益,因此,《维也纳领事关系公约》对保护领馆档案作了十分严格的规定。该公约第六十一条"领馆档案及文件不得侵犯"明确表示:"领馆以名誉领事官员为馆长者,其领馆档案及文件无论何时亦不论位于何处,均属不得侵犯,但此等档案及文件以与其他文书及文件,尤其与领馆馆长及其所属工作人员之私人信件以及关于彼等专业或行业之物资、簿籍或文件分别保管者为限。"②此处的"无论何时"有两种含义,即两国断绝领事关系或发生武装冲突时,领馆档案也不得侵犯。《中华人民共和国领事特权与豁免条例》第六条规定,"领馆的档案和文件不受侵犯"③。中国同外国签订的双边领事条约对此也有所规定,例如,《中华人民共和国和俄罗斯联邦领事条约》第二十九条规定,"领馆档案在任何时间和任何地点均不受侵犯"④。

(三) 使用国旗和国徽

《维也纳领事关系公约》第二十九条"国旗与国徽之使用"规定,"派遣国有权依本条之规定在接受国内使用本国之国旗和国徽。""领馆所在之建筑物及其正门上,以及领馆馆长寓邸与在执行公务时乘用之交通工具上得悬挂派遣国国旗并揭示国徽"⑤。在领事实践中,各国使用国旗和国徽的普遍做法是在领馆馆舍的正门悬挂本国国徽;在领

---

① 《维也纳领事关系公约》,https://www.un.org/zh/documents/treaty/ILC-1963。
② 同①。
③ 《中华人民共和国领事特权与豁免条例》,http://cs.mfa.gov.cn/zlbg/flfg/wgrsw/200312/t20031201_961941.shtml。
④ 中华人民共和国外交部领事司编:《中华人民共和国领事条约集(1959—2011)》(下册),北京:世界知识出版社,2012年版,第1937页。
⑤ 同①。

馆馆舍、馆长寓邸及馆长执行公务时乘用的汽车悬挂本国国旗。领馆馆舍和馆长寓邸既可以每天悬挂国旗，也可以选择在派遣国或接受国的重大节日悬挂。但领馆在行使这项权利时，要遵守接受国的法律法规。

双边领事条约也对领馆悬挂馆牌作出规定。例如，《中华人民共和国和土库曼斯坦共和国领事条约》第二十六条关于"国旗和国徽的使用"部分规定：

  一、派遣国有权在领馆所在之建筑物上装置国徽和用派遣国与接受国文字书写的馆牌。二、派遣国有权在领馆所在之建筑物上、领馆馆长寓邸和领馆馆长执行公务时所乘用的交通工具上悬挂派遣国国旗。三、在施行本条规定的权利时，应顾及接受国的法律规章和习惯。①

（四）通讯自由

通讯自由是领馆正常、有效履行职责的必要条件。《维也纳领事关系公约》第三十五条"通讯自由"第一款规定，"接受国应准许领馆为一切公务目的自由通讯，并予保护。领馆与派遣国政府及无论何处之该国使馆及其他领馆通讯，得采用一切适当方法，包括外交或领馆信差、外交或领馆邮袋及明密码电信在内。但领馆须经接受国许可，始得装置及使用无线电发报机"②。

一般来说，通讯自由包括如下内容：①为一切公务目的的自由通讯；②使用一切适当的通讯方法，包括普通通讯方法、外交信使和领事信使、外交邮袋和领事邮袋、明码和密码电信；③领馆来往公文不得侵犯；④接受国应保护领馆的通讯自由。

双边领事条约对此也有所规定。例如，《中华人民共和国和美利坚

---

① 中华人民共和国外交部领事司编：《中华人民共和国领事条约集（1959—2011）》（下册），北京：世界知识出版社，2012年版，第1268页。

② 《维也纳领事关系公约》，https://www.un.org/zh/documents/treaty/ILC-1963。

合众国领事条约》第十二条"通讯自由"部分的内容为:

一、领事馆有权同它的政府,以及派遣国在其他任何地方的使馆和领事馆进行通讯。为此目的,领事馆得使用一切普通的通讯办法,包括外交信使和领事信使、外交邮袋和领事邮袋以及密码。领事馆须得到接受国事先同意才能安装和使用无线电发报机。二、领馆的公务函电,不论使用何种通讯方法,以及加封的领事邮袋和其他容器,只要它们附有标明官方性质的可见外部标志,均不得侵犯,但不得装有公务函电和纯为公务使用的物品以外的任何东西。三、领馆的公务函电,包括领事邮袋和其他容器,如本条第二款所述,接受国当局不得开拆或扣留。四、派遣国的领事信使在接受国境内享有同派遣国外交信使相同的权利、特权、便利和豁免。五、如果派遣国的船长或民用飞机的机长受托携带官方领事邮袋,该船长或机长应持有官方文件说明他受托携带的构成领事邮袋的容器数目,但是他不被认为是领事信使。经过接受国有关当局的安排并遵守接受国的安全规章,派遣国得派领馆成员直接并自由地与该船长或机长接交领事邮袋。[①]

(五) 免税

根据《维也纳领事关系条约》和双边领事条约(协定)的规定,领馆的不动产、动产及领事规费和手续费之收入款项予以免税。

1. 领馆不动产免税

《维也纳领事关系公约》第三十二条"领馆馆舍免税"第一款规定,"领馆馆舍及职业领馆馆长寓邸之以派遣国或代表派遣国人员为所有权人或承租人者,概免缴纳国家、区域或地方性之一切捐税,但其

[①] 中华人民共和国外交部领事司编:《中华人民共和国领事条约集(1959—2011)》(上册),北京:世界知识出版社,2012年版,第45页。

为对供给特定服务应纳之费者不在此列"①。对于领馆馆长以外的领事官员和领馆其他成员的住宅是否免税，公约对此并无规定。在国际领事实践中，各国一般在双边领事条约（协定）中进行明文规定。在无双边条约或协定可依的情况下，一般按照对等原则处理或依接受国的国内法决定。

2. 领馆动产免税

领馆动产通常指领馆用于公务目的的设备、家具和交通工具等。《维也纳领事关系公约》对领馆动产是否免税并无规定。按一般惯例，各国根据国内法或双边条约（协定）的规定对领馆动产予以免税。需要注意的是，领事条约（协定）中对领馆动产免税的规定一般都不免除对特定服务的收费及与派遣国或其代表订立契约的人按照接受国法律规章应缴纳的捐税。

3. 领事规费和手续费之收入款项免税

《维也纳领事关系公约》第三十九条"领馆规费与手续费"规定："领馆得在接受国境内征收派遣国法律规章所规定之领馆办事规费与手续费。""本条第一项所称规费与手续费之收入款项以及此项规费或手续费之收据，概免缴纳接受国内之一切捐税。"② 但该公约对领事规费和手续费之收入款项作何使用并无规定。在领事实践中，各国通常将其转用于领馆的开支。如果将其汇出接受国境外，则必须依照接受国的法律规章。有些国家的双边领事条约（协定）中明确规定，领事规费和手续费收入款项可以汇回派遣国。

（六）免除关税和免受查验

《维也纳领事关系公约》第五十条"免纳关税及免受查验"规定：

一、接受国应依本国制定之法律规章，准许下列物品入境

---

① 《维也纳领事关系公约》, https://www.un.org/zh/documents/treaty/ILC-1963。
② 同①。

并免除一切关税以及贮存、运送及类似服务费用以外之一切其他课征：（一）领馆公务用品。（二）领事官员或与其构成同一户口之家属之私人自用品，包括供其初到任定居之用之物品在内。消费用品不得超过关系人员本人直接需用之数量。二、领馆雇员就其初到任时运入之物品，享有本条第一项所规定之特权与豁免。三、领事官员及与其构成同一户口之家属所携私人行李免受查验。倘有重大理由认为其中装有不在本条第一项第（二）款之列之物品或接受国法律规章禁止进出口或须受其检疫法律规章管制之物品，始可查验。此项查验应在有关领事官员或其家属前为之。[1]

在领事实践中，接受国依照本国法律规章，准许领馆公务用品入境并免除一切关税，但贮藏、运输和类似服务费用除外。按一般惯例，领馆公务用品是指领馆执行公务时直接需要的物品，如国旗、国徽、馆牌及家具、交通工具、生活用品等。有些国家将家具、交通工具、生活用品等视为公务用品，而有些国家则将其视为领馆成员的自用品。通常情况下，这些物品只要数量合理，接受国都会准许免税进口。接受国也准许领馆免税运出公务用品。

双边领事条约（协定）中一般都规定，接受国应当准许领馆免税运进或运出公务用品。但对于领馆运进或运出的公务用品是否免除接受国海关查验，国际法对此并无规定。各国通常依照对等原则免除查验。如《中华人民共和国和俄罗斯联邦领事条约》第三十九条"关税和海关查验的免除"规定：

一、接受国依照本国法律规章应准许下列物品进出境，并免除一切关税、捐税及与此有关的费用，但保管、运输及其他类似服务费除外：（一）领馆公务用品；（二）领事官员的自用物品，包括安家物品；（三）领馆行政技术人员初到任时

---

[1] 《维也纳领事关系公约》，https://www.un.org/zh/documents/treaty/ILC-1963。

运入的自用物品，包括安家物品。二、本条第一款第（二）、（三）项所述物品不得超过有关人员直接需要的数量。三、领事官员的个人行李免受海关查验。接受国主管机关只有在有重大理由推定行李中装有不属本条第一款第（二）项所述物品，或为接受国法律规章禁止进出境的物品，或为检疫法规所管制的物品时，才可查验。查验必须在有关领事官员或其代表在场时进行。①

二、领馆成员的特权与豁免

领馆成员包括领馆馆长、其他领事官员、行政技术人员和服务人员。《维也纳领事关系公约》第一条"定义"对以上人员均作了界定：

（三）称"领馆馆长"者，谓奉派任此职位之人员；（四）称"领事官员"者，谓派任此职承办领事职务之任何人员，包括领馆馆长在内；（五）称"领馆雇员"者，谓受雇担任领馆行政或技术事务之任何人员；（六）称"服务人员"者，谓受雇担任领馆杂务之任何人员；（七）称"领馆人员"者，谓领事官员、领馆雇员及服务人员；（八）称"领馆馆员"者，谓除馆长以外之领事官员、领馆雇员及服务人员；（九）称"私人服务人员"者，谓受雇专为领馆人员私人服务之人员。②

在一些双边领事条约（协定）中，领馆行政技术人员和服务人员并称为"领馆工作人员"。不同类别的领馆成员及其家庭成员所享有的领事特权与豁免范围不同。需要注意的是，领馆成员的私人服务人员并非领馆成员，因而享有的特权与豁免极其有限。

（一）行动及旅行自由

《维也纳领事关系公约》第三十四条"行动自由"规定，"除接受

---

① 中华人民共和国外交部领事司编：《中华人民共和国领事条约集（1959—2011）》（下册），北京：世界知识出版社，2012年版，第1940页。

② 《维也纳领事关系公约》，https://www.un.org/zh/documents/treaty/ILC-1963。

国为国家安全设定禁止或限制进入区域所订法律规章另有规定外，接受国应确保所有领馆人员在其境内行动及旅行之自由"①。领事官员到本国驻接受国大使馆或其他领馆出差，或到接受国对外开放的地区和城市旅行，均享有行动及旅行自由。但领事官员不得进入接受国法律规章限制外国人进入和停留的地区。有的国家在签订领事条约时就明确规定将领馆成员的行动及旅行自由限制在其领区范围之内。例如，《中华人民共和国和俄罗斯联邦领事条约》第三十二条"行动自由"部分就规定，"除接受国法律规章禁止或限制进入的区域外，领馆成员在接受国境内享有行动及旅行自由"②。

（二）人身不得侵犯

《维也纳领事关系公约》第四十一条为"领事官员人身不得侵犯"。这包括两层含义：第一，领事官员不得予以逮捕或拘留。该公约第四十一条第一款和第二款规定，"领事官员不得予以逮捕候审或羁押候审。""不得施以监禁或对其人身自由加以任何其他方式之拘束"。但领事官员的人身不得侵犯权不是绝对的。根据该公约，对犯严重罪行的领事官员，经接受国主管司法机关裁决，可将其逮捕候审或羁押候审；如对领事官员提起诉讼，该员须到管辖机关出庭。接受国主管当局应尽速办理此项诉讼，并在诉讼过程中给予其适当尊重，尽量避免妨碍其执行领事职务。此外，该公约第四十二条"逮捕、羁押或诉究之通知"还规定，"遇领馆馆员受逮捕候审或羁押候审，或对其提起刑事诉讼时，接受国应迅即通知领馆馆长。倘领馆馆长本人为该项措施之对象时，接受国应经由外交途径通知派遣国"。③

例如，2012 年 5 月，日本驻旧金山总领事馆副领事因涉嫌对妻子

---

① 《维也纳领事关系公约》，https://www.un.org/zh/documents/treaty/ILC-1963。
② 中华人民共和国外交部领事司编：《中华人民共和国领事条约集（1959—2011）》（下册），北京：世界知识出版社，2012 年版，第 1938 页。
③ 同①。

实施家庭暴力，被加州警方拘捕。当地司法部门正式提出控诉，该副领事面临入狱20年的最高刑罚。当地检控官称，由于这次事件纯粹涉及个人私生活，副领事所享有的外交特权并不适用。日本驻旧金山总领事馆首席领事表示，将向日本当局征询意见，决定是否让该副领事继续执行职务。①

第二，接受国有义务保护领事官员的安全，应对领事官员表示适当的尊重，并采取一切适当步骤以防止其人身、自由和尊严受到任何侵犯。至于采取何种适当保护措施，应视具体情况而定。当领事官员的安全受到威胁时，接受国主管当局应对此采取特别的警卫措施或其他安保措施。例如，2012年9月17日，中国驻福冈总领事馆被日本右翼分子投入两枚发烟弹。中国外交部发言人就此回答记者提问时表示，"中国政府对日本境内发生针对中国总领馆的袭击事件表示强烈不满，已向日方提出严正交涉。任何国家都应防止在本国的外国机构和公民陷入危险境地。我们强烈要求日本政府采取措施制止针对中国驻日机构和人员的暴力行为，并依法查办肇事者"②。

（三）管辖豁免

根据国际公约和双边领事条约（协定），管辖豁免是指领事官员对其为执行领事职务而实施的行为免受接受国的刑事管辖、民事管辖和行政管辖。其实质上是指程序规则的豁免而非实体责任的豁免。《维也纳领事关系公约》和双边领事条约（协定）中对管辖豁免的范围和内容作了明确规定。

1. 刑事管辖豁免

《维也纳领事关系公约》第四十三条"管辖之豁免"第一款规定，

---

① 《日本外交官虐妻将其牙齿打落 最高或判入狱20年》，https://www.chinanews.com.cn/gj/2012/05-10/3877720.shtml。
② 《外交部发言人就中国驻福冈总领馆遇袭等答记者问》，https://www.gov.cn/xwfb/2012-09/18/content_2227705.htm。

"领事官员及领馆雇员对其为执行领事职务而实施之行为不受接受国司法或行政机关之管辖"①。《中华人民共和国领事特权与豁免条例》第十四条规定,"领事官员和领馆行政技术人员执行职务的行为享有司法和行政管辖豁免。领事官员执行职务以外的行为的管辖豁免,按照中国与外国签订的双边条约、协定或者根据对等原则办理"②。双边领事条约(协定)中对此也有规定。例如,《中华人民共和国和俄罗斯联邦领事条约》第三十四条"管辖豁免"部分规定,"领事官员免受接受国的司法和行政管辖,但一些民事诉讼除外"③。

值得指出的是,领事官员如进行与其身份不相称的活动,不属于其执行职务的行为,不属于其依法享有管辖豁免的行为,如从事间谍活动、颠覆活动或其他违法活动,接受国可依法处理。接受国可随时通过外交途径通知派遣国,宣告某一领事官员为不受欢迎的人,要求派遣国限期召回有关人员。如果领事官员犯罪的情节严重并直接威胁接受国的安全时,接受国主管当局可将其立即驱逐出境。④

2. 民事管辖豁免

领事官员对其执行领事职务而实施的行为享有接受国的民事管辖豁免权。但《维也纳领事关系公约》第四十三条第二款规定了以下两种例外情况:第一,因领事官员或领馆雇员并未明示或默示以派遣国代表身分而订契约所生之诉讼;第二,第三者因车辆船舶或航空机在接受国内所造成之意外事故而要求损害赔偿之诉讼。⑤

中外双边领事条约中对此也有所规定。例如,《中华人民共和国和俄罗斯联邦领事条约》第三十四条"管辖豁免"部分规定:

---

① 《维也纳领事关系公约》,https://www.un.org/zh/documents/treaty/ILC-1963。
② 《中华人民共和国领事特权与豁免条例》,载《人民日报》,1990年10月31日,第4版。
③ 中华人民共和国外交部领事司编:《中华人民共和国领事条约集(1959—2011)》(下册),北京:世界知识出版社,2012年版,第1938页。
④ 《中国领事》编写组编著:《中国领事》(制度编),北京:世界知识出版社,2021年版,第238页。
⑤ 同①。

一、领事官员免受接受国的司法和行政管辖，但下列民事诉讼除外：（一）未明示以派遣国代表身份所订契约引起的诉讼；（二）因车辆、船舶或航空器在接受国内造成损害，第三者要求损害赔偿的诉讼；（三）在接受国境内的私人不动产的诉讼，但以派遣国代表身份为领馆之用所拥有的不动产不在此列；（四）私人继承所涉及的诉讼；（五）公务范围外在接受国所进行的专业或商业活动所引起的诉讼。二、除本条第一款所列案件外，接受国不得对领事官员采取执行措施。如对本条第一款所列案件采取执行措施，应不损害领事官员的人身和住宅不受侵犯权。三、领馆行政技术人员和领馆服务人员执行公务的行为免受接受国司法或行政机关的管辖，但本条第一款第（一）、（二）项的民事诉讼除外。[①]

3. 行政管辖豁免

领事官员对其执行领事职务而实施的行为享有接受国的行政管辖豁免权。领事官员除按照规定向接受国主管当局作到任、离任通知，申办身份证外，免除接受国法律规章关于外侨登记、居留证和工作证所规定的义务，同时免除在接受国的个人劳务、参加社会保险等义务。例如，《中华人民共和国和美利坚合众国领事条约》第十五条"免除劳务和义务"部分规定，"领事官员、领馆工作人员及其家庭成员，凡非接受国国民，亦非依法被准许在接受国长期居住的外国人，在接受国应免除军事性质的义务和劳务，免除任何义务服役，并免除任何作为替代的捐款。他们亦应被免除外侨登记和居住许可的义务，并免除遵守其他适用于外侨的类似的义务"[②]。

[①] 中华人民共和国外交部领事司编：《中华人民共和国领事条约集（1959—2011）》（下册），北京：世界知识出版社，2012年版，第1938页。

[②] 中华人民共和国外交部领事司编：《中华人民共和国领事条约集（1959—2011）》（上册），北京：世界知识出版社，2012年版，第46页。

4. 免除作证义务

关于免除作证义务，《维也纳领事关系公约》第四十四条"作证之义务"规定，领馆人员得被请在司法或行政程序中到场作证，如领事官员拒绝作证，不得对其施行强制措施或处罚；要求领事官员作证之机关应避免对其执行职务有所妨碍，于可能情形下得在其寓所或领馆录取证言，或接受其书面陈述；领馆人员就其执行职务所涉事项，无担任作证或提供有关来往公文及文件之义务。领馆人员并有权拒绝以鉴定人身份就派遣国法律提出证言。

双边领事条约也就此作出了规定。例如，《中华人民共和国和美利坚合众国领事条约》第十三条"领馆成员免受接受国司法管辖"第五款规定，"领馆成员及其家庭成员得被请在司法或行政程序中到场作证。如领事官员及其家庭成员拒绝作证，不得对其施行强制措施或处罚。除本条第六款所述事项外，领馆工作人员及其家庭成员不得拒绝作证"；第六款规定，"领馆成员没有义务就其执行公务所涉事项作证，或出示官方信件或文件。领馆成员并有权拒绝作为派遣国法律的鉴定人而作证"；第七款规定，"接受国当局在接受领馆成员证词时应采取一切适当措施避免妨碍其执行领事职务。应领事馆长的请求，此种证词在可能情形下得在领事馆或有关人员的住宅口头或书面提出"。[1]

5. 免除个人捐税

关于免除个人捐税，按照《维也纳领事关系公约》第四十九条"免税"规定，"领事官员及领馆雇员以及与其构成同一户口之家属免纳一切对人或对物课征之国家、区域或地方性捐税"。此外，领事官员购买含有进口关税的商品也享有免税待遇。但下列各项捐税不能免除：通常计入商品或劳务价格中的间接税；对于接受国境内私有不动产课征的捐税；接受国课征的遗产税、遗产取得税或继承税及让与税；对于自接受国内获致的私人所得，包括资本收益在内，所课征的捐税以

---

[1] 中华人民共和国外交部领事司编：《中华人民共和国领事条约集(1959—2011)》(上册)，北京：世界知识出版社，2012年版，第45页。

及对于在接受国内商务或金融事业上所为投资课征的资本税；为供给特定服务所征收的费用；登记费、法院手续费或记录费、抵押税及印花税。

6. 免除关税和免受查验

关于免除关税，按照《维也纳领事关系公约》第五十条"免纳关税及免受查验"第一款，接受国应依照本国法律规章，准许领馆公务用品、领事官员或与其构成同一户口之家属之的私人自用品，包括供其初到任定居之用之物品在内，入境并免除一切关税及相关课征。但贮存、运送及类似服务费用除外。此外，领事官员的消费用品不得超过关系人员本人直接需用的数量。按国际惯例，领事官员免税进口的物品不得随便在接受国内出售或者转让，如要出售或转让，则必须依照接受国的相关规定报完关税并及时履行其他相关手续。

关于免受查验，按照《维也纳领事关系公约》第五十条第三款，领事官员及与其构成同一户口之家属所携私人行李免受查验。但接受国如有重大理由认为其行李中装有不属于其自用物品，或接受国法律规章禁止进出口或须受其检疫法律规章管制的物品，即可查验。此项查验应在有关领事官员或其家属在场时进行。

三、领事特权与豁免和外交特权与豁免的异同

第二次世界大战后，各国领事部门与外交部门逐渐融合。越来越多的国家认为，应当把外交代表享有的外交特权与豁免在平等互惠的基础上有限度地给予职业领事官员。1963年《维也纳领事关系公约》对领事特权与豁免的内容进行了系统规定。通过对比《维也纳领事关系公约》和《维也纳外交关系公约》，不难发现，领事特权与豁免所包含的内容在某些方面与外交特权与豁免的内容比较相似。但由于领事官员的职务和作用不同于外交代表，领事特权与豁免和外交特权与豁免相比，也存在着明显的差别。这主要体现在以下几个方面，具体可参见表2。

第一，两部公约都对国旗和国徽的使用作了规定，但关于使馆和领馆如何使用国旗和国徽的具体内容不同。《维也纳外交关系公约》第二十条规定，"使馆及其馆长有权在使馆馆舍，及在使馆馆长寓邸与交通工具上使用派遣国之国旗或国徽"①。《维也纳领事关系公约》的相关规定更为具体，"领馆所在之建筑物及其正门上，以及领馆馆长寓邸与在执行公务时乘用之交通工具上得悬挂派遣国国旗并揭示国徽"②。

第二，两部公约都规定馆舍不得侵犯，但关于馆舍范围的界定和特殊情况下进入馆舍的内容不同。《维也纳外交关系公约》规定，"接受国官吏非经使馆馆长许可，不得进入使馆馆舍"。对于馆舍并无具体界定。《维也纳领事关系公约》的相关规定为，"接受国官吏非经领馆馆长或其指定人员或派遣国使馆馆长同意，不得进入领馆馆舍中专供领馆工作之用之部分。惟遇火灾或其他灾害须迅速采取保护行动时，得推定领馆馆长已表示同意"。

第三，两部公约均规定馆舍和设备免受征用，但《维也纳领事关系公约》规定，"确有征用之必要时，应采取一切可能步骤以免领馆职务之执行受有妨碍，并应向派遣国为迅速、充分及有效之赔偿"。

第四，两部公约分别规定外交邮袋、领事邮袋不得开拆，但《维也纳领事关系公约》还规定，如果接受国当局有重大理由认为邮袋装有公文文件及用品之外的物品时，"得请派遣国授权代表一人在该当局前将邮袋开拆。如派遣国当局拒绝此项请求，邮袋应予退回至原发送地点"。

第五，两部公约分别规定了接受国有责任保护和尊重外交官和领事官员的人身安全，不得逮捕或拘禁，但《维也纳领事关系公约》另规定，犯严重罪行依主管司法机关之裁判执行者，予以逮捕候审或羁押候审，如对领事官员提起刑事诉讼，则须出庭。

第六，《维也纳外交关系公约》规定，外交代表的文书和信件享有

---

① 《维也纳外交关系公约》，https://www.mfa.gov.cn/web/wjb_673085/zfxxgk_674865/gknrlb/tywj/tyqk/200404/t20040408_9276686.shtml。

② 《维也纳领事关系公约》，https://www.un.org/zh/documents/treaty/ILC-1963。

不得侵犯权；但《维也纳领事关系公约》并未就领事官员的私人文书和信件享有不得侵犯权作出明确规定。

第七，《维也纳外交关系公约》规定，外交代表对接受国刑事、民事及行政管辖享有豁免权，除某些民事诉讼外。但《维也纳领事关系公约》规定，领事官员和领馆雇员享有的管辖豁免仅限于执行领事职务时。

第八，《维也纳外交关系公约》规定，外交代表无以证人身份作证之义务；但依据《维也纳领事关系公约》，领馆人员得被请在司法或行政程序中到场作证。

表2 《维也纳外交关系公约》与《维也纳领事关系公约》
关于特权与豁免的主要内容比较

内容	《维也纳外交关系公约》	《维也纳领事关系公约》
国旗与国徽之使用	第二十条：使馆及其馆长有权在使馆馆舍，及在使馆馆长寓邸与交通工具上使用派遣国之国旗或国徽	第二十九条：派遣国有权依本条之规定在接受国内使用本国之国旗与国徽。领馆所在之建筑物及其正门上，以及领馆馆长寓邸与在执行公务时乘用之交通工具上得悬挂派遣国国旗并揭示国徽
馆舍不得侵犯	第二十二条：接受国官吏非经使馆馆长许可，不得进入使馆馆舍	第三十一条：接受国官吏非经领馆馆长或其指定人员或派遣国使馆馆长同意，不得进入领馆馆舍中专供领馆工作之用之部分。惟遇火灾或其他灾害须迅速采取保护行动时，得推定领馆馆长已表示同意
馆舍和设备免受征用	第二十二条：使馆馆台及设备，以及馆舍内其他财产与使馆交通工具免受搜查、征用、扣押或强制执行	第三十一条：领馆馆舍、馆舍设备以及领馆之财产与交通工具应免受为国防或公用目的而实施之任何方式之征用。如为此等目的确有征用之必要时，应采取一切可能步骤以免领馆职务之执行受有妨碍，并应向派遣国为迅速、充分及有效之赔偿

续表

内容	《维也纳外交关系公约》	《维也纳领事关系公约》
通讯自由	第二十七条：外交邮袋不得予以开拆或扣留 外交邮袋得托交预定在准许入境地点降落之商营飞机机长转递	第三十五条：领馆邮袋不得予以开拆或扣留。但如接受国主管当局有重大理由认为邮袋装有不在本条第四项所称公文文件及用品之列之物品时，得请派遣国授权代表一人在该当局前将邮袋开拆。如派遣国当局拒绝此项请求，邮袋应予退回至原发送地点 领馆邮袋得托交预定在准许入境地点停泊之船舶船长或在该地降落之商营飞机机长运带
人身不得侵犯	第二十九条：外交代表不受任何方式之逮捕或拘禁	第四十一条：领事官员不得予以逮捕候审或羁押候审，但遇犯严重罪行之情形，依主管司法机关之裁判执行者不在此列
文书和信件不可侵犯	第三十条：外交代表之文书及信件同样享有不得侵犯权	第六十一条：领馆档案及文件不得侵犯。但此等档案及文件以与其他文书及文件，尤其与领馆馆长及其所属工作人员之私人信件以及关于彼等专业或行业之物资、簿籍或文件分别保管者为限
刑事管辖豁免	第三十一条：外交代表对接受国之刑事管辖享有豁免	第四十三条：领事官员及领馆雇员对其为执行领事职务而实施之行为不受接受国司法或行政机关之管辖
作证之义务	第三十一条：外交代表无以证人身分作证之义务	第四十四条：领馆人员得被请在司法或行政程序中到场作证

资料来源：作者自制。

第四节　领馆和领馆成员对接受国的义务

依照国际公约和双边领事条约（协定），接受国给予派遣国领馆和领馆成员领事特权与豁免，以便其有效执行领事职务。领馆及领馆成员在享有领事特权与豁免的同时，也要履行对接受国的义务。

一、遵守接受国的法律规章和不干涉内政

尽管领事官员享有管辖豁免，但这并不意味着领事官员可以无视或冒犯接受国的法律规章。不干涉内政这一原则是国际法公认的基本原则。领事官员不应公开批评或议论接受国政府领导人及其内政措施，不参加、不支持反对或颠覆接受国政府的游行、示威、集会等活动。《维也纳领事关系公约》第五十五条"尊重接受国法律规章"第一款规定，"在不妨碍领事特权与豁免之情形下，凡享有此项特权与豁免之人员均负有尊重接受国法律规章之义务。此等人员并负有不干涉该国内政之义务"[1]。《中华人民共和国领事特权与豁免条例》第二十四条规定，享有领事特权与豁免的人员应当尊重中国的法律、法规，不得干涉中国的内政。[2]

领馆成员尊重接受国的法律规章，是包含接受国的全部法律规章。例如，《中华人民共和国和美利坚合众国领事条约》第一条"定义"部分明确指出，本条约之中的"法律"的定义为，"对中华人民共和国而言，是指具有法律力量和效力的国家、省、市、自治区，和地方的所有法律、法令、条例和决定；对美利坚合众国而言，是指具有法律力量和效力的联邦、州和地方的所有法律、法令、条例和决定"。该条约第四十一条"遵守接受国法律"规定：

一、所有享受本条约规定的特权和豁免的人都有义务，在

---

[1]《维也纳领事关系公约》，https://www.un.org/zh/documents/treaty/ILC-1963。
[2]《中华人民共和国领事特权与豁免条例》，载《人民日报》，1990年10月31日，第4版。

不损害其特权和豁免的情况下,遵守接受国的法律包括交通规章,尊重接受国的风俗习惯,并不得干涉接受国内政。二、凡系派遣国国民的领事官员和领馆工作人员,除了执行公务外,不得在接受国境内从事任何职业或为个人谋利而进行任何活动。三、领事馆或者领馆成员及其家庭成员的一切交通工具均应有防备第三方面民事诉讼的充分的保险。①

《中华人民共和国和阿塞拜疆共和国领事条约》第四十六条"尊重接受国法律规章"规定,"根据本条约享有特权和豁免的人员,在其特权和豁免不受妨碍的情况下,均负有尊重接受国法律规章,包括交通管理的法律规章的义务。他们也负有不干涉接受国内政的义务。领馆馆舍不得用作任何与执行领事职务不相符合的用途。领馆和领馆成员及其家庭成员应遵守接受国有关交通工具保险的法律规章"②。

二、领馆馆舍不得充作与执行领事职务不相符的用途

《维也纳领事关系公约》第五十五条"尊重接受国法律规章"第二款规定,"领馆馆舍不得充作任何与执行领事职务不相符合之用途"。领馆不得滥用领馆馆舍不得侵犯的特权,从事与领馆职务不相符的活动。《中华人民共和国领事特权与豁免条例》第二十四条规定,"享有领事特权与豁免的人员,不得将领馆馆舍和领馆成员的寓所充作与执行领事职务不相符合的用途"③。

领馆馆舍不得用作庇护场所。国际领事实践普遍承认,领馆馆舍不得被用作政治犯或刑事犯的庇护场所。即使主张外交庇护的一些拉丁美洲国家也禁止把领馆馆舍用作庇护场所。但是,领馆为生命受到

---

① 中华人民共和国外交部领事司编:《中华人民共和国领事条约集(1959—2011)》(上册),北京:世界知识出版社,2012年版,第41、53页。
② 中华人民共和国外交部领事司编:《中华人民共和国领事条约集(1959—2011)》(下册),北京:世界知识出版社,2012年版,第1479页。
③ 《中华人民共和国领事特权与豁免条例》,载《人民日报》,1990年10月31日,第4版。

现实威胁的本国难民提供临时避难所是允许的。这只能是在特殊情况下的临时措施。受权执行这一临时措施时应兼顾确保领馆的安全和有关国民的人身安全，不损害国家利益并尊重接受国的法律规章。[①]

三、领事官员不得在接受国为私人利益从事任何专业或商业活动

《维也纳领事关系公约》第五十七条"关于私人有偿职业之特别规定"第一款规定，"职业领事官员不应在接受国内为私人利益从事任何专业或商业活动"。中国的国内法及部分中外双边领事条约（协定）都重申了这一规定。例如，《中华人民共和国领事特权与豁免条例》第二十五条规定，"领事官员不得在中国境内为私人利益从事任何职务范围以外的职业或者商业活动"[②]。如上文所述，《中华人民共和国和美利坚合众国领事条约》第四十一条"遵守接受国法律"第二款规定，"凡系派遣国国民的领事官员和领馆工作人员，除了执行公务外，不得在接受国境内从事任何职业或为个人谋利而进行任何活动"[③]。

第五节　外国领馆及领馆成员在华享有的领事特权与豁免

中国政府一贯主张在互相尊重主权和平等互惠原则的基础上发展同各国的领事关系。在实践中，中国颁行了专门的法律法规，并根据已经缔结的国际公约、双边领事条约（协定），处理同有关国家的领事特权与豁免问题。

一、中国关于领事特权与豁免的主要法律法规

新中国成立以来，中国颁布了系列有关领事特权与豁免的法律法

[①] 《中国领事工作》编写组编：《中国领事工作》（下册），北京：世界知识出版社，2014年版，第494页。
[②] 《中华人民共和国领事特权与豁免条例》，载《人民日报》，1990年10月31日，第4版。
[③] 中华人民共和国外交部领事司编：《中华人民共和国领事条约集（1959—2011）》（上册），北京：世界知识出版社，2012年版，第53页。

规。中国加入的《维也纳领事关系公约》以及同各国缔结的双边领事条约（协定）对领事特权与豁免问题都有所规定。

1952年，中国批准通过了《中华人民共和国对各国外交官及领事官优遇暂行办法》及《中华人民共和国对各国外交官及领事官的行李物品进出国境征免验放优待暂行办法》，对领事官员的特权与豁免作了规定，为各国驻华领事官员执行领事职务提供了法律保障。《中华人民共和国领事特权与豁免条例》由中华人民共和国第七届全国人民代表大会常务委员会第十六次会议于1990年10月30日通过，自公布之日起施行。这是中国制定的第一部领事单行法。该条例的宗旨是为确定外国驻中国领馆和领馆成员的领事特权与豁免，便于外国驻中国领馆在领区内代表其国家有效地执行职务。该条例的主要内容包括领事官员的资格、领馆成员及其家庭成员享有的特权与豁免和应承担的义务、优先适用国际条约和双边条约（协定）的规定等。

1979年8月1日，中国正式加入《维也纳领事关系公约》。此后，中国依照该公约规定来处理同其他国家间的领事特权与豁免问题。截至2023年12月，中国同其他国家签订了49个双边领事条约（协定）。[①] 这些双边领事条约（协定）确认了《维也纳领事关系公约》对领事特权与豁免的规定，并在平等互惠原则的基础上，扩大或引申领事特权与豁免的适用范围，丰富和发展了领事特权与豁免的内容。

二、外国在华领馆及领馆成员享有的领事特权与豁免的主要内容

根据《中华人民共和国领事特权与豁免条例》，外国驻华领馆及领馆成员享有的领事特权与豁免主要包括：

（一）使用国旗国徽

领馆及其馆长有权在领馆馆舍、馆长寓所和馆长执行职务所乘用

[①] 其中1个条约已失效，4个条约已终止，1个条约尚未生效。参见《中国与外国缔结领事条约(协定)一览表》，http://cs.mfa.gov.cn/zlbg/tyxy_660627/201402/t20140225_961624.shtml。

的交通工具上，使用派遣国国旗或者国徽。

（二）领馆馆舍和档案文件不受侵犯

中国国家工作人员进入领馆馆舍，须经领馆馆长或者派遣国使馆馆长或者他们两人中一人授权的人员同意。遇有火灾或者其他灾害须迅速采取保护行动时，可以推定领馆馆长已经同意。中国有关机关应当采取适当措施保护领馆馆舍免受侵犯或者损害。领馆的档案和文件不受侵犯。

（三）免纳捐税

领馆馆舍和馆长寓所免纳捐税，但为其提供特定服务所收的费用不在此限。领馆办理公务所收规费和手续费免纳捐税。

领事官员和领馆行政技术人员免纳捐税，但下列各项除外：通常计入商品价格或者服务价格内的捐税；对在中国境内私有不动产所征的捐税，但用作领馆馆舍的不在此限；有关遗产的各种捐税，但领事官员亡故，其在中国境内的动产的有关遗产的各种捐税免纳；对来源于中国境内的私人收入所征的捐税；为其提供特定服务所收的费用。领馆服务人员在领馆服务所得工资，免纳捐税。

领馆运进的公务用品，领事官员运进的自用物品和领馆行政技术人员到任后半年内运进的自用物品包括安家物品，按照中国政府的有关规定免纳关税和其他捐税，但保管、运输及类似服务费用除外。领事官员和领馆行政技术人员运进的所述自用物品，不得超过直接需要的数量。

（四）免除公共劳务及军事义务

领馆成员免除一切个人和公共劳务以及军事义务。领事官员和领馆行政技术人员免除中国法律、法规关于外国人登记和居留许可所规定的义务。

（五）行动和通讯自由

领馆成员在中国境内有行动和旅行的自由，但中国政府规定禁止或者限制进入的区域除外。领馆为公务目的可以同派遣国政府以及派遣国使馆和其他领馆自由通讯。通讯可以采用一切适当方法，包括外交信使或者领事信使、外交邮袋或者领事邮袋和明码、密码电信在内。领事邮袋以装载来往公文、公务文件及公务用品为限，应予加封并附有可资识别的外部标记。如中国有关机关有重大理由认为领事邮袋装有上述物品以外的物品时，可要求领事官员或者其授权的人员在中国有关机关人员在场的情况下开拆；如领事官员拒绝此项要求，领事邮袋应予退回至原发送地点。

（六）领事官员人身不受侵犯

中国有关机关应当采取适当措施，防止领事官员的人身自由和尊严受到侵犯。领事官员不受逮捕或者拘留，但有严重犯罪情形，依照法定程序予以逮捕或者拘留的不在此限。领事官员不受监禁，但为执行已经发生法律效力的判决的不在此限。领事信使人身不受侵犯，不受逮捕或者拘留。临时领事信使必须持有派遣国主管机关出具的临时信使证明书，在其负责携带领事邮袋期间享有与领事信使同等的豁免。

（七）领事官员的寓所、文书和财产等不受侵犯

领事官员的寓所不受侵犯。领事官员的文书和信件不受侵犯。领事官员的财产不受侵犯，但条例另有规定的情况除外。

（八）领事官员享有一定的司法管辖豁免

领事官员和领馆行政技术人员执行职务的行为享有司法和行政管辖豁免。领事官员执行职务以外的行为的管辖豁免，按照中国与外国签订的双边领事条约、协定或者根据对等原则办理。领事官员和领馆行政技术人员享有的司法管辖豁免不适用于下列各项民事诉讼：涉及

未明示以派遣国代表身份所订的契约的诉讼；涉及在中国境内的私有不动产的诉讼，但以派遣国代表身份所拥有的为领馆使用的不动产不在此限；以私人身份进行的遗产继承的诉讼；因车辆、船舶或者航空器在中国境内造成的事故涉及损害赔偿的诉讼。

领馆成员可以被要求在司法或者行政程序中到场作证，但没有义务就其执行职务所涉及事项作证。领馆成员有权拒绝以鉴定人身份就派遣国的法律提出证词。领事官员拒绝作证，不得对其采取强制措施或者给予处罚。领馆行政技术人员和领馆服务人员除执行职务所涉及事项外，不得拒绝作证。

领事官员如果是中国公民或者在中国永久居留的外国人，仅就其执行职务的行为，享有条例规定的特权与豁免。领馆行政技术人员或者领馆服务人员如果是中国公民或者在中国永久居留的外国人，除没有义务就其执行职务所涉及事项作证外，不享有条例规定的特权与豁免。私人服务人员不享有条例规定的特权与豁免。

途经中国的外国驻第三国的领事官员和与其共同生活的配偶及未成年子女以及持有中国外交签证或者持有与中国互免签证国家外交护照的外国领事官员在中国过境或者逗留期间享有所必需的豁免和不受侵犯。

有关人员所享有的管辖豁免可以由派遣国政府明确表示放弃。依照条例规定享有管辖豁免的人员如果主动提起诉讼，对与本诉直接有关的反诉，不得援用管辖豁免。放弃民事管辖豁免或者行政管辖豁免，不包括对判决的执行也放弃豁免。放弃对判决执行的豁免须由派遣国政府另作明确表示。

（九）领事官员的私人行李免受检查

领事官员的私人行李免受查验，但中国有关机关有重大理由认为其中装有不属于条例规定的自用物品或者中国法律和政府规定禁止运进、运出或者管制的物品，可以查验。查验时，须有领事官员或者其授权的人员到场。

（十）其他特权与豁免

领馆和领馆成员携带自用的枪支、子弹入出境，必须经中国政府批准，并且按照中国政府的有关规定办理。

思考题

1. 领事特权与豁免和外交特权与豁免间的相似和差别之处表现在哪些方面？
2. 领馆及领馆成员对接受国应承担哪些义务？

第四章 领事业务

领事业务主要包括护照、签证、领事认证、公证等领事证件工作及向海外公民提供必要的领事保护与协助。

第一节 护照

护照是一个主权国家政府发给本国公民出入国（境）及在国外旅行、居住时使用的合法身份证件和国籍证明，以便持证人及时取得外国主管当局和本国外交代表机关和领事机关的协助和保护。[1]《中华人民共和国护照法》第二条规定："中华人民共和国护照是中华人民共和国公民出入国境和在国外证明国籍和身份的证件。"[2]

一、护照简介

英文中"passport"一词是个复合名词，由 pass（通过）和 port（港口）组成，意思为"过港"。[3] 早期的护照不仅指现在意义上出国所使用的护照，也指国内使用的通行证。作为国际旅行证件的护照，

---

[1] 钱其琛主编：《世界外交大辞典》（上册），北京：世界知识出版社，2005年版，第839页。
[2] 《中华人民共和国护照法》，载《人民日报》，2006年5月10日，第16版。
[3] 范振水：《中国护照》，北京：世界知识出版社，2003年版，序，第2页。

起源可以追溯到公元二三世纪的罗马帝国时期，当时专门的国际信差持"特别证书"，即一纸加盖了官方印章的证明，可以在国际旅途中享受某种特权和优待。到中世纪，这种"特别证书"又发给皇家使节，以便他们出使外国时能受到特别的优待。后来随着航海和贸易的发展及国际交往的增多，有的国家又为出国进行国际贸易的本国商人颁发"特别证书"，以使他们在国外能受到保护。

初期的护照只是一纸简单的公文，后来逐步演变为现代的护照形式。到18世纪，颁发、使用护照的国家逐渐增多。但直到19世纪末前，护照的使用还不普遍，而且还是一种带强制性的证件。例如，法国规定，出国技工必须领取护照，以防本国工业机密向外泄露；符合服兵役的公民必须领取特别护照，以防他们逃避兵役或在外国入伍。从19世纪末开始，波斯、俄国、罗马尼亚、塞尔维亚等国规定，入境的外国人必须持有护照。[①]

第一次世界大战后，国际上出现了要求统一护照样式和简化入境手续的趋势。第二次世界大战后，许多国家对国际旅行实行了严格的控制，开始建立起专门的护照制度。为了统一各国护照的形式、内容和使用办法，尽量方便国际旅行，联合国经济及社会理事会、国际劳工组织、国际民用航空组织（以下简称"国际民航组织"）、国际海事组织都为此召开过会议，通过了相关的文件。国际民航组织于1968年提出建议，引入机读护照来代替常规护照，并于1968年11月成立了护照小组。1980年11月，国际民航组织公布了指导各国发行机读护照的技术文件。随后，澳大利亚、加拿大、美国等国率先颁发了机读护照。根据国际民航组织关于旅行证件的国际标准，各国应不晚于2010年4月1日开始仅签发机读护照。

根据史料，中国在汉、唐时期就派遣使节与各国来往，随身携带有证明其身份的牍牒，在清朝康熙年间已有作为国际旅行证件的官方

[①] 《新中国领事实践》编写组编：《新中国领事实践》，北京：世界知识出版社，1991年版，第138—139页。

护照。1689年中俄《尼布楚条约》规定，"凡两国人民持有护照者，俱得过界来往，并许其贸易互市"。这时的护照仍只是很简单的一纸公文，记载有持照人的姓名、籍贯、年龄、职业及发照机关和主管官员的姓名、发照日期等内容，并注明希望沿途各关卡给予协助。中华民国时期，中央政府制订了比较完整的护照制度，并于1932年1月31日颁布了护照条例。

中华人民共和国成立以来，中国护照的种类、版式几经变革，先后印制颁发了几十种版本的护照。1950年3月，印制并启用了中华人民共和国第一批护照，包括外交护照、官员护照和普通护照。1951年8月，停止使用官员护照，印制并启用了中华人民共和国公务护照。1956年8月，将普通护照分为公务普通护照和因私普通护照两种，同时增加团体护照。1964年10月，启用新版官员护照代替公务护照。1978年2月，停止使用官员护照，恢复使用公务护照。

中国于2007年开始实施启用电子护照工作。2007年2月，中国香港特别行政区启用特区电子旅行证件。2009年9月，中国澳门特别行政区启用特区电子旅行证件。2011年7月，中国内地正式签发因公电子护照。2012年5月，中国内地正式签发普通电子护照。2019年12月，中国内地正式签发电子海员证。电子护照在造型和尺寸上同传统护照一样，封面下方印有由国际民航组织制定的统一标识，显示了电子护照的独特"身份"。电子护照引入了生物特征识别、数字签名加密及无线射频等诸多技术，在传统纸质护照内植入非接触式智能芯片，在芯片中加入持照人的身份及生物特征信息，通过专用阅读器读取芯片中的资料，以便人证对照。利用信息安全技术确保信息安全，进一步提高了护照防伪性能、信誉和出入境查验效率，加快了持照人出入境通关速度，便利其国际旅行。实施电子护照是中国领事证件工作的一次创新和飞跃，在中国护照史上具有里程碑意义。[①]

[①]《中国领事》编写组编著：《中国领事》（业务编），北京：世界知识出版社，2021年版，第6、12页。

二、中国护照的种类、颁发机关和颁发对象

《中华人民共和国护照法》第三条规定，"护照分为普通护照、外交护照和公务护照"①。

普通护照由公安部出入境管理机构或者公安部委托的县级以上地方人民政府公安机关出入境管理机构以及中华人民共和国驻外使馆、领馆和外交部委托的其他驻外机构签发。外交护照由外交部签发。公务护照由外交部、中华人民共和国驻外使馆、领馆或者外交部委托的其他驻外机构，以及外交部委托的省、自治区、直辖市和设区的市人民政府外事部门签发。

公民因前往外国定居、探亲、学习、就业、旅行、从事商务活动等非公务原因出国的，由本人向户籍所在地的县级以上地方人民政府公安机关出入境管理机构申请普通护照。外交官员、领事官员及其随行配偶、未成年子女和外交信使持用外交护照。在中华人民共和国驻外使馆、领馆或者联合国、联合国专门机构，以及其他政府间国际组织中工作的中国政府派出的职员及其随行配偶、未成年子女持用公务护照。其他公民出国执行公务的，由其工作单位向外交部门提出申请，由外交部门根据需要签发外交护照或者公务护照。

香港特别行政区和澳门特别行政区的中国籍永久居民可申领香港特别行政区护照和澳门特别行政区护照。《中华人民共和国香港特别行政区基本法》第一百五十四条规定："中央人民政府授权香港特别行政区政府依照法律给持有香港特别行政区永久性居民身份证的中国公民签发中华人民共和国香港特别行政区护照，给在香港特别行政区的其他合法居留者签发中华人民共和国香港特别行政区的其他旅行证件。上述护照和证件，前往各国和各地区有效，并载明持有人有返回香港特别行政区的权利。"②《中华人民共和国澳门特别行政区基本法》第

---

① 《中华人民共和国护照法》，载《人民日报》，2006年5月10日，第16版。
② 《中华人民共和国香港特别行政区基本法》，载《人民日报》，1990年4月7日，第1版。

一百三十九条规定:"中央人民政府授权澳门特别行政区政府依照法律给持有澳门特别行政区永久性居民身份证的中国公民签发中华人民共和国澳门特别行政区护照,给在澳门特别行政区的其他合法居留者签发中华人民共和国澳门特别行政区的其他旅行证件。上述护照和旅行证件,前往各国和各地区有效,并载明持有人有返回澳门特别行政区的权利。"①

三、其他中国旅行证件

中国其他旅行证件包括中华人民共和国旅行证(以下简称"旅行证")、出入境通行证、海员证、回国证明、港澳特区除护照之外的其他旅行证件及往来海峡两岸暨香港、澳门旅行证件等。

《中华人民共和国护照法》对旅行证、出入境通行证和海员证的颁发作出了规定:"短期出国的公民在国外发生护照遗失、被盗或者损毁不能使用等情形,应当向中华人民共和国驻外使馆、领馆或者外交部委托的其他驻外机构申请中华人民共和国旅行证。""公民从事边境贸易、边境旅游服务或者参加边境旅游等情形,可以向公安部委托的县级以上地方人民政府公安机关出入境管理机构申请中华人民共和国出入境通行证。""公民以海员身份出入国境和在国外船舶上从事工作的,应当向交通部委托的海事管理机构申请中华人民共和国海员证。"② 回国证明颁发给被遣返的非法移民,是持证人返回中国、证明其国籍和身份的临时性证件。

港澳特区旅行证件包括香港签证身份书、回港证和澳门特别行政区旅行证等。不符合香港特别行政区护照申请资格的香港居民,可考虑申请香港特别行政区签证身份书,以作旅行证件之用。香港特别行政区签证身份书有效期为7年。凡符合以下任何一项要求的人士,便有资格申请签证身份书:已获准在香港有逗留期限居留,但无法取得

---

① 《中华人民共和国澳门特别行政区基本法》,载《人民日报》,1993年4月3日,第1版。
② 《中华人民共和国护照法》,载《人民日报》,2006年5月10日,第16版。

任何国家的护照或其他地区的旅行证件的人士；已获准在香港不受条件限制居留，但不拥有香港居留权，并且无法取得任何国家的护照或其他地区的旅行证件的人士；或已取得香港居留权及持有香港永久性居民身份证，但无法取得任何国家的护照或其他地区的旅行证件的非中国籍人士。① 香港特别行政区回港证是签发给香港居民，作往返内地及澳门特别行政区之用。如果申请人是香港永久性居民，或已获准在香港不受条件限制居留，便可能有资格申请香港特别行政区回港证。香港特别行政区回港证共分为两类：有效期6个月，限用一次的单程香港特别行政区回港证；有效期5年，多次通用的香港特别行政区回港证。② 符合下列所有条件者，可申请澳门特别行政区旅行证：是澳门特别行政区非永久性居民中的中国公民；持有澳门特别行政区非永久性居民身份证；无权取得其他旅行证件。③

往来海峡两岸暨香港澳门旅行证件包括以下几种：①因公往来香港、澳门特别行政区通行证颁发给因公往来港、澳的内地居民。②往来港澳通行证（通称"双程证"）颁发给因私往来港、澳的内地居民。③前往港澳通行证（通称"单程证"）颁发给赴港、澳定居的内地居民。④港澳居民来往内地通行证（通称"回乡证"）颁发给来往内地的港澳中国公民。⑤往来台湾通行证颁发给往来台湾的大陆居民。⑥台湾居民来往大陆通行证（通称"台胞证"）颁发给来往大陆的台湾居民。④

---

① 《申请香港特别行政区签证身份书》，https://www.immd.gov.hk/hks/service/travel_document/Application_for_HKSAR_Document_of_Identity_for_Visa_Purposes.html。

② 《申请香港特别行政区回港证》，https://www.immd.gov.hk/hks/service/travel_document/Application_for_HKSAR_Re-entry_Permit.html。

③ 《出入境管理、居留特区护照/旅行证》，https://www.gov.mo/zh-hant/services/ps-1066/。

④ 《中国领事》编写组编著：《中国领事》（业务编），北京：世界知识出版社，2021年版，第9—10页。

四、部分其他国家护照

世界各国都有自己的护照。大部分国家的护照不外乎三大类，发给因私出国公民的普通护照，发给外交官和其他高级官员的外交护照，发给因公出国的其他人员的公务护照或官员护照。一些国家如美国、印度等制订了较为详细的关于护照颁发的法律规定。

（一）美国护照

美国护照种类分为普通护照（Regular Passport）、公务护照（Service Passport）、官员护照（Official Passport）、外交护照（Diplomatic Passport）及护照卡。普通护照发给一般美国国民。经美国国务院授权，公务护照可颁发给出国旅行的非个人服务承包商（Non-Personal Services Contractor），以便其支持美国政府并履行其与美国政府签订的合同职责。官员护照签发给以下人士：出国执行公务的美国政府官员或雇员及其家庭成员；代表美国政府出国执行公务的美国政府个人服务承包商（Personal Services Contractor）；无法使用普通护照或公务护照出国旅行但根据与美国政府签订的合同需出国履行职责的非个人服务承包商；出国执行公务以支持美国政府的州、地方、部落或领地政府的官员或雇员。外交护照发给外交官员或代表美国政府出国履行外交职责的具有外交官地位或类似地位的人员。经国务院授权，可向此类人员的配偶和家庭成员颁发外交护照。如果美国政府承包商符合获得外交护照的资格要求，且为其发放外交护照是其完成与美国政府签署的合同职责所必需的，则可以向其颁发外交护照。美国国民可以申请护照卡，护照卡的功能与普通护照相同，但护照卡不是全球通行的国际旅行证件，仅适用于通过美国与墨西哥、加拿大、加勒比地区和百慕大之间的陆地和海上入境口岸进出美国。① 此外，美国也为有紧急需要的

---

① Code of Federal Regulations, "51.3 Types of Passports", https://www.ecfr.gov/current/title-22/chapter-I/subchapter-F/part-51/subpart-A/section-51.3.

工作人员颁发紧急护照（Emergency Passport）。①

（二）俄罗斯护照

俄罗斯护照分为普通护照（общегражданский паспорт）、外交护照（дипломатический паспорт）和公务护照（служебный паспорт）三种。普通护照是一般俄罗斯联邦公民进出俄罗斯联邦国境，以及在俄罗斯联邦境外证明其俄罗斯联邦公民身份的有效证件，其登记、签发和撤销程序由《关于俄罗斯联邦出境和入境程序的联邦法》确定。外交护照由俄罗斯联邦外交部根据《维也纳外交关系公约》和俄罗斯联邦签署的其他国际条约，颁发给在俄罗斯联邦境外履行公务差旅时享有外交豁免权的俄罗斯联邦公民、俄罗斯联邦总统、联邦委员会成员和国家杜马代表（在一定时期内）等。持有外交护照的俄罗斯联邦公民的家属（配偶、未成年子女、无行为能力的成年子女）也可获得外交护照。公务护照颁发给俄罗斯联邦公务员及陪同其在俄罗斯联邦境外进行公务旅行的俄罗斯联邦总统办公厅、联邦委员会办公厅以及俄罗斯联邦国家杜马办公厅的行政和技术服务部门及特别服务部门的雇员等。②

（三）加拿大护照

加拿大护照有四种类型，即普通护照、外交护照、特殊护照（Special Passport）和临时护照（Temporary Passport）。普通护照颁发给到国外旅行度假或出差的普通加拿大公民。外交护照颁发给外交官、加拿大政府高级官员和加拿大政府代表等。特殊护照颁发给到国外任职或执行公务的参议院议员、众议院议员、加拿大政府雇用的到国外任职的非外交人员等。临时护照颁发给那些等待领取普通护照、特殊

---

① "Emergency Passports", https://china.usembassy-china.org.cn/passports/#e-passport.
② Федеральный закон от 15.08.1996 г. № 114-ФЗ, http://www.kremlin.ru/acts/bank/9895/page/1.

护照或外交护照但又急需使用护照的加拿大公民。临时护照的有效期最长不超过 1 年。

此外,加拿大还颁发旅行证(Travel Document),包括难民旅行证(Refugee Travel Document)、身份证明(Certificate of Identity)和紧急旅行证(Emergency Travel Document)。难民旅行证颁发给加拿大境内具有受保护人身份的人,包括难民和其他需要保护的人,他们可以使用难民旅行证前往除他们国籍国以外的所有国家。身份证明颁发给尚未成为加拿大公民的加拿大永久居民及无国籍者或由于正当理由无法从任何来源获得护照或旅行证件的人。身份证明的持有人不可以用身份证明前往其国籍国。紧急旅行证由加拿大政府驻外机构颁发给在加拿大境外无法获得临时护照的加拿大公民,以便他们直接回加拿大、返回其居住国或前往提供完整护照服务的加拿大政府海外办事处。①

(四)法国护照

法国护照分为普通护照(Passport Ordinaire)、公务护照(Passeport de Service)、外交护照(Passeport Diplomatique)、常旅客护照(Passeport Grand Voyageur)、临时护照(Passeport Temporaire)和任务护照(Passeport de Mission)等。普通护照颁发给出国旅行的普通法国公民。② 公务护照颁发给国家的文职和军事人员或派驻国外、隶属于常驻外交使团或领事馆,却不持有外交护照的人员及其配偶和未成年子女。③ 外交护照由外交部长签发,颁发对象由政府规定。④ 自 2013 年 4 月 2 日起,经常

---

① "Types of Passports and Travel Documents", https://www.canada.ca/en/immigration-refugees-citizenship/services/canadian-passports/document-types.html.

② "Ants, le Passeport Biométrique", https://ants.gouv.fr/nos-missions/les-titres-produits-par-l-ants/les-documents-d-identite/le-passeport-biometrique.

③ "Ants, le Passeport de Service", https://ants.gouv.fr/nos-missions/les-titres-produits-par-l-ants/les-documents-d-identite/le-passeport-de-service.

④ "Ants, le Passeport Diplomatique", https://ants.gouv.fr/nos-missions/les-titres-produits-par-l-ants/les-documents-d-identite/le-passeport-diplomatique.

出国旅行的人可以申请常旅客护照。① 临时护照颁发给因医疗、人道主义或职业原因紧急需要护照的人。② 任务护照颁发给前往国外执行任务或被派驻国外，既不持有外交护照，也不持有公务护照的国家文职和军事人员。在领取新护照时，原有的任务护照必须返还。③

（五）印度护照

印度签发以下三种护照：普通护照、外交护照和官员护照。普通护照发给出国旅行的印度普通公民。外交护照发给印度政府授权的指定成员。官员护照签发给指定的政府公务员或政府特别授权的任何其他执行公务的人员。④《1980 年印度护照规章》（*The Passports Rules, 1980*）对官员护照和外交护照的颁发对象作出了详细规定。例如，官员护照的颁发对象包括以下几类人员：一是政府官员和非官员，其旅费由政府支付，且其家庭成员离开印度的费用也由政府承担。二是因执行官方职务而离开印度的印度储备银行，印度国家银行，其他国有银行、公司、企业，国家拥有或控制的其他机构的官员及其家庭成员，以及国家设立的自治机构的官员及其家庭成员。三是由印度政府任命的常驻联合国组织及其专门机构，以及印度政府认可的其他政府组织或机构的官员及其家庭成员。四是由印度政府各部门资助的出国参加国际会议的政府官员，以及独立或根据目前有效的奖学金计划接受培训的官员，他们代表印度政府参加培训，出国期间可以在印度领取工资和津贴，并允许该官员的家庭成员在印度境外停留不少于 12 个月的时间。五是获得印度政府许可的印度外交部官员的父母亲、岳父母、

---

① "Ants, le Passeport Grand Voyageur", https://ants.gouv.fr/nos-missions/les-titres-produits-par-l-ants/les-documents-d-identite/le-passeport-grand-voyageur.

② "Ants, le Passeport Temporaire", https://ants.gouv.fr/nos-missions/les-titres-produits-par-l-ants/les-documents-d-identite/le-passeport-temporaire.

③ "Ants, le Passeport de Mission, Agenee Nationale des Titres Sécurisés", https://ants.gouy, fr/nos-missions/les-titres" produits-par-|-ants/les-documents-d-identite/lepasseport-de-mission.

④ "Passport Seva, PSP Division", https://passportindia.gov.in/AppOnlineProject/online/faqServicesAvailable.

兄弟、姐妹等，他们离开印度，与该官员居住在"其在国外任职的地点"。六是印度政府认为应有资格的任何其他人，由于其在国外履行的使命的性质，需持有此类护照。①

第二节　签证

签证是一国政府机关依照本国法律规定为申请入出或通过本国的外国人颁发的一种许可证明，通常附载于申请人所持的护照或其他国际旅行证件上。在特殊情况下，凭有效护照或其他国际旅行证件可做在另纸上。伴随着科技进步，电子签证和生物签证逐渐投入使用，大大增强了签证的防伪功能。签证在一国查控入出境人员、防范非法移民和犯罪分子、保护国土安全等方面发挥了重要作用。②

一、签证简介

根据国际法原则，任何主权国家均有权自主决定是否允许外国人入出其国境，有权依照本国法律颁发签证、拒发签证或者对已经签发的签证宣布吊销。在各国相关实践中，有些国家之间签订有互免签证协议，也有些国家单方面地给予其他国家或地区的某类护照持有人免签或者落地签的待遇。

（一）签证的由来

在签证诞生以前，一国公民到另一国旅行，除须持有本国护照外，还要申请另一国，即接受国的护照。接受国给外国来访者颁发的这种护照，实际上就是签证，或者叫通行证。19世纪中叶，随着西方资本主义国家经济迅速发展，轮船、火车、汽车等先进交通工具广泛使用，

---

① "The Passports Rules,1980", https://passportindia.gov.in/AppOnlineProject/pdf/Passport_Rules_1980.pdf.
② 《出国签证简介》, http://cs.mfa.gov.cn/zggmcg/cgqz/cgqzjj_660464/.

国与国之间的人员往来增加，以往那种以接受国所发护照作为通行证的传统做法，由于烦琐、效率低，跟不上形势发展，甚至成为跨国贸易和人员往来的障碍。于是，有领事官员突破传统做法，不再为前往本国的外国人另发护照，而是在外国人所持护照上签署意见。签证的英文词 visa 来自法语"vis-à-vis"，意思是面对面见过。也就是一国的领事官员与申请访问本国的外国公民面谈，决定是否准许其前往。边境口岸工作人员看到外国人所持护照上的本国领事官员的签名和盖章，遂予放行。[①] 由于这种做法简便易行，很快得到普遍承认和效仿。

（二）中国签证发展简要回顾

据记载，中国古代就有针对出入中国边境口岸办理相关手续的规定。唐朝时期，外国人进入中国需要办理"文牒执照"和入境证件。明朝时期，嘉峪关作为古丝绸之路的咽喉要地，出入关塞必须手持"关照"或"通关文牒"，经查验后方可通行。可以说，清朝以前，中国历代出入境的相关证件证明都包含了"护照"与"签证"的双重功能。

中国近代意义上的签证制度始于中华民国时期。1930 年，国民政府颁布《查验外国人入境护照规则》，严格要求入境的外国人所持护照必须经中国驻外使领馆办理签证，确立了中国近代意义上的签证制度。

1949 年 12 月 5 日，中华人民共和国外交部签发了第一份签证。1980 年 5 月，国务院颁布的《中华人民共和国护照签证条例》规定，中国签证是中国公民和外国人出入或通过中国国境的许可证明。也就是说，中国公民出境也需要办理签证。

20 世纪 80 年代中期，随着改革开放政策的施行，以及《中华人民共和国公民出境入境管理法》《中华人民共和国外国人入境出境管理法》及其实施细则颁布，中国公民凭借有效护照及其他有效旅行证件

---

① 范振水：《中国护照》，北京：世界知识出版社，2003 年版，第 313—314 页。

出入中国国境，无须再办理签证。

2012年6月30日，全国人大常委会审议通过《中华人民共和国出境入境管理法》，于2013年7月1日起施行。作为其配套法规，2013年7月22日，国务院发布《中华人民共和国外国人入境出境管理条例》，于2013年9月1日起施行。这两项法规都包含有关中国签证的内容，中国签证制度在调整与改革中日趋完善。①

（三）签证的类别

签证有不同的分类方法。按照持照人入境和过境情况的不同可以分为入境签证和过境签证，有的国家还颁发出境签证。按照持照人身份、所持护照种类和访问事由的不同，可以分为外交签证、公务签证、普通签证等。按照签证颁发对象是否为群体，又可以分为团体签证和个人签证。根据持照人的访问事由，可分为旅游签证、访问签证、工作签证、学习签证、定居签证等类别。

1. 入境签证、过境签证、出境签证和口岸签证

入境签证是准予持证人在规定的期限内，由对外开放或指定的口岸进入该国国境的签证。过境签证是准予持证人在规定的期限内，由对外开放或指定的口岸经过该国国境前往第三国的签证。按国际惯例，有联程机票且在24小时之内不出机场直接过境人员一般免办签证，但部分国家仍要求过境本国的外国人办理过境签证。出境签证是准予持证人经对外开放或指定的口岸离开该国国境的签证。有些国家颁发的出境签证不限出境口岸，包括中国在内的很多国家历史上曾实施过出境签证政策。此外，有的国家还设立有入出境签证、出入境签证和再入境签证等类别。中国现行签证中只有入境签证和过境签证两个类别。口岸签证，指一国签证机关依法在本国入境口岸向已抵达的外国人颁发的签证，以便当事人及时入境处理紧急事务。实行口岸签证的国家

---

① 《中国领事工作》编写组编：《中国领事工作》(下册)，北京：世界知识出版社，2014年版，第540页。

都规定有申办口岸签证的条件和程序。一些国家把口岸签证称为落地签证，办理落地签证手续相对简单。

2. 外交、公务、官员、礼遇和普通签证

根据持照人身份、所持护照种类和访问事由不同，可将签证分为外交签证、公务签证、官员签证、礼遇签证和普通签证。

外交签证是一国政府主管机关依法为进入或经过该国国境应当给予外交特权和豁免的人员所颁发的签证。外交签证一般发给持外交护照的人员。签证颁发国依据本国法规和国际惯例，给予持证人相当的方便、优遇、特权和豁免。

公务签证是一国政府主管机关依法为进入或经过该国国境应当给予公务人员待遇的人士所颁发的签证。有的国家也将该种签证称为官员签证。公务签证一般发给持公务护照的人员。

官员签证指一些国家向持有官员护照的申请人颁发的符合其官员身份的签证，其效力同公务签证。颁发官员护照的国家一般实行相应的官员签证制度。中国没有官员签证制度，通常为来华执行公务的持官员护照的外国人颁发公务签证。

礼遇签证是一些国家政府主管机关依法为进入或经过该国国境可给予相应礼遇的人员所颁发的签证。这些人一般是身份高但又未持有外交护照的人员或已卸任的外国党政军高级官员及知名人士。签证颁发国根据本国法规和国际惯例，给予持证人应有的尊重和礼遇。

普通签证是一国政府主管机关依法为因私人事务进入或过境该国的人员颁发的一种签证。普通签证一般发给持普通（因私）护照或其他有效国际旅行证件的人员。

3. 个人签证与团体签证

个人签证指做在每个申请人的护照或其他国际旅行证件上的签证。团体签证是指做在一个团体名单上的签证。持用同一团体签证的人员必须随团一同入出境。① 实践中可能是多人共用一张签证，也可能是团组各人分别持有签证。持有按团体受理并办妥的团体签证，要求团组成员共同入出境，团组成员发生变化时，应重新申请签证。②

（四）签证的形式

签证在其发展过程中有不同的形式和称谓。例如，签注式签证、印章式签证、贴纸签证、电子签证等。

签注式签证指在有效护照上做简单的文字签注，注明准予持证人入出境的具体要求。早期的签证多采取此种形式。

印章式签证指将签证的固定格式刻在印章上，在做签证时，将印章盖在申请人护照或其他旅行证件的签证页上，并填写必要的内容，全部过程由手工操作。随着技术的进步，改用签证机代之，或用电脑按固定格式将签证的内容打印在护照上。

贴纸签证是将签证的内容按照固定格式做在签证专用纸上，用不干胶将打印完成的签证贴在申请人的护照上。贴纸签证通常是用计算机打印制作。中国于 1991 年开始采用贴纸签证，从 2001 年开始，中国驻外签证机关全部采用机打贴纸签证。

另纸签证指做在与护照或其他国际旅行证件分离的单页纸上的签证，是签证的一种特殊形式，必须与申请人所持的护照或其他国际旅行证件同时使用。关于另纸签证颁发的对象，不同国家的规定各不相同。

机读签证指适用于机器阅读的签证。国际民航组织机读旅行证件咨询部在机读护照技术基础上开发了用机器阅读和识别签证的技术。这种技术大大简化了国际旅行手续，缩短了通关时间。

电子签证又称"E-Visa"，是指把传统的纸质签证"电子化"，以电子文档形式将护照持有人签证上的所有信息储存在签证签发机关的

---

① 《出国签证简介》，http://cs.mfa.gov.cn/zggmcg/cgqz/cgqzjj_660464/。
② 《4、团体签证是什么？应注意哪些问题？》，http://cs.mfa.gov.cn/zggmcg/cgqz/cjwd_660483/201407/t20140725_955924.shtml。

系统中。例如，澳大利亚拥有电子签证系统。前往澳大利亚的外国人申请签证获批后，无须持打印好的纸质签证。在办理赴澳乘机手续时，航空公司人员将在旅客登机前，通过电子系统确认该旅客持有有效的澳大利亚签证。

二、中国签证的颁发机关、种类及颁发对象

根据《中华人民共和国出入境管理法》的相关规定，中国签证的颁发机关分为驻外签证机关和口岸签证机关；中国签证的种类分外交签证、礼遇签证、公务签证和普通签证。

（一）签证颁发机关

根据自2013年7月1日起开始施行的《中华人民共和国出境入境管理法》，公安部、外交部按照各自职责负责有关出境入境事务的管理。外交签证、礼遇签证、公务签证的签发范围和签发办法由外交部规定。普通签证的类别和签发办法由国务院规定。

中国驻外使馆、领馆或者外交部委托的其他驻外机构负责在境外签发外国人入境签证。驻外签证机关可签发外交、礼遇、公务、普通等四类签证。

出于人道原因需要紧急入境，应邀入境从事紧急商务、工程抢修或者具有其他紧急入境需要并持有有关主管部门同意在口岸申办签证的证明材料的外国人，可以在国务院批准办理口岸签证业务的口岸，向公安部委托的口岸签证机关申请办理口岸签证。旅行社按照国家有关规定组织入境旅游的，可以向口岸签证机关申请办理团体旅游签证。

外国人持普通签证入境后，如需办理签证延期、换发、补发，应通过公安部委托的县级以上地方人民政府公安机关出入境管理机构申请。外国人持外交、公务、礼遇签证入境后，如需办理签证延期、换发、补发，应通过外交部委托的地方人民政府外事部门申请。

(二) 签证的种类和颁发对象

对因外交、公务事由入境的外国人，签发外交签证、公务签证；对因身份特殊需要给予礼遇的外国人，签发礼遇签证；对因工作、学习、探亲、旅游、商务活动、人才引进等非外交、公务事由入境的外国人，签发相应类别的普通签证。普通签证分为以下类别，并在签证上标明相应的汉语拼音字母。

（一）C字签证，发给执行乘务、航空、航运任务的国际列车乘务员、国际航空器机组人员、国际航行船舶的船员及船员随行家属和从事国际道路运输的汽车驾驶员。

（二）D字签证，发给入境永久居留的人员。

（三）F字签证，发给入境从事交流、访问、考察等活动的人员。

（四）G字签证，发给经中国过境的人员。

（五）J1字签证，发给外国常驻中国新闻机构的外国常驻记者；J2字签证，发给入境进行短期采访报道的外国记者。

（六）L字签证，发给入境旅游的人员；以团体形式入境旅游的，可以签发团体L字签证。

（七）M字签证，发给入境进行商业贸易活动的人员。

（八）Q1字签证，发给因家庭团聚申请入境居留的中国公民的家庭成员和具有中国永久居留资格的外国人的家庭成员，以及因寄养等原因申请入境居留的人员；Q2字签证，发给申请入境短期探亲的居住在中国境内的中国公民的亲属和具有中国永久居留资格的外国人的亲属。

（九）R字签证，发给国家需要的外国高层次人才和急需紧缺专门人才。

（十）S1字签证，发给申请入境长期探亲的因工作、学习等事由在中国境内居留的外国人的配偶、父母、未满18周岁的子女、配偶的父母，以及因其他私人事务需要在中国境内居留的人员；S2 字签证，发给申请入境短期探亲的因工作、学习等事由在中国境内停留居留的外国人的家庭成员，以及因其他私人事务需要在中国境内停留的人员。

（十一）X1 字签证，发给申请在中国境内长期学习的人员；X2 字签证，发给申请在中国境内短期学习的人员。

（十二）Z 字签证，发给申请在中国境内工作的人员。①

此外，外国人要前往港澳地区，需单独申请赴港、赴澳签证。香港特别行政区和澳门特别行政区给予部分国家和地区人员免签证待遇，不享受免签证待遇的外国人须申请赴港或赴澳签证。

三、中国签证的入境有效期、入境次数和停留期

中国签证的入境有效期（Enter Before/Expiry Date）指持证人所持签证入境的有效时间范围。非经签发机关注明，签证自签发之日起生效，于有效期满当日北京时间 24 时失效。如仍有未使用的入境次数，在有效期满前（含当日），持证人均可入境。中国签证的入境有效期通常分为 3 个月有效、6 个月有效、1 年有效、2 年有效，最长不超过 10 年有效。

签证的入境次数（Entries）指持证人在签证入境有效期内可以入境的次数。中国签证的入境次数分为一次入境、两次入境和多次入境。入境次数用完或入境次数未用完、但已过有效期的签证，均为失效签证。如需前往中国，须重新申请签证。如持证人持失效签证来华，将被拒绝入境。

签证的停留期（Duration of Each Stay）指持证人每次入境被准许停留的时限，自入境次日开始计算。中国签证的停留期限通常为 30 日、60 日、90 日、120 日，最长不超过 180 日。外国人持 D 字、J1 字、Q1

---

① 《中华人民共和国外国人入境出境管理条例》，载《人民日报》，2013 年 7 月 24 日，第 14 版。

字、S1 字、X1 字签证入境后，应当自入境之日起 30 日内向拟居留的县及以上公安机关出入境管理机构办理居留证件。外国人持 W 系列外交、礼遇、公务、普通签证入境后，应当自入境之日起 30 日内向外交部或外交部委托的地方外事部门办理居留手续。① 口岸签证机关签发的签证一次入境有效，签证注明的停留期限不得超过 30 日。②

四、申请中国签证的基本要求

《中华人民共和国出境入境管理法》第十八条规定："外国人申请办理签证，应当向驻外签证机关提交本人的护照或者其他国际旅行证件，以及申请事由的相关材料，按照驻外签证机关的要求办理相关手续、接受面谈。"③

（一）具有有效护照或其他国际旅行证件

外国人申请办理签证时，应提交本人的有效护照或其他国际旅行证件。按照国际惯例，护照的有效期不得少于 6 个月。有效护照或其他国际旅行证件必须为中国政府承认，这既包括主权国家或某些特定地区签发的护照或其他旅行证件，也包括国际组织签发的国际旅行证件。如果提交的是中国政府不承认的外国护照或者国际旅行证件，则将会被拒发签证或者被签发另纸签证。④

（二）填写申请表

外国人申请办理签证时，可提前从中国领事服务网或中国驻相关国家使领馆网站下载"中华人民共和国签证申请表"，并如实、完整地填写申请表内容。一般情况下，申请表必须由本人签署。但无民事行

---

① 《来华签证简介》，http://cs.mfa.gov.cn/wgrlh/lhqz/lhqzjj_660596/。
② 《中华人民共和国出境入境管理法》，载《人民日报》，2012 年 12 月 3 日，第 16 版。
③ 同②。
④ 《中国领事》编写组编著：《中国领事》（业务编），北京：世界知识出版社，2021 年版，第 21 页。

为能力或限制民事行为能力人应由其监护人代签。此外，申请人应提供符合签证机关规定的本人照片。

（三）提供申请材料

外国人因申请办理签证而要提供的申请材料包括两种。一种是与申请事由相关的材料。如亲属关系证明、录取通知书、邀请函等。另一种是驻外签证机关根据实际情况要求外国人提供的其他申请材料。如体检证明、旅行保险等。《中华人民共和国出境入境管理法》第十九条规定，"外国人申请办理签证需要提供中国境内的单位或者个人出具的邀请函件的，申请人应当按照驻外签证机关的要求提供。出具邀请函件的单位或者个人应当对邀请内容的真实性负责"[1]。邀请函是签证机关审发签证的重要依据。申请人提供的材料必须真实，对于弄虚作假骗取签证的，将依法追究其法律责任。

根据《中华人民共和国外国人入境出境管理条例》第七条，外国人申请普通签证需要提交材料的情况如下：

（一）申请C字签证，应当提交外国运输公司出具的担保函件或者中国境内有关单位出具的邀请函件。

（二）申请D字签证，应当提交公安部签发的外国人永久居留身份确认表。

（三）申请F字签证，应当提交中国境内的邀请方出具的邀请函件。

（四）申请G字签证，应当提交前往国家（地区）的已确定日期、座位的联程机（车、船）票。

（五）申请J1字及J2字签证，应当按照中国有关外国常驻新闻机构和外国记者采访的规定履行审批手续并提交相应的申请材料。

---

[1]《中华人民共和国出境入境管理法》，载《人民日报》，2012年12月3日，第16版。

（六）申请 L 字签证，应当按照要求提交旅行计划行程安排等材料；以团体形式入境旅游的，还应当提交旅行社出具的邀请函件。

（七）申请 M 字签证，应当按照要求提交中国境内商业贸易合作方出具的邀请函件。

（八）申请 Q1 字签证，因家庭团聚申请入境居留的，应当提交居住在中国境内的中国公民、具有永久居留资格的外国人出具的邀请函件和家庭成员关系证明，因寄养等原因申请入境的，应当提交委托书等证明材料；申请 Q2 字签证，应当提交居住在中国境内的中国公民、具有永久居留资格的外国人出具的邀请函件等证明材料。

（九）申请 R 字签证，应当符合中国政府有关主管部门确定的外国高层次人才和急需紧缺专门人才的引进条件和要求，并按照规定提交相应的证明材料。

（十）申请 S1 字及 S2 字签证，应当按照要求提交因工作、学习等事由在中国境内停留居留的外国人出具的邀请函件、家庭成员关系证明，或者入境处理私人事务所需的证明材料。

（十一）申请 X1 字签证应当按照规定提交招收单位出具的录取通知书和主管部门出具的证明材料；申请 X2 字签证，应当按照规定提交招收单位出具的录取通知书等证明材料。

（十二）申请 Z 字签证，应当按照规定提交工作许可等证明材料。

此外，签证机关可以根据具体情况要求外国人提交其他申请材料。[1]

---

[1]《中华人民共和国外国人入境出境管理条例》，载《人民日报》，2013 年 7 月 24 日，第 14 版。

（四）必要时接受面谈

面谈是予以审发签证的重要环节。通过面谈，可以排除不符合入境条件的人员。根据《中华人民共和国外国人入境出境管理条例》第八条，外国人有下列情形之一的，应当按照驻外签证机关要求接受面谈：申请入境居留的；个人身份信息、入境事由需要进一步核实的；曾有不准入境、被限期出境记录的；有必要进行面谈的其他情形。

五、部分其他国家签证制度及 APEC 商务旅行卡

世界各国的签证制度各不相同。以下简要介绍美国和南非的签证制度。美国作为世界上唯一的超级大国，其签证制度比较复杂，类型多样。南非是发展中国家的重要代表，了解其签证制度也很有意义。APEC 商务旅行卡（亚太经合组织商务旅行卡，APEC Business Travel Card，ABTC）是亚太经合组织各经济体之间为其商务人员实施的签证便利化措施。

（一）部分其他国家签证制度

1. 美国签证制度

美国签证种类多样，分为非移民签证和移民签证两大类别。按照字母顺序排列，从 A 到 W，一共 23 类。每一类又按照入境人员的身份、入境从事的活动等分为几种。因篇幅原因，无法一一详细介绍，以下仅介绍外交签证、商务签证、旅游签证、学生签证、临时工作签证等几个主要类别。

A 类签证分为三种。A-1 签证的颁发对象为来访的国家元首或政府首脑、在外国驻美国大使馆或领事馆任职的官员、参加公务活动的政府部长或内阁成员、欧盟和非洲联盟代表团代表以及上述人员的直系亲属。A-2 签证颁发给外国政府指派的仅在外国驻美国大使馆或领事馆工作的全职雇员；代表外国政府、根据外国政府书面请求赴美执行与政府相关的官方职责，停留时间不超过 90 天的外国政府官员；驻

扎在美国军事基地或派往外国驻美国大使馆或领事馆的外国军人；欧盟和非洲联盟代表团工作人员以及上述人员的直系亲属。A-3签证颁发给持有有效的A-1或A-2签证的外交官和政府官员的私人雇员、服务员或家庭佣工。

B类签证分为B-1和B-2两种。B-1为商务签证，颁发给咨询业务伙伴或赴美参加科学、教育、专业或商业会议，解决遗产问题或洽谈合同的人。B-2为旅游签证，颁发给赴美旅游度假、探亲访友、进行药物治疗、参加社交团体或服务组织主办的社交活动、业余爱好者参加音乐体育或类似活动或竞赛、参加短期娱乐课程（不是为了获得学位学分，例如，度假时参加为期两天的烹饪课程）的人。不允许B类签证持有者在美从事以下活动：学习、就业、从事付费表演或在付费观众面前从事任何专业表演、作为船员登船或作为机组人员登机、担任外国媒体、广播、电影、平面新闻或其他信息媒体的工作、在美国永久居留等。

学生签证分为两种，F签证和M签证。F-1签证发给赴美国大学或学院、中学、私立小学、神学院、音乐学院、包括语言培训项目的学术机构学习的外国人。F-2签证发给F-1签证持有者的配偶和子女。M-1签证发给赴美国职业或其他公认的非学术机构（语言培训计划除外）学习的外国人。M-2签证发给M-1签证持有者的配偶和子女。

临时工作签证分为以下几种：①H-1B签证：颁发给专业职业人员，申请者需拥有高等教育学位或同等学力，包括具有杰出功绩和能力的时装模特，以及从事由国防部管理的政府间研发或联合生产项目者。②H-1B1签证：颁发给与美国签署自由贸易协定的国家，包括智利、新加坡两国的专业人士。申请人需获得专业学位，并在专业领域进行过至少4年的学习。③H-2A签证：颁发给临时或季节性农业工作者。此类签证仅限于指定国家的公民或国民申请。④H-2B签证：颁发给临时或季节性非农业工作者。此类签证仅限于指定国家的公民或国民申请。⑤H-3签证：颁发给受训者或特殊教育访客。申请人赴美接受除研究生医学或学术之外的培训,包括教育患有精神、身体或情感残疾儿童的实践培训等,且申请人的祖籍国无法提供此类培训。⑥L签证:颁发给公司内部调动人员。申请人在当前雇主的分支机构、母公司、附属机构或子公司中担任管理或执行职务,或者担任需要专业知识的职位。申请人必须在前三年内受同一国外雇主连续雇用至少1年。⑦O签证:颁发给具有非凡能力或成就的个人。申请人在科学、艺术、教育、商业、体育领域具有非凡能力或成就,或在电影和电视领域取得非凡公认成就,需提供在其专业领域获得国内外持续赞誉的证明。该类签证还颁发给为支持上述个人提供基本服务的人员。⑧P-1签证:颁发给个人或团体运动员或娱乐团体成员。申请人赴美作为运动员或娱乐团体成员在特定体育比赛中进行表演,需要提供国际公认的资质证明。此类签证还颁发给为支持上述个人提供基本服务的人员。⑨P-2签证:颁发给根据美国国内组织与另一个国家组织之间的互惠交流计划赴美进行表演的艺术家或艺人(个人或团体),以及为支持上述个人提供基本服务的人员。⑩P-3签证:颁发给在独特文化或传统民族、民间、文化、音乐、戏剧或艺术表演项目下进行表演、教学或指导艺术家或艺人(个人或团体),以及为支持上述个人提供基本服务的人员。⑪Q-1签证:参加国际文化交流项目人员。申请人通过参加国际文化交流项目进行实践培训和就业,分享祖籍国的历史文化传统。①

2. 南非签证制度

南非的签证类型主要包括医疗签证、商务签证、工作签证、学习签证、交换签证等。其中,工作签证又分为几种,包括一般工作签证、关键技能工作签证、公司内部调动工作签证及企业签证等。

南非内政部对每一类签证的颁发对象和申请流程都作了较为详细的规定。例如,所有医疗签证的申请人必须附上医生或医疗机构的信

---

① "A-Z Index",https://travel.state.gov/content/travel/en/us-visas/visa-information-resources/a-z-index.html.

函，说明疾病的性质、治疗的必要性、治疗的期限、在南非医院的预约详情，以及支付医疗费用和住院费用的个人或机构的完整详细信息。如果由雇主承担所产生的治疗费用，则必须提交医疗保险证明。在南非需要治疗超过3个月的人还必须申请临时居留许可。出于人道主义考虑，对那些没有事先办理医疗签证，通过紧急航班或车辆运送的紧急患者也将被允许入境。但是，紧急航班的负责人（或飞行员、车辆驾驶员、飞机或车辆所有者）必须尽快向内政部办公室报告患者的入境情况。移民官将探访患者，如有必要，将为患者签发必要的医疗签证。如果患者没有有效护照，也可以获得医疗签证，以使其在住院期间的居留合法化。

在南非建立企业或投资现有企业的外国人赴南非时必须申请商务签证。要在南非投资或开办企业，申请人需要提交由南非特许会计师协会注册的特许会计师颁发的证书，表明申请人在与南非贸易和工业部协商后，至少在南非有一定金额的现金投资。申请人需承诺，在业务中雇用员工总数的至少60%是长期受雇于各种职位的南非公民或永久居民；并承诺在南非税务局、失业保险基金、工伤赔偿基金、公司和知识产权委员会和政府认可的相关专业机构、董事会或理事会等注册登记。

工作签证仅颁发给那些南非公民无法胜任的技能岗位申请人。这些签证的签发期限根据所申请的工作签证类型而有所不同。一般工作签证的有效期为雇佣合同期限或不超过5年。申请人需要提供财务证明，证明其有足够的经济能力，足以支付其在领取工资之前在南非的预计生活费用。其雇主也需提供书面承诺，承诺在必要时承担与驱逐申请人及其受抚养家庭成员有关的费用。关键技能工作签证的申请人除提供以上资料外，还需要提供向南非资格认证局认可的专业机构、理事会或委员会申请注册证书的证明，包含有关申请人受雇职业和能力具体说明的就业合同。企业签证允许公司实体（例如矿业集团）雇用预定数量的熟练、半熟练、非熟练工人。企业签证的签发期限不超过3年。

学习签证在学习期间有效：小学不得超过8年，中学不得超过6年。交换签证颁发给年龄不超过25岁并希望参加由国家机关或公立高等教育机构与外国机关联合管理的文化、经济或社会交流项目的外国人。①

(二) APEC 商务旅行卡

1. APEC 商务旅行卡计划

APEC成立后，为加强区域内经济合作，促进商务人员自由流动，菲律宾、韩国、澳大利亚于1996年11月在菲律宾APEC领导人非正式会议上发起APEC商务旅行卡计划，倡议加入计划的经济体相互为其商务人员提供多边长期签证和快速通关礼遇（各经济体在其主要边防口岸均设有APEC商务旅行卡专用通关通道）。1997年年初，该计划进入实验性实施阶段；1999年3月1日起，该计划正式开始实施。

《APEC商务旅行卡操作框架》是该计划的基础文件，规定了该计划操作办法。除香港外，加入该计划的经济体只受理本经济体公民办卡申请。香港的申请人应具有香港永久居民身份，不限国籍。该卡的申请人不能有犯罪记录。APEC商务旅行卡的有效期最初为3年。2015年9月1日起，APEC商务旅行卡有效期从3年延长至5年。持卡人可凭旅行卡及所关联有效护照在5年内进入相关经济体从事短期商务活动，每次停留60日至90日不等。相关经济体在其主要出入境口岸设立专用通道，持卡人享有快速通关的便利。此旅行卡上载有持卡人照片、姓名、性别、所属经济体、出生日期、卡号、到期日、本人签名、护照号码和批准其入境经济体的英文简称及机读区。持卡人入境相关经济体时，必须同时出示旅行卡和与旅行卡对应的护照。

目前，APEC 21个经济体均已加入该计划，这些经济体包括：澳大利亚、文莱、加拿大、智利、中国、中国香港、印度尼西亚、日本、

---

① "Visas", https://www.dha.gov.za/index.php/immigration-services/types-of-visas.

韩国、马来西亚、墨西哥、新西兰、巴布亚新几内亚、秘鲁、菲律宾、俄罗斯、新加坡、中国台北、泰国、美国和越南。其中，美国和加拿大目前为过渡成员，不接受其他经济体的旅行卡申请，但为其他经济体持卡人提供签证申请及入出境通关便利。

2. 中国实施情况

2001年10月，中国政府宣布加入APEC商务旅行卡计划。内地、中国香港和中国台北之间人员往来仍按原办法办理，互不适用旅行卡。2002年第一次APEC高官会期间，时任驻墨西哥大使李金章与APEC商务人员流动专家组签署中国加入及遵守《APEC商务旅行卡操作框架》的换文，正式加入旅行卡计划。2003年12月，外交部领事司开始受理办卡申请。2004年3月，外交部领事司开始颁发旅行卡。

根据有关规定，目前中国公民中有资格申办APEC商务旅行卡的人员包括：①从事APEC事务的政府官员或负责旅行卡业务的政府官员，以及在APEC任职的中国籍官员；②中央管理的大型国有企业管理人员、主要业务人员和技术人员；③地方国有企业人员；④民营企业人员；⑤中外合资、外商独资和台港澳资企业中的中方（大陆、内地）人员。上述人员须持有效中华人民共和国护照，因工作需要经常前往APEC经济体，无刑事犯罪记录或被外国特别是实施旅行卡计划的经济体拒签的记录。①

第三节 领事认证

领事认证是一项重要的领事业务，是以国家名义对文书予以确认的活动。《维也纳领事关系公约》、双边领事条约及中国国内法中都有与领事认证相关的内容。1961年的《取消外国公文书认证要求的公约》(Convention Abolishing the Requirement of Legalisation for Foreign Public

---

① 《APEC商务旅行卡简介》，http://cs.mfa.gov.cn/zggmcg/apecshlxk/apeckjj_660485/201107/t20110712_957620.shtml。

Documents）简化了国家间文书运转程序，以更便捷的证明方式取代了传统领事认证。中国于 2023 年加入了该公约。

一、领事认证的概念和法律依据

领事认证是指领事认证机构根据自然人、法人或者其他组织的申请，对国内涉外公证书、其他证明文书或者国外有关文书上的最后一个印鉴、签名的真实性予以确认的活动。[①] 其目的是使一国出具的文书能在另一国境内得以承认，不会因为怀疑文书上的印鉴、签名的真实性而影响其域外的法律效力。[②] 通俗地讲，领事认证或认证，是为即将送往外国使用的文书办理签证。这是国家间各类文书跨国流转的通行做法。从文书出具和使用看，办理认证的文书可分为国内出具的需送往国外使用的文书和国外出具的需送至国内使用的文书。从文书内容看，办理认证的文书可分为民事和商事两大类。民事类文书主要包括公民的出生、婚姻状况、学历学位、寄养或收养、健康状况、无犯罪记录、亲属关系、工作经历、居留资格、驾驶执照等证明；商事类文书主要包括法人的营业执照、公司章程、授权委托书、产地证、商业发票等文件。[③] 领事认证不对公证书或者其他证明文书证明的事项行使证明职能，不对文书内容本身的真实性、合法性负责，文书内容由文书出具机构负责。[④]

《维也纳领事关系公约》第五条"领事职务"中并未明确列出与领事认证有关的内容，但该条第六款和第十三款分别规定："担任公证人，民事登记员及类似之职司，并办理若干行政性质之事务，但以接受国法律规章无禁止之规定为限。""执行派遣国责成领馆办理而不为

[①] 《领事认证办法》，https://www.mfa.gov.cn/wjb_673085/zfxxgk_674865/gknrlb/tywj/tyqk/201511/t20151125_9277117.shtml。

[②] 同①。

[③] 许育红：《中国正式加入〈取消外国公文书认证要求的公约〉》，载《世界知识》，2023 年第 10 期，第 68 页。

[④] 同①。

接受国法律规章所禁止、或不为接受国所反对、或派遣国与接受国间现行国际协定所订明之其他职务。"

中外双边领事条约中对领事官员的领事认证职责有所规定。例如，1980年《中华人民共和国和美利坚合众国领事条约》第二十七条"公证职务"第二款和第三款分别规定：领事官员有权"出具或认证派遣国国民包括法人为在接受国国外使用的或任何人为在派遣国国内使用的任何书契或文件以及其副本或节录，或履行其他公证职务。""认证接受国主管当局为在派遣国国内使用而颁发的文件"。第二十八条"领事官员出具文件的法律效力"规定，"派遣国领事官员所证明或认证的书契和文件，及其所证明的此类书契和文件的副本、节录和译文，在接受国应被接受作为官方或官方证明了的书契、文件、副本、译文或节录，并应在接受国国内具有与接受国主管当局所证明或认证的文件一样的有效性，只要它们的写成和制订是符合接受国的法律和文件使用国的法律"。[1]

中国颁行的法律法规也包括与领事认证相关的内容。例如《中华人民共和国公证法》第三十三条规定："公证书需要在国外使用，使用国要求先认证的，应当经中华人民共和国外交部或者外交部授权的机构和有关国家驻中华人民共和国使（领）馆认证。"[2]《中华人民共和国民事诉讼法》第二百七十一条规定："在中华人民共和国领域内没有住所的外国人、无国籍人、外国企业和组织委托中华人民共和国律师或者其他人代理诉讼，从中华人民共和国领域外寄交或者托交的授权委托书，应当经所在国公证机关证明，并经中华人民共和国驻该国使领馆认证，或者履行中华人民共和国与该所在国订立的有关条约中规

---

[1] 中华人民共和国外交部领事司编：《中华人民共和国领事条约集(1959—2011)》(上册)，北京：世界知识出版社，2012年版，第49页。

[2] 《中华人民共和国公证法》，http://www.npc.gov.cn/zgrdw/npc/xinwen/2017-09/12/content_2028695.htm。

定的证明手续后，才具有效力。"①《中华人民共和国民法典》第一千一百零九条规定："外国人依法可以在中华人民共和国收养子女。外国人在中华人民共和国收养子女，应当经其所在国主管机关依照该国法律审查同意。收养人应当提供由其所在国有权机构出具的有关其年龄、婚姻、职业、财产、健康、有无受过刑事处罚等状况的证明材料，并与送养人签订书面协议，亲自向省、自治区、直辖市人民政府民政部门登记。前款规定的证明材料应当经收养人所在国外交机关或者外交机关授权的机构认证，并经中华人民共和国驻该国使领馆认证，但是国家另有规定的除外。"②

2015年11月6日，《领事认证办法》发布。这是中国第一部关于领事认证工作的专门规章，也是外交部制定的第一部经国务院批准的涉外规章。③《领事认证办法》分为六章共三十九条，包括总则、印鉴和签名式样的备案、领事认证程序、领事认证效力和异议处理、法律责任和总则，对领事认证的定义、领事认证机构和人员、领事认证程序、审核标准及异议处理等作了详细规定。

二、《取消外国公文书认证要求的公约》简介

为简化国家间公文书运转程序，以更便捷的证明方式取代传统领事认证，1961年10月，海牙国际私法会议第九届会议通过《取消外国公文书认证要求的公约》草案。该公约于1965年正式生效，是海牙国际私法会议框架下适用范围最广、缔约成员最多的重要国际条约。截至2023年3月，有125个缔约国。④ 该公约有效期5年，每五年自

---

① 《中华人民共和国民事诉讼法（2021修正）》，https://www.spp.gov.cn/spp/fl/202201/t20220101_569940.shtml.
② 《中华人民共和国民法典》，载《人民日报》，2020年6月2日，第1、10—19版。
③ 《领事认证添规章文书往来更规范（领事服务）》，载《人民日报》，2015年12月12日，第6版。
④ 《〈取消外国公文书认证要求的公约〉在中国生效实施》，载《人民日报》，2023年11月8日，第3版。

动延期一次，在此期间，如有缔约国退出，该公约对其他缔约国仍然有效。缔约国有权自收到一国加入申请通知后的6个月内对该国的加入提出异议。该公约自异议期限届满后的第60日起，在加入国与未对其加入提出异议的缔约国之间生效。

该公约由序言、正文和附件三部分组成。序言部分阐明公约的目的，即希望取消对外国公文书进行外交或领事认证的要求。正文部分共15条，分别规定了公文书的定义，认证的定义，附加证明书的签发及效力，主管机关及其职能，该公约与其他有关条约、公约或协议的关系等内容。附件部分为附加证明书的参考样本。

关于公文书的适用范围，该公约从三个角度作了规定：第一，公文书适用的地域。该公约第一条第一款规定，本公约适用于在一缔约国领土内制作，且需要在另一缔约国领土内出示的公文书。第二，公文书的类别。该公约第一条第二款规定，以下四种文书被认为是公文书：一是与一国法院或法庭相关的机关或官员出具的文书，包括由检察官、法院书记员或司法执行员（"执达员"）出具的文书；二是行政文书；三是公证文书；四是对以私人身份签署的文件的官方证明，如对文件的登记或在特定日期存在的事实进行记录的官方证明，以及对签名的官方和公证证明。第三，该公约不适用的两种公文书。该公约第一条第三款规定，本公约不适用于外交或领事人员制作的文书，以及直接处理商业或海关运作的行政文书。[①]

该公约规定的公文书跨国流转程序是对领事认证制度的继承和简化。一是取消领事认证。该公约规定，一缔约国出具的需在另一缔约国使用的公文书，如附有出具国主管机关签发的符合该公约规定的附加证明书（Apostille），则使用国应免除对公文书的领事认证。二是使用附加证明书。仅需公文书来源主管机关签发附加证明书，证明公文书签署人履职身份、签章真实性，减少了公文书目的国驻来源国使领

[①] 许育红：《中国正式加入〈取消外国公文书认证要求的公约〉》，载《世界知识》，2023年第10期，第69页。

馆的领事认证，用"一步式"证明取代传统证明链。这样既保留了与领事认证等同的证明效力，又大大降低了公文书跨国流转的时间和经济成本。公文书加贴附加证明书后，无须其他认证手续即可在该公约缔约国之间流转。附加证明书主管机关的设置及数量由缔约国自主决定。

三、中国办理领事认证的机构和程序

根据《领事认证办法》，外交部负责国家领事认证工作。领事认证机构包括外交部，外交部委托的地方人民政府外事部门（地方外办），驻外使馆、领馆，以及外交部委托的其他驻外机构。[①] 根据中国领事服务网发布的信息，外交部委托办理和代办领事认证的地方外办有35个；外交部委托代办领事认证的地方外办27个；外交部委托在京文书领事认证代办机构8家。[②]

领事认证分为国内文书的领事认证和国外文书的领事认证。外交部和地方外办负责办理国内文书的领事认证。驻外使馆、领馆以及外交部委托的其他驻外机构负责办理国外文书的领事认证。国内出具的需送往国外使用的文书，文书使用国要求领事认证的，经国内公证机构公证或者证明机构证明后，应当送外交部或者地方外办办理领事认证，方可送文书使用国驻华使馆或者领事机构办理认证。中国缔结或者参加的国际条约或者外交部另有规定的除外。国外出具的需送至国内使用的文书，中国法律法规规定或者文书使用机构要求认证的，经文书出具国有关机构公证、认证后，应当由中国驻该国使馆、领馆或者外交部委托的其他驻外机构办理领事认证。中国缔结或者参加的国际条约或者外交部另有规定的除外。[③]

2023年3月8日，中国加入《取消外国公文书认证要求的公约》。

[①]《领事认证办法》，https://www.mfa.gov.cn/wjb_673085/zfxxgk_674865/gknrlb/tywj/tyqk/201511/t20151125_9277117.shtml。

[②]《申办领事认证须知》，http://cs.mfa.gov.cn/zggmcg/lsrz/sblsrzxz/。

[③] 同①。

11月7日，该公约在中国生效实施，中国自该日起签发附加证明书，加贴附加证明书的公文书可在该公约各缔约国间通行使用，无需办理领事认证手续。① 例如，根据中国驻美国使馆网站通知，2023年11月7日，《取消外国公文书认证要求的公约》在中国与美国间生效实施。该公约继续适用于中国香港特别行政区和澳门特别行政区。11月7日起，美国签发的该公约范围内的公文书只需办理美国附加证明书即可送往中国内地使用，无需办理美国和中国驻美国使领馆的领事认证。自11月7日起，中国驻美使领馆将停办领事认证业务。②

中国外交部是《取消外国公文书认证要求的公约》规定的附加证明书主管机关，并为本国境内出具的公文书签发附加证明书。受外交部委托，中国相关省、自治区、直辖市人民政府外事办公室，以及部分市人民政府外事办公室可为本行政区域内出具的公文书签发附加证明书。③ 中国与非《取消外国公文书认证要求的公约》缔约国之间仍沿用原有领事认证程序。④

第四节　驻外使领馆办理的公证

驻外使领馆办理的公证是涉外公证的一部分。中国驻外使领馆依照《中华人民共和国公证法》《维也纳领事关系公约》以及中国缔结或者参加的国际条约和外交部的有关规定办理公证。

一、公证的概念

公证一词源于拉丁语"nata"，表示为国家或为社会公认的证明活

---

① 《领事认证简介》，http://cs.mfa.gov.cn/zggmcg/lsrz/lsrzjj_660494/201311/t20131114_957820.shtml。

② 《关于中国加入〈取消外国公文书认证要求的公约〉后驻美使领馆停办领事认证业务的通知》，http://us.china-embassy.gov.cn/lsfw/zj/gz/202310/t20231025_11167574.htm。

③ 《〈取消外国公文书认证要求的公约〉将于2023年11月7日在中国生效实施》，https://www.mfa.gov.cn/web/wjbxw_673019/202310/t20231023_11165858.shtml。

④ 同②。

动。依据《中华人民共和国公证法》第二条，"公证是公证机构根据自然人、法人或者其他组织的申请，依照法定程序对民事法律行为、有法律意义的事实和文书的真实性、合法性予以证明的活动"[①]。针对法律行为的公证事项有遗嘱、赠与、收养、合同、招标等；针对法律事实的公证事项有出生、死亡、婚姻（未婚、结婚、丧偶、离婚）、健在、未受刑事处分、学历、国籍、亲属关系等；常见的针对具有法律意义的文书公证有证明文书上签字属实、证明印鉴属实、证明译文和原文相符、证明文件的缩印本（副本、节本、样本）与原文相符等。

公证分为国内公证和涉外公证。在中国，国内公证指公证机构根据中国公民、法人或其他组织的申请办理，公证书将在国内使用的公证事务。涉外公证是指中国境内公证机构办理的含有涉外因素的公证事项，即公证当事人、证明对象或公证书使用地等诸因素中至少含有一个或一个以上涉外因素的公证事项。并非所有公证机构都有资格受理涉外公证，只有经过司法部批准的公证机构和经过考试合格的涉外公证人员才有资格办理涉外公证业务。从广义上说，驻外使领馆办理的公证是涉外公证的一部分。

二、驻外使领馆办理公证业务的法律依据

根据《维也纳领事关系公约》第五条"领事职务"第六款规定，领事职务包括"担任公证人，民事登记员及类似之职司，并办理若干行政性质之事务，但以接受国法律规章无禁止之规定为限"[②]。因此，领事官员得根据其国内法和国际条约的规定，担任公证人，办理公证业务。一般来说，国家的国内法及与外国签订的双边领事条约中对于领事官员办理公证业务也会有相关的规定。《中华人民共和国公证法》第七章第四十五条规定："中华人民共和国驻外使（领）馆可以依照

[①] 《中华人民共和国公证法》，http://www.npc.gov.cn/zgrdw/npc/xinwen/2017-09/12/content_2028695.htm。

[②] 《维也纳领事关系公约》，https://www.un.org/zh/documents/treaty/ILC-1963。

本法的规定或者中华人民共和国缔结或者参加的国际条约的规定，办理公证。"① 中国同外国签订的领事条约中也规定领事官员有权承办某些公证业务。驻外使领馆办理公证，不仅要符合中国法律，而且要兼顾驻在国法律，并遵循有关国际公约和双边领事协定。例如，《中华人民共和国和美利坚合众国领事条约》第二十七条"公证职务"规定，领事官员有权"接受和目证在宣誓或确认下所作的声明，并按接受国的法律接受任何人为在派遣国国内的法律诉讼中使用的证词。""出具或认证派遣国国民包括法人为在接受国国外使用的或任何人为在派遣国国内使用的任何书契或文件以及其副本或节录，或履行其他公证职务。""认证接受国主管当局为在派遣国国内使用而颁发的文件"。②

三、驻外使领馆办理公证业务的基本原则

驻外使领馆办理公证业务遵循以下五条基本原则。

（一）真实原则

真实原则是办理公证业务的核心原则。真实原则是指公证文书所证明的法律行为、有法律意义的文书、事实及各项内容都是客观存在的或者曾经发生过的事实。

（二）合法原则

合法原则是指公证文书所证明的法律行为、有法律意义的文书、事实、各项内容及办理公证的程序都必须符合国家法律和法规，不违反社会公共利益。

---

① 《中华人民共和国公证法》，http://www.npc.gov.cn/zgrdw/npc/xinwen/2017-09/12/content_2028695.htm。
② 中华人民共和国外交部领事司编：《中华人民共和国领事条约集(1959—2011)》（上册），北京：世界知识出版社，2012年版，第49页。

(三) 保密原则

保密原则是指公证机构和公证人员，以及其他受公证机构委托、邀请或因职务需要而接触公证事务的人员，对其在公证活动中所接触到的国家秘密或当事人的秘密不得泄露，负有保密的义务。

(四) 法定公证与自愿公证相结合原则

法定公证与自愿公证相结合原则是指，一方面，法律规定一些重要的民事法律行为必须公证，否则不发生法律效力，对此公证机构应依法给予公证；另一方面，公证机构办理任何事项的公证均需根据当事人的自愿申请，无权强制要求他人办理公证。

(五) 回避原则

回避原则是指公证人员不能为本人、配偶及其近亲属办理公证，不得办理与本人、配偶和他们的近亲属有利害关系的公证事项。[①]

四、驻外使领馆办理的常见公证类型

驻外使领馆根据当事人的申请，可办理部分种类的公证，常见类型包括以下几种。

(一) 声明书公证

声明是指自然人、法人或其他组织在民事、经济活动中以书面形式所作出的公开的意思表示。声明书公证属于单方法律行为公证，是根据声明人的申请，依法证明其声明行为真实、合法的活动。

(二) 委托书公证

委托书公证属于单方法律行为公证，是根据委托人的申请，依法

---

① 《中国领事》编写组编著：《中国领事》(业务编)，北京：世界知识出版社，2020年版，第42—43页。

证明委托人的委托行为真实、合法的活动。

(三) 婚姻状况类公证

婚姻状况类公证是指驻外使领馆根据当事人的申请，依照规定程序，对当事人现存的婚姻状况（包括已婚、未婚、离婚、丧偶、未再婚）或当事人对自己婚姻状况的声明行为的真实性、合法性予以证明的活动。

(四) 其他类别

使领馆可以受理的其他常见公证种类包括文书上印鉴签名、日期属实公证，指纹公证等。

第五节　领事保护与协助

领事保护与协助是一项重要的领事职务。当今世界各主要国家都非常重视为本国海外公民和法人提供领事保护与协助。

一、领事保护与协助的概念

领事保护本国国民的权利已被国际公约和国际条约所承认，并为各国实践所肯定，然而，国际文献至今仍然未就领事保护给出明确的定义。[①]

根据《世界外交大辞典》，领事保护指一国的领事机关或领事官员，根据派遣国的国家利益和对外政策，于国际法许可的限度内，在接受国保护派遣国及其国民的权利和利益的行为。[②] 在国际领事实践中，领事保护分为狭义和广义两种。狭义的领事保护是指，当派遣国

[①] 钱其琛主编：《世界外交大辞典》(上册)，北京：世界知识出版社，2005年版，第1215—1216页。

[②] 同①，第1215页。

国民（包括法人）的合法权益在领区内受到违反国际法的不法行为的损害，而且受害人已用尽当地补救方法或在司法程序中遇到拒绝司法[①]时，领馆或领事官员同领区当局交涉，以制止此种不法行为，恢复受害人应享有的权利和利益，对受害人已受到的损害予以赔偿。如果领区当局无视国际法准则粗暴对待派遣国国民，践踏基本人权，发生任意逮捕或没收财产等严重情况，可向领区当局提出抗议，或代表受害的国民就其所受到的不公正待遇和人身及财产损害提出赔偿要求。如果领区当局无视或拒绝领馆和领事官员的交涉，则可将有关问题提交本国外交代表，由其与接受国外交部进行交涉，进行外交保护。有时还可以利用双边领事磋商渠道，就在接受内保护派遣国及其国民利益的重要案件进行磋商，寻求解决办法，由中央领事机关行使领事保护的职能。广义的领事保护还包括领馆和领事官员向派遣国国民提供必要的帮助和协助。[②]

中国外交部官网曾将领事保护定义为：指派遣国的外交、领事机关或领事官员，在国际法允许的范围内，在接受国保护派遣国的国家利益、本国公民和法人的合法权益的行为。当本国公民、法人的合法权益在驻在国受到不法侵害时，中国驻外使、领馆依据公认的国际法原则、有关国际公约、双边条约或协定以及中国和驻在国的有关法律，反映有关要求，敦促驻在国当局依法公正、友好、妥善地处理。领事保护还包括我驻外使、领馆向中国公民或法人提供帮助或协助的行为，如提供国际旅行安全方面的信息、协助聘请律师和翻译、探视被羁押

---

① 国际法上有"当地救济原则"一说，指国家认为其国民所受之损害是由外国违反国际法之行为所造成时，如果该国国民在外国未用尽可以利用的一切法律救济手段，则国家不得运用外交保护权提出国际求偿要求。拒绝司法指不是国家违反它关于根据国际法标准应该给予外国人以保护待遇的义务，但由于司法机关之作为或不作为所引起的对义务之违反。具体说来，大致包括以下几种情况：第一，拒绝受理外国人在国内法院之诉讼；第二，没有向外国人提供一般正当审中被认为是不可缺少的保障；第三，作出显然不公正的判决。以上内容参见日本国际法学会编：《国际法辞典》（中文版总校订：外交学院国际法教研室），北京：世界知识出版社，1985 年版，第 272、366—367 页。

② 钱其琛主编：《世界外交大辞典》（上册），北京：世界知识出版社 2005 年版，第 1215—1216 页。

人员、协助撤离危险地区等。①

2023年6月,中国颁布了《中华人民共和国领事保护与协助条例》。中国领事保护服务网也随之用"领事保护与协助"的概念代替了"领事保护"的概念,并根据该条例,将"领事保护与协助"界定为"在国外的中国公民、法人、非法人组织正当权益被侵犯或者需要帮助时,驻外外交机构依法维护其正当权益及提供协助的行为"②。

当前主要发达国家更多地使用领事服务和领事协助（Consular Assistance, Consular Help）的概念。例如,英国政府网站在介绍英国外交部的职责时表示,英国外交部可以提供以下服务:外国旅行建议、海外领事协助和服务、文件法律服务。③ 美国国务院网站上写道:"我们的首要任务是保护海外美国公民的生命和利益。我们通过在世界各地的大使馆和领事馆为美国人提供例行和紧急服务来做到这一点。"④ 加拿大外交部网站发布的《加拿大领事服务章程》（Canadian Consular Services Charter）表示,"加拿大全球事务部致力于为世界各地的加拿大人提供有效且高效的领事服务"⑤。

二、领事保护与协助的法律依据

从国际法角度看,保护在接受国的本国国民的利益,是领事官员最初和最起码的职务,也是领事制度产生的原因。⑥ 根据《奥本海国际法》,"虽然外国人在进入一国的领土后就立即处于该国的属地最高权

---

① 因中国领事服务网网站资料更新,这些内容已无从查找,可参见夏莉萍:《领事保护机制改革研究——主要发达国家的视角》,北京:北京出版社,2011年版,第16页。

② 参见《中华人民共和国领事保护与协助条例》第三条,载《人民日报》,2023年7月15日,第5版;《领事常识》,http://cs.mfa.gov.cn/gyls/lscs/。

③ "Foreign, Commonwealth & Development Office", https://www.gov.uk/government/organisations/foreign-commonwealth-development-office.

④ "Travel Resources", https://www.state.gov/travelers/.

⑤ "Global Affairs Canada", https://travel.gc.ca/docs/publications/canadian-consular-services-charter.pdf.

⑥ 丘日庆主编:《领事法论》,上海:上海社会科学院出版社,1996年版,第37—38页。

之下，但是，他们仍然在，正如1967年《维也纳外交关系公约》第三条（一）（乙）项所承认的他们本国的保护之下。一个国家保护其在国外的国民的权利，为该国提供一种手段，它可以据此要求其他国家履行按照某些法律规则和原则对在其领土内的外国人给予待遇的义务。一个国家不按照其国际义务对在其领土内的外国人给予待遇，将引起该国的国际责任"[1]。

有学者认为，保护本国侨民既是一国的权利，又是一国的义务。从国际法的角度来看，它是国际权利，是国际法上的权利，而从国内法的角度来看，它则是义务，但这是一种国内义务，是国内法上的义务。例如《中华人民共和国宪法》第五十条规定："中华人民共和国保护华侨的正当的权利和利益。"保护侨民在过去很长时间内是指外交保护，现在既指外交保护，又指领事保护，而更多、更主要地是指领事保护。[2]

《维也纳领事关系公约》第五条"领事职务"第一款即为"于国际法许可之限度内，在接受国内保护派遣国及其国民——个人与法人——之利益"。《奥本海国际法》认为，"领事保护派遣国的利益，而且接受国必须准许他保护派遣国的国民。为此目的，领事应办理其本国国民的登记，把他们的姓名和住址一一记录下来。领事签发护照，并应对贫民、病人和在法院涉讼的人给予某种救济和帮助。如果一个外国国民受到当地当局的侵害，他的领事可以对他提供意见和帮助，最后可以代表他进行干预。为此目的，领事有权与被监禁的本国国民通信。如果一个外国人死亡，可以请求他的领事照管他的财产，并对死者的家属给以各种救济和帮助。通常领事只对派遣国的国民行使保护的职务；但是，如果接受国不反对，派遣国可以责成他保护在该区

---

[1] 罗伯特·詹宁斯、阿瑟·瓦茨修订，王铁崖等译：《奥本海国际法》（第一卷）（第二分册），北京：中国大百科全书出版社，1998年版，第332页。

[2] 丘日庆主编：《领事法论》，上海：上海社会科学院出版社，1996年版，第2—3页。

没有委派领事的其他国家的国民"①。

中国同外国签订的双边领事条约也对领事保护与协助作出了规定。例如，《中华人民共和国和美利坚合众国领事条约》第二十二条"领事官员的职务"部分共列出了五项职务，其中第一项和第二项分别为"保护派遣国及其国民包括法人的权利和利益"和"对派遣国国民包括法人提供协助和合作"。② 这充分显示了领事保护与协助作为一项领事职能的重要性。该领事条约的第二十四条"向接受国当局交涉"、第二十五条"有关旅行证件的职务"、第三十条"通知建立监护关系或受托关系"、第三十三条"关于遗产的职务"、第三十四条"临时保管派遣国死亡国民的钱和物"、第三十五条"与派遣国国民联系"、第三十六条"对船只提供协助"、第三十七条"对船长和船员提供协助"、第三十八条"进行调查时的利益保护"、第三十九条"协助受损伤的船只"等对涉及领事保护与协助的各种情形进行了详细规定。

以《中华人民共和国和美利坚合众国领事条约》第三十五条"与派遣国国民联系"为例，该条款对领事官员与本国国民联系的权利做出如下规定：

一、领事官员有权在其领事区内与派遣国的国民联系和会见。必要时，可为其安排法律协助和译员。接受国不应以任何方式限制领事官员和派遣国国民的会见。二、领事区内遇有派遣国国民被逮捕或受到任何形式的拘禁，接受国主管当局应立即通知，最迟于该国民被逮捕或受拘禁之日起的四天内通知派遣国领事馆。如果由于通讯设备方面的困难在四天内无法通知派遣国领事馆，也应设法尽快通知。应领事官员要求，应告知该国民被逮捕或受到何种形式拘禁的理由。三、

---

① 罗伯特·詹宁斯、阿瑟·瓦茨修订，王铁崖等译：《奥本海国际法》（第一卷）（第一分册），北京：中国大百科全书出版社，1995 年版，第 564 页。

② 中华人民共和国外交部领事司编：《中华人民共和国领事条约集（1959—2011）》（上册），北京：世界知识出版社，2012 年版，第 47—48 页。

接受国主管当局应立即告知该派遣国国民本条所给予的同领事官员进行联系的权利。四、领事官员有权探视被逮捕或受到任何形式拘禁的派遣国国民,包括根据判决处在狱中的此等国民,以派遣国或接受国语言、文字与之谈话和通信,并可协助安排法律代表和译员。探视应尽快进行,最迟于主管当局通知领事馆该国民受到任何形式拘禁之日起的二天后,不应拒绝探视。探视得按重复方式进行。经领事官员请求,两次探视之间的间隔不应超过一个月。五、倘遇派遣国国民在接受国受审判或其他法律诉讼,有关当局经领事官员请求应告知对该国民提出的指控,并应允许一位领事官员旁听审判或其他法律诉讼。六、对于适用本条规定的国民,领事官员有权供给装有食品、衣服、医药用品、读物和书写文具的包裹。七、领事官员得请接受国当局协助查明派遣国国民的下落。接受国当局应尽可能提供所掌握的一切有关情况。八、本条所载各项权利的行使,应遵照接受国的法律。但是,此项法律的适用,务使本条所规定的这些权利的目的,得以充分实现。[1]

一些国家制订了与领事保护与协助有关的专门法,例如《德国领事官员、领事职务和权限法》《芬兰领事服务法》《乌克兰领事条例》《瑞士领事保护法令》《匈牙利领事保护法案》等。2023年7月,《中华人民共和国领事保护与协助条例》颁布。这是当代中国第一部关于领事保护与协助工作的专门立法,吸纳了中国领事保护与协助工作多年摸索的宝贵经验,体现了中国领事保护与协助制度的重大创新。该条例对领事保护与协助的服务对象、主责部门的履责要求、多方联动机制和预警防范机制等都做出了明确细致的规定,为今后有关工作的

---

[1] 中华人民共和国外交部领事司编:《中华人民共和国领事条约集(1959—2011)》(上册),北京:世界知识出版社,2012年版,第51页。

开展奠定了坚实的法律基础，提供了有力的法治保障。①

三、实施领事保护与协助所遵循的原则

根据国际法和各主要国家的领事实践，实施领事保护与协助时一般遵循以下五条原则。

（一）国籍原则

领事保护的对象原则上是具有本国国籍的自然人和法人。以中国为例，领事保护的对象是根据《中华人民共和国国籍法》及相关法律法规具有中国国籍的自然人和法人。凡依照《中华人民共和国国籍法》具有中国国籍者，都可以受到中国政府的领事保护。也就是说，只要是中国公民，无论是定居国外的华侨，还是临时出国的旅行者；无论是中国内地居民，还是香港、澳门和台湾同胞，都是中国驻外使领馆提供领事保护的对象。②但也有一些国家规定，领事保护与协助的对象除了本国公民外，还包括符合条件的外国人。例如，根据《加拿大领事服务章程》，加拿大政府提供领事保护与协助的对象为加拿大公民以及与加拿大签署有领事服务分享协议（Consular Services Sharing Agreements）或备忘录（Memorandums of Understanding）的国家的公民。③

（二）合法性原则

领事保护工作的依据是国际公约、双边领事条约、派遣国和驻在国的国内法。一方面，合法性原则是指公民提出领事保护要求要合法，当公民自身的合法权益在驻在国受到非法侵害时，可寻求领事保护；违法行为应适用行为发生地法律处理。领事官员不能包庇、袒护本国

---

① 夏莉萍：《〈中华人民共和国领事保护与协助条例〉的意义和亮点》，http://www.moj.gov.cn/pub/sfbgw/zcjd/202307/t20230714_482645.html。
② 《领事常识》，http://cs.mfa.gov.cn/gyls/lscs/。
③ "Canadian Consular Services Charter", https://travel.gc.ca/docs/publications/canadian-consular-services-charter.pdf.

公民的违法行为，但会对驻在国有关部门依法处理的情况给予关注，视情对当事人提供必要的协助。另一方面，合法性原则是指领事官员要依法提供领事保护，不能超出法律允许的范围，不能有法不依或者采取非法手段。

（三）有限性原则

根据国际法中有关管辖的一般原则，属地管辖优于属人管辖。驻外使领馆在处理领事保护案件时，应优先适用驻在国相关法律规章。且驻外使领馆在实施领事保护时不具有强制力，只能通过交涉和做驻在国有关部门工作的方式，敦促驻在国及其执法机关依法行事，公平公正合理处理，在法律和政策允许的范围内，尽可能为当事人争取最大利益。因此，领事保护是有一定限度的。

（四）有理、有利、有节原则

领事保护工作的目的是保护本国公民在居住国的合法权益，维护国家尊严，同时也要有利于当事人在居住国继续工作和生活，有利于侨民在当地的长期生存发展，有利于维护国家间的友好关系。在处理领事保护案件时，要把握好有理、有利、有节原则，既据理力争，又进退有据；既要考虑维护国家间正常关系，又要考虑到侨民的切身利益。应引导当事人循法律途径解决问题，避免采取过激行为。[①]

（五）自愿原则

中国政府和驻外使领馆开展领事保护与协助工作时，需要充分尊重当事中国公民和机构的自身意愿，对在此过程中知悉的商业秘密和

---

① 《中国领事工作》编写组编：《中国领事工作》（下册），北京：世界知识出版社，2014年版，第578页。

个人隐私，应当予以保密。①

四、中华人民共和国领事保护历史沿革

从中华人民共和国成立至中共十八大以前，中国领事保护的发展大致可分为三个阶段。中共十八大以后中国领事保护发展状况详见本书第六章。

（一）探索期（1949—1978年）

中华人民共和国成立初期，正值冷战，以美国为首的资本主义阵营和以苏联为首的社会主义阵营尖锐对立。这一阶段，中国领事保护的主要对象是旅居国外的华侨。受国际大环境影响，大多数海外华侨的侨居国都未与中国建交。这些国家对共产党领导下的社会主义中国怀有种种疑虑，有的甚至奉行反共反华政策。在此背景下，一些国家屡屡发生迫害和驱逐华侨事件，海外华侨的生命和财产安全受到严重威胁。对此，中国政府进行了有理、有利、有节的斗争，维护海外华侨的正当权益。

后来，随着华侨双重国籍问题的逐步解决，绝大多数华侨陆续加入侨居国国籍，华侨人数也大为减少。这一阶段，由于中国的综合国力还不够强大，且同中国建交的国家较少，缺乏可利用的外交资源，中国领事保护工作常常处于有心无力的境地，举步维艰。正如华侨委员会在1953年对海外侨胞发表的声明中所言："国外华侨要保护自己的正当权益，主要必须依靠华侨自身的团结。"②

1952—1978年，中国公民因公、因私出境人数共28万人次，平均每年1万人左右。因出国公民人数很少，临时出国人员的领事保护需

---

① 《中国领事》编写组编著：《中国领事》（业务编），北京：世界知识出版社，2021年版，第73页。
② 《中国领事工作》编写组编：《中国领事工作》（上册），北京：世界知识出版社，2014年版，第331页。

求并不突出。

(二) 起步期 (1979—2000 年)

这一阶段，因为客观需求和主观认识两方面原因，领事保护工作进展有限。在客观需求方面，出国公民人数虽有所增加，但外交部和驻外使领馆处理的领事保护案件数量并不多。从中国国家统计局公布的数据看，自1994年开始才有关于中国大陆居民出境人次的年度统计数据，1994年为373万人次；2000年，增加到1047万人次，是1994年的2.8倍。①《中国外交1999年版》第一次提到关于领事保护案件的统计数据，1998年为230余起。②

在主观认识方面，这一时期外交部编写出版的《中国外交》（有些称《中国外交概览》，自2004年起改为《中国外交》白皮书）表明，领事保护处于外交工作的"边缘地带"。1987年版和1988年版的《中国外交》中关于护侨工作的内容十分简单；1989—1997年间出版的《中国外交》（《中国外交概览》）有两种情况：一是没有与领事工作相关的内容；二是虽有关于领事工作的章节，但未提领事保护。③ 直到1998年版的《中国外交》中才有关于领事保护的内容，共300字左右，与全书75万字的篇幅相比，微不足道。④

领事保护机制建设起步。在应急方面，领事司成立了24小时值班应急小组。在预防宣传方面，外交部和驻外使领馆印发《中国境外领事保护和服务指南》，并通过互联网向公众普及领事保护知识。2000年12月，外交部官网发布第一条海外安全提醒信息。

---

① 《中国统计年鉴2021》,https://www.stats.gov.cn/sj/ndsj/2021/indexch.htm。
② 中华人民共和国外交部政策研究室编：《中国外交1999年版》,北京：世界知识出版社,1999年版,第710页。
③ 1989年及1994—1997年间出版的《中国外交》有专章介绍中国外交中的领事工作,但没有提及领事保护或护侨工作；1990—1993年的《中国外交概览》中没有关于领事工作的章节。
④ 中华人民共和国外交部政策研究室编：《中国外交1998年版》,北京：世界知识出版社,1998年版,第842页。

(三) 快速发展期（2001—2012 年）

这一阶段，随着出境公民人次的迅速增长，海外领事保护需求持续上升。外交部和驻外使领馆处理的领事保护案件数量大幅增加。2002—2012 年，中国政府共组织实施约涉及 6 万同胞的 12 次大撤离行动，营救被绑架劫持中国公民 300 余人，处置近 20 万起、涉及近百万人的各类领事保护与协助案件。①

中国政府对领事保护工作重要性的认识也发生了重大转变。2001 年 7 月 1 日，时任中共中央总书记江泽民在庆祝中国共产党成立 80 周年大会上的讲话中，提出了 21 世纪中国党和政府开展各项工作的指导思想——"立党为公，执政为民"。随之，2004 年年底，时任外交部长李肇星在接受媒体专访时表示，"'执政为民'、'外交为民'是外交工作的宗旨。我们时刻把人民的利益放在心上，千方百计地维护中国公民和法人合法权益"②。2005 年版《中国外交》白皮书首次提出贯彻落实"外交为民"的宗旨。2007 年 8 月，在外交部领事保护中心成立仪式上，时任外交部长杨洁篪表示，领事保护是外交工作落实"以人为本""执政为民"理念的具体体现，事关党和政府的形象和执政能力建设。③

在客观需求和主观认识双重因素的推动下，中国领事保护工作进展迅速。在应急协调机制方面，建立了部际联席会议机制及在此框架下的专项协调机制。2004 年 11 月，成立了由外交部牵头、国务院有关部门参加的境外中国公民和机构安全保护工作部际联席会议机制。在此机制框架下，还成立了针对某一类型领事保护案件处置协调机制，例如，2012 年，为统筹处理周边涉外渔业事件，建立涉外渔业纠纷处

---

① 《奋发进取，成果丰硕》，载《人民日报》，2012 年 10 月 10 日，第 6 版。
② 《纵论国际风云 畅谈外交为民（2004 年终报道）——李肇星外长接受本报年终专访》，载《人民日报》，2004 年 12 月 15 日，第 7 版。
③ 《外交部领事保护中心在北京正式成立 杨洁篪讲话》，https://www.gov.cn/jrzg/2007-08/23/content_725761.htm。

置责任机制；为解决境外中国公民和企业不文明、不守法行为的突出问题，建立境外中国公民和企业文明守法教育部际协调会机制。外交部也设立了专门机构。2006年5月，外交部领事司正式成立领事保护处，专门负责处理领事保护事务。2007年8月，领事保护处升格为领事保护中心，由领事司副司长任中心主任。[1]

领事保护预防宣传渠道和方式多样化。首先，外交部不断更新《中国领事保护和协助指南》，并通过网络和手机通信方式发布海外安全信息。其次，举办图片展和"海外安全宣传月"活动。2007年首次举办境外中国公民和机构安全问题图片展；2008年，在北京奥运会和残奥会前夕，首次举办"海外安全宣传月"活动。再次，外交部与新华社、中央电视台等众多媒体合作，制作海外安全专题节目，并与地方、企业等开展座谈研讨，以多种形式拓展预警平台。

中国领事保护机制建设的参与方也在逐渐增加，外交部对领事保护机制的概括总结——从2006年的"三位一体"（中央、地方和驻外使领馆）[2]到2011年的"四位一体"（中央、地方、驻外使领馆和企业）[3]再到2012年的"五位一体"（中央、地方、驻外使领馆、企业和公民个人）[4]——充分体现了这一点。

第六节 其他领事业务

其他领事业务包括国际司法协助（International Judicial Assistance）、关于船舶和航空器等交通运输工具方面的领事职务及办理领事婚姻（Consular Marriage）等。

---

[1]《中国外交部领事保护中心成立》，载《人民日报》，2007年8月24日，第4版。
[2] 中华人民共和国外交部政策研究司编：《中国外交2007年版》白皮书，北京：世界知识出版社，2007年版，第48页。
[3] 中华人民共和国外交部政策规划司编：《中国外交2012年版》白皮书，北京：世界知识出版社，2012年版，第52页。
[4] 廖先旺、彭敏：《奋发进取，成果丰硕》，载《人民日报》，2012年10月10日，第6版。

一、国际司法协助

国际司法协助指一国法院或其他主管机关，应另一国法院或其他主管机关或有关当事方的请求，代为或协助实行与诉讼有关的一定的司法行为，其范围涉及民事诉讼、刑事诉讼和行政诉讼等领域。[1] 外交机关和领事机关在民事司法协助中所起的作用主要表现为：在国与国没有条约关系的情况下，外交和领事机关可以充当民事司法协助的联系途径；在国家间签订有条约的情况下，因实施或解释条约而产生争议时，一般通过外交途径来解决争议；协助查明外国法律情况。

（一）相关法律依据

国际公约和双边条约将国际司法协助列为一项领事职务。《维也纳领事关系公约》第五条"领事职务"第十款规定："依现行国际协定之规定或于无此种国际协定时，以符合接受国法律规章之任何其他方式，转送司法书状与司法以外文件或执行嘱托调查书或代派遣国法院调查证据之委托书。"1965年11月15日订于海牙的《关于向国外送达民事或商事司法文书和司法外文书公约》（以下简称《海牙送达公约》）第八条规定，"每一缔约国均有权直接通过其外交或领事代表机构向身在国外的人完成司法文书的送达，但不得采用任何强制措施"[2]。《中华人民共和国和美利坚合众国领事条约》第二十九条"送达司法文件和其他法律文件"规定，"领事官员有权按照派遣国和接受国之间的现行国际协定，如没有这种协定则在接受国法律允许的范围内，送达司法文件和其他法律文件"[3]。《中华人民共和国和阿尔及利亚民主人民共和国关于民事和商事司法协助的条约》第二十条"外交

---

[1] 梁宝山：《实用领事知识》，北京：世界知识出版社，2001年版，第326页。
[2] 《关于向国外送达民事或商事司法文书和司法外文书公约》，https://www.moj.gov.cn/pub/sfbgw/flfggz/flfggzflty/fltysfxzxggy/201812/t20181225_151474.html。
[3] 中华人民共和国外交部领事司编：《中华人民共和国领事条约集（1959—2011）》（上册），北京：世界知识出版社，2012年版，第49页。

或者领事代表机关的职能"规定,"一方可以通过本国派驻另一方的外交或者领事代表机关向在另一方境内的本国国民送达司法文书和司法外文书,但应当遵守另一方的法律,并且不得采取任何强制措施"[①]。

国内法律法规也作出了相应的规定。1991 年 3 月 2 日,中国第七届全国人民代表大会常务委员会第十八次会议决定,批准加入《海牙送达公约》,并指定司法部为中央机关和有权接收外国通过领事途径转递的文书的机关。该公约自 1992 年 1 月 1 日起对中国生效。

1992 年 3 月 4 日,最高人民法院、外交部、司法部发布《关于执行〈关于向国外送达民事或商事司法文书和司法外文书公约〉有关程序的通知》。该通知部分要求如下:

一、凡公约成员国驻华使、领馆转送该国法院或其他机关请求我国送达的民事或商事司法文书,应直接送交司法部,由司法部转递给最高人民法院,再由最高人民法院交有关人民法院送达给当事人。送达证明由有关人民法院交最高人民法院退司法部,再由司法部送交该国驻华使、领馆。……四、我国法院若请求公约成员国向该国公民或第三国公民或无国籍人送达民事或商事司法文书,有关中级人民法院或专门人民法院应将请求书和所送司法文书送有关高级人民法院转最高人民法院,由最高人民法院送司法部转送给该国指定的中央机关;必要时,也可由最高人民法院送我国驻该国使馆转送给该国指定的中央机关。五、我国法院欲向在公约成员国的中国公民送达民事或商事司法文书,可委托我国驻该国的使、领馆代为送达。委托书和所送司法文书应由有关中级人民法院或专门人民法院送有关高级人民法院转最高人民法院,由最高人民法院径送或经司法部转送我国驻该国使、领馆送

[①] 《中华人民共和国和阿尔及利亚民主人民共和国关于民事和商事司法协助的条约》,https://www.moj.gov.cn/pub/sfbgw/flfggz/flfggzflty/fltymsssfxzty/201812/t20181225_151329.html。

达给当事人。送达证明按原途径退有关法院。①

《中华人民共和国民事诉讼法》第二百七十七条规定:"请求和提供司法协助,应当依照中华人民共和国缔结或参加的国际条约所规定的途径进行;没有条约关系的,通过外交途径进行。外国驻中华人民共和国的使领馆可以向该国公民送达文书和调查取证,但不得违反中华人民共和国的法律,并不得采取强制措施。除前款规定的情况外,未经中华人民共和国主管机关准许,任何外国机关或者个人不得在中华人民共和国领域内送达文书、调查取证。"②《中华人民共和国国际刑事司法协助法》第三章第一节"向外国请求送达文书"规定:"办案机关需要外国协助送达传票、通知书、起诉书、判决书和其他司法文书的,应当制作刑事司法协助请求书并附相关材料,经所属主管机关审核同意后,由对外联系机关及时向外国提出请求。向外国请求送达文书的,请求书应当载明受送达人的姓名或者名称、送达的地址以及需要告知受送达人的相关权利和义务。"③

(二) 相关程序④

1. 中国通过外交途径送达民商事司法文书的程序

(1) 中国通过外交途径送达民商事司法文书的程序,即中国法院向居住在未加入《海牙送达公约》且未与中国签订双边民商事、民刑事等司法协助条约(协定)国家的该国公民、第三国公民、无国籍人送达民事或商事司法文书的程序:中国最高人民法院国际合作局→中

---

① 《最高人民法院 外交部 司法部关于执行〈关于向国外送达民事或商事司法文书和司法外文书公约〉有关程序的通知》,http://gongbao.court.gov.cn/Details/cdef941f992dbbddc72d0315ad8e6a.html。

② 《中华人民共和国民事诉讼法(2021修正)》,https://www.spp.gov.cn/spp/fl/202201/t20220101_569940.shtml。

③ 《中华人民共和国国际刑事司法协助法》,载《人民日报》,2018年12月21日,第9版。

④ 该部分参见《中国领事》编写组编著:《中国领事》(业务编),北京:世界知识出版社,2021年版,第52—54页。

国外交部领事司→中国驻有关国家使馆→驻在国外交部→驻在国法院→居住在驻在国的上述当事人。

（2）中国法院委托外国法院送达司法文书须提供的材料：中国最高人民法院国际合作局致中国外交部领事司的函，中国主管法院致中国驻外使馆的函、致外国法院的请求（委托）书及译文、司法文书及译文、送达回证及译文。

（3）送达过程。送达司法文书须经最高人民法院国际合作局审核后，交外交部领事司送中国驻当事人所在国大使馆转至该国外交部，由该国外交部转该国法院或其他主管机关，按其国内法程序向当事人送达。这种程序是国际上较为通常的做法。特殊情况下，中国外交部也可将中国法院的送达请求书送当事人所在国驻中国大使馆转递，但以该驻华大使馆同意转递为限。

（4）中国驻有关国家大使馆收到需送达的司法文书后，照会驻在国外交部，附上中国主管法院致外国法院的请求（委托）书及译文、司法文书及译文、送达回证及译文。驻在国外交部将经受送达人签收的送达回证送交大使馆后，大使馆将其送回外交部领事司。如送达不成功，也会将送达情况连同材料退外交部领事司。

（5）外交部领事司将送达结果函告最高人民法院国际合作局。

2．中国通过领事途径送达民商事司法文书的程序

（1）中国法院委托驻外使领馆向中国公民送达民商事司法文书的程序，即向居住在外国的中国公民送达民事或商事司法文书的程序：最高人民法院国际合作局→中国外交部领事司→中国驻有关国家使领馆→中国公民。

（2）中国法院委托驻外使领馆向中国公民送达司法文书须提交的材料：中国最高人民法院国际合作局致中国外交部领事司的函，中国主管法院致驻受送达人所在国使领馆的委托书、司法文书、送达回证。

（3）送达过程。送达司法文书须经最高人民法院国际合作局审核后，交外交部领事司送中国驻外使领馆，由使领馆直接转至居住在该

国的中国公民。

（4）送达方式。中国驻外使领馆派人直接去受送达人工作地或住地送达；以电话或信函通知受送达人（或受送达人的委托人）前往使领馆签收；如驻在国法律允许邮寄送达，可以挂号邮寄送达。

（5）送达结果由外交部领事司反馈给最高人民法院国际合作局。

3. 外国法院通过外交途径委托中国法院送达司法文书的程序

（1）外国法院通过外交途径委托中国法院送达司法文书的程序，即外国法院通过外交途径委托中国法院向居住在中国的当事人送达司法文书的程序：外国法院→外国外交部→外国驻华使馆→中国外交部领事司→中国最高人民法院国际合作局→中国地方法院→居住在中国的受送达人。

（2）委托中国法院送达司法文书须提供的材料。外国法院通过外交途径委托中国法院协助送达司法文书，需向中国有关法院出具委托书，委托书应载明以下内容：外国委托机构名称和地址；受委托的中国法院名称，如名称不明，可委托受送达人住所或经常居住地的法院；受送达人的姓名、性别、国籍、住址及在诉讼中的地位；委托送达的司法文书的名称和数量；委托书及附送的司法文书应附有外国委托法院或法官加盖的印章或签字；委托书及附送的司法文书须附中文译本。

（3）送达过程。外国法院通过外交途径委托中国法院向居住在中国的当事人送达司法文书，一般通过其驻华使馆照会中国外交部领事司并附上外国法院的委托书和所请求送达的司法文书及译文。送达司法文书须经中国外交部领事司审核后，转递给中国最高人民法院国际合作局安排中国有关地方法院执行送达。最高人民法院国际合作局将送达结果反馈给外交部领事司后，外交部领事司复照外国驻华使馆，告知有关司法文书送达情况并附上送达回证或无法送达的说明。

（4）根据国际法和国际惯例，外国驻华使领馆可直接向其在华的本国公民送达司法文书。

二、关于船舶和航空器等交通运输工具方面的领事职务

(一) 关于船舶方面的领事职务

保护航运和商业利益是现代领事制度得以确立和发展的主要动因。领事官员依照本国法律对具有本国国籍的船舶及航行人员进行监督和检查并向其提供一切必要的协助,是国际上普遍承认的一项领事职务。

《维也纳领事关系公约》第五条"领事职务"第十一款规定,"对具有派遣国国籍之船舶,在该国登记之航空机以及其航行人员,行使派遣国法律规章所规定之监督及检查权",并对上述的"船舶与航空器及其航行人员给予协助,听取关于船舶航程之陈述,查验船舶文书并加盖印章,于不妨碍接受国当局权力之情形下调查航行期间发生之任何事故及在派遣国法律规章许可范围内调解船长船员与水手间之任何争端"。①

在领事实践中,各国与外国签订的领事条约对此都有详细而具体的规定。例如,《中华人民共和国和美利坚合众国领事条约》第三十六条至第三十九条对有关船舶方面的领事职务作了如下几方面的规定。

1. 对派遣国船只提供协助

第三十六条"对船只提供协助"部分规定:

一、领事官员有权对正在接受国领海、内水、港口或其他停泊处的派遣国船只提供任何种类的协助。二、在派遣国船只获准靠岸后,领事官员即可登船,并可由领馆成员陪同。三、船长和船员得会晤领事官员并与之交谈,但须遵守有关港口的法律和有关过境的法律。四、领事官员得向接受国当局要求合作,以执行其有关派遣国船只的职务和有关船长、船员、乘客和运货的职务。

第三十九条"协助受损伤的船只"部分规定:

一、如果派遣国的船只在接受国的内水或领海上失事、搁

---

① 《维也纳领事关系公约》,https://www.un.org/zh/documents/treaty/ILC-1963。

浅或遭受任何其他损伤，接受国主管当局应尽快通知领事馆，并通知为抢救旅客、船只、船员和货物所采取的措施。二、失事船只及其货物和食物在接受国境内不需交纳关税，除非在接受国内交付使用。

2. 对派遣国船长和船员提供协助

第三十七条"对船长和船员提供协助"部分规定：

一、领事官员遵照接受国法律有权：（一）调查派遣国船上发生的任何事件，就事件向船长和任何船员提出询问，检查船只的文件，接受关于船只航程和目的地的情报，并对派遣国船只的入境、停留和离境提供协助；（二）在派遣国法律许可的范围内，解决船长和船员之间的争端，包括有关工资和就业合同的争端；（三）采取与船长和任何船员的签约受雇和解雇有关的步骤；（四）采取让船长或船员进医院治疗或将其遣返本国有关的步骤；（五）接受、起草或认证派遣国法律所规定的与派遣国船只或其运货有关的报表或其他文件。二、如果接受国法律许可，领事官员得同船长或船员一起出席接受国法庭或到其他当局，以便向他们提供协助。

3. 在接受国欲开展相关调查或采取强制行动时提供协助

第三十八条"进行调查时的利益保护"部分规定：

一、接受国的法院或其他主管当局打算对在其内水或领海的派遣国某一船上或上岸的船长和船员采取强制行动或进行官方调查时，必须通知派遣国有关的领事官员。如果由于情况紧急，在采取行动前无法通知领事官员，而采取行动时又无领事官员或其代表在场，则接受国的主管当局应迅速向领事官员提供已采取行动的全部有关情况。二、除非船长或领事官员提出要求，接受国的司法当局或其他主管当局在接受国的和平与安全不受破坏的情况下，不应在下述问题上干涉船只的内部事务：船员间的关系、劳资关系、纪律和其他属于内部性质的活动。三、但本条第一款的规定不适用于普通的海关、护照和卫生管制,或按照两国间有效的条约,不适用于海上救生、防止海水污染或由船长要求或得到船长同意而进行的其他活动。①

(二) 关于航空器方面的领事职务

由于航空事业的迅速发展,各国普遍将领事官员在船舶方面的职务相应地扩大到航空方面。《维也纳领事关系公约》第五条"领事职务"第十一款中就将领事官员在船舶和航空器方面的职务同时提及:"对具有派遣国国籍之船舶,在该国登记之航空机以及其航行人员,行使派遣国法律规章所规定之监督及检查权。"②

中国同外国签订的领事条约中关于领事官员在航空器方面的职务的一般规定为"本条约关于派遣国船舶的规定,相应地适用于派遣国航空器"。但是,有些国家由于其地理原因,如内陆国家,领事官员处理的关于航空器的事务会大大多于与船舶有关的事务。因此,在中国同此类国家签订的双边领事条约中会对领事官员在航空器方面的职务单独作出详细的规定。以《中华人民共和国和蒙古人民共和国领事条约》为例,该条约关于领事官员在航空器方面的职务规定主要有以下几方面的内容:

第一,对停在接受国机场或在空中飞行的本国航空器提供一切必要的协助。该条约第三十二条"对派遣国航空器提供协助"规定:

一、领事官员有权在领区内对停在接受国机场或在空中飞行的本国航空器提供一切必要的协助。二、领事官员可同本国机长和机组成员进行联系。三、领事官员在对本国航空器、机长和机组成员履行职务时,可就与其有关的问题,请求接

---

① 中华人民共和国外交部领事司编:《中华人民共和国领事条约集(1959—2011)》(上册),北京:世界知识出版社,2012年版,第51—52页。

② 《维也纳领事关系公约》,https://www.un.org/zh/documents/treaty/ILC-1963。

受国主管当局提供协助。四、领事官员有权在领区内就本国航空器采取下列措施：（一）在不损害接受国主管当局权利的情况下对本国航空器在飞行中和在机场停留时发生的任何事件进行调查，对机长和任何机组成员进行询问，检查航空器证书，接受关于航空器飞行和目的地的报告，并为航空器降落、飞行和在机场停留提供必要协助；（二）如派遣国法律有规定，则在不损害接受国当局权利的情况下，解决机长和任何机组成员之间发生的各种争端；（三）对机长和任何机组成员的住院治疗和遣送回国采取措施；（四）接受、出具或证明本国法律就航空器规定的任何报告或其他证件。

第二，向发生事故的派遣国航空器及其机组成员和乘客提供各种援助。该条约第三十四条"发生事故时提供援助"部分规定：

二、派遣国领事官员有权采取措施，向发生事故的航空器及其机组成员和乘客提供各种援助，并可请求接受国主管当局提供协助。领事官员在提供上述援助的同时可以采取与修理航空器有关的措施，可以请求接受国主管当局采取或继续采取此种措施。三、如在接受国境内发现在接受国或在第三国境内发生事故的派遣国航空器或其部件或其装载的货物而机长、航空器经营人、其代理人和有关的保险机构都不能采取保护或处置该航空器和物品的措施时，则领事官员有权代表他们为此采取相应措施。

第三，在接受国欲对派遣国航空器采取强制措施或进行调查时提供协助。该条约第三十三条"采取强制性措施和调查措施"部分规定：

一、接受国法院或其他主管当局如欲对派遣国航空器采取任何强制性措施或进行正式调查时，应在开始采取此项行动之前将此事通知派遣国有关领事官员，以便领事官员本人或其代表能够到场。如因情况紧急，不能就此事先通知，接受国主管当局应在采取上述行动后立即通知领馆，并应领事官员的请求迅速向其提供所采取行动的一切有关资料。

除以上内容外,该条约还特别规定:"领事官员在航空器方面的职务也适用于派遣国船舶。"①

三、领事办理结婚和离婚

领事婚姻指一国领事官员或外交代表在接受国境内为派遣国国民办理结婚手续而成立的婚姻,是解决涉外婚姻形式要件法律冲突的一种方式,为世界上多数国家所承认。②领事婚姻包括领事结婚和领事离婚。

随着国际间经济、民事交往的发展,具有国际因素(例如当事人中一方是外国人,或者结婚、离婚的事实发生在外国)的结婚和离婚现象屡见不鲜,因此,领事办理结婚和离婚也早在国际社会生活中产生和存在。世界上有许多国家允许领事办理结婚和离婚事项,不同之处在于办理范围的大小。比如,有的只办理双方都是派遣国国民的结婚和离婚,而有的则可以办理一方为派遣国国民(而另一方不得为驻在国的国民)的结婚和离婚。又比如,有的只办理结婚,而有的结婚、离婚都可以办理。③

(一)驻外使领馆办理婚姻登记的法律依据

《维也纳领事关系公约》第五条"领事职务"第六款规定:领事"担任公证人,民事登记员及类似之职司,并办理若干行政性质之事务,但以接受国法律规章无禁止之规定为限",但对于领事可以办理结婚和离婚的事项,该公约未作出明确和具体的规定。

领事办理结婚和离婚的法律依据可见于一些国家的国内法。比如

---

① 中华人民共和国外交部领事司编:《中华人民共和国领事条约集(1959—2011)》(上册),北京:世界知识出版社,2012年版,第377—378页。
② 梁宝山:《实用领事知识》,北京:世界知识出版社,2001年版,第391页。
③ 丘日庆主编:《领事法论》,上海:上海社会科学院出版社,1996年版,第47页。

《日本民法典》第七百四十一条"在外国的日本人之间的婚姻方式"规定,"在外国的日本人之间欲结婚时,可以向所在国的日本大使、公使或者领事提交登记申请"①。中华人民共和国《婚姻登记条例》第十九条规定,"中华人民共和国驻外使(领)馆可以依照本条例的有关规定,为男女双方均居住于驻在国的中国公民办理婚姻登记"②。

领事条约一般规定,领事官员可以办理派遣国国民之间的结婚和离婚,在适用法律方面,一般依据派遣国法律,但应尊重接受国的法律规章。例如,《中华人民共和国和俄罗斯联邦领事条约》第十条"有关国籍和民事登记的职务"规定,领事官员有权"办理派遣国国民间的结婚和离婚手续并发给相应的证书"③。《中华人民共和国和印度共和国领事条约》第十条"接受有关国籍的申请和民事登记"规定,领事官员在领区内有权"根据派遣国法律为双方均为派遣国国民者办理结婚手续和离婚注册,但以不违反接受国法律规章为限"④。

(二) 领事办理结婚和离婚的不同情况

领事受理结婚和离婚的具体情况要依双边领事条约或协议而定。经对中国与有关国家签订的双边领事条约的比较、分析,关于领事办理结婚和离婚的规定,大致可归结为以下四种不同的情况。

第一,领事只办理双方都是派遣国国民的结婚,不办理离婚。中国与外国签订的双边领事条约中大部分都规定领事只办理双方都是派遣国国民的结婚;有的领事条约还特别避免双重国籍问题,强调领事只办理非接受国国民的派遣国国民的结婚。如《中华人民共和国和墨

---

① 刘士国、牟宪魁、杨瑞贺等译:《日本民法典》,北京:中国法制出版社,2018年版,第183页。
② 《婚姻登记条例》,载《人民日报》,2003年8月19日,第12版。
③ 中华人民共和国外交部领事司编:《中华人民共和国领事条约集(1959—2011)》(下册),北京:世界知识出版社,2012年版,第1932页。
④ 中华人民共和国外交部领事司编:《中华人民共和国领事条约集(1959—2011)》(上册),北京:世界知识出版社,2012年版,第884页。

西哥合众国领事条约》第十条第一款第四项规定："根据派遣国法律办理派遣国国民间的结婚手续并颁发相应证书。"①《中华人民共和国和保加利亚人民共和国领事条约》第十三条"有关民事地位的职务"第一款第三项规定，领事官员有权"办理派遣国国民间的结婚手续并颁发相应证书"②。《中华人民共和国和土耳其共和国领事条约》第十条第一款第四项规定，领事官员有权"为均为派遣国国民的缔结婚姻双方办理结婚事宜并出具相应证书。如果接受国法律规章有规定，领事官员应将所办理的结婚事项通知接受国主管当局"③。1986年《中华人民共和国和德意志民主共和国领事条约》第三十四条"处理民事事务"第一款第二项规定，"如果结婚人是派遣国国民而不同时是接受国国民"，领事官员有权"在与接受国法律不相抵触的情况下办理结婚手续"④。

第二，领事办理主体双方都是派遣国国民的婚姻手续，既办理结婚，也办理离婚。如《中华人民共和国和蒙古人民共和国领事条约》第二十七条"有关国籍、护照、签证的申请和民事登记"第一款第五项规定，领事官员在领区内有权"在与接受国的有关法律规章不相抵触的情况下办理双方都是派遣国国民的结婚和离婚手续以及颁发相应的证明文书"⑤。《中华人民共和国和印度共和国领事条约》第十条"接受有关国籍的申请和民事登记"第一款第四项规定领事官员在领区内有权"根据派遣国法律为双方均为派遣国国民者办理结婚手续和离

---

① 《中华人民共和国和墨西哥合众国领事条约》，http://treaty.mfa.gov.cn/tykfiles/20180718/1531876613950.pdf。
② 《中华人民共和国和保加利亚人民共和国领事条约》，http://treaty.mfa.gov.cn/tykfiles/20180718/1531876994458.pdf。
③ 中华人民共和国外交部领事司编：《中华人民共和国领事条约集（1959—2011）》（上册），北京：世界知识出版社，2012年版，第448、495、589页。
④ 同③，第234页。
⑤ 《中华人民共和国和蒙古人民共和国领事条约》，http://treaty.mfa.gov.cn/tykfiles/20180718/1531876994349.pdf。

婚注册，但以不违反接受国法律规章为限"①。

第三，领事只办理结婚手续，但婚姻当事人的国籍允许有两种情况：结婚双方都是派遣国的国民或者结婚双方中，一方为派遣国国民，另一方可以是非接受国永久居民的第三国的国民。如《中华人民共和国和意大利共和国领事条约》第八条"有关国籍和民事状况的职务"第一款第四项规定，领事官员有权"办理派遣国国民间的结婚手续，如派遣国法律允许，办理派遣国国民与非接受国永久居民的第三国国民间的结婚手续，并颁发结婚证书"②。

第四，领事并不直接办理结婚或离婚，而只是登记当事人在接受国主管当局所办理的结婚或离婚，但婚姻双方中至少有一方是派遣国国民。比如《中华人民共和国和匈牙利人民共和国领事条约》第三十四条第一款第四项规定，领事官员有权"登记双方至少一方是派遣国国民在接受国主管当局所办理的结婚或离婚"③。

领事办理结婚、离婚，虽可因双边领事条约的具体规定而异，但以下两点是相同的：与接受国法律不相抵触，适用派遣国的法律。由此可见，领事办理结婚和离婚，在实际上和法律（国内法、国际公约、双边领事条约）上都早已存在，并且正被越来越多的国家承认和实行。它显然已经超过了《维也纳领事关系公约》对领事职务明确规定的范围，因而也可视之为领事职务（在实际上和法律上）的扩大和发展。④

思考题

1. 领事业务主要包括哪些内容？
2. 何为领事保护与协助？实施领事保护与协助应遵循哪些原则？

---

① 中华人民共和国外交部领事司编：《中华人民共和国领事条约集(1959—2011)》(上册)，北京：世界知识出版社，2012年版，第375、884页。
② 同①，第316页。
③ 同①，第279页。
④ 丘日庆主编：《领事法论》，上海：上海社会科学院出版社，1996年版，第51页。

第五章　中外领事关系

领事关系是外交关系不可缺少的组成部分，也是国家处理和发展对外关系的重要手段。中外领事关系经历了曲折的发展过程。

第一节　中华人民共和国成立前的中外领事关系

第一次鸦片战争后，在西方殖民者的武力威胁下，清政府不得不接受外国领事驻华，后来迫于内外压力开始向国外派遣领事。领事制度是作为西方侵略者的工具传入中国的，因此，中外领事关系在一开始是不平等的。

一、晚清时期的中外领事关系

清政府对外国领事的态度从不承认到被迫接受，同时也迫于保护海外华工的压力，开始在海外设立领事。

（一）清政府被迫接受外国领事和领事裁判权

在鸦片战争之前，清政府只承认英国东印度公司派驻的"大班"，不承认外国领事。1834年后，英国在华设置商务总监督，清政府认为"虽该与大班不符，但名异实同"，只准其"查照从前大班来粤章程"

照料贸易事务,不承认其政府代表的地位。至于其他国家派在广东海口的领事,清政府更是视若无物。①

鸦片战争后,外国领事的地位通过不平等条约确定下来。1840年,英国发动侵略中国的鸦片战争,迫使清政府于1842年签订了《南京条约》(又称《江宁条约》)。该条约第二条规定:"自今以后,大皇帝恩准英国人民带同所属家眷,寄居大清沿海之广州、福州、厦门、宁波、上海等五处港口,贸易通商无碍;且大英国君主派设领事、管事等官住该五处城邑,专理商贾事宜,与各该地方官公文往来;令英人按照下条开叙之列,清楚交纳货税、钞饷等费。"②

1843年7月,英国委派李太郭任驻广州领事,这是近代史上中国政府正式承认和接受的第一位外国驻华领事。③同年10月,中英两国政府代表在广东虎门签订《虎门条约》(又称《五口通商附粘善后条款》),中国丧失了关税自主权和对英国人的司法审判权等重要权力。该条约规定,遇有交涉词讼,由英领事与中国官员会同查明其事;其英人如何处置,由英国议定章程、法律,发给领事官照办。这就将在华英人完全置于中国司法管辖之外。英国还通过该条约获得了片面的最惠国待遇。条约规定"将来大皇帝有新恩施及各国,亦应准英人一体均沾,用示平允",也就是说,英人可以享有今后清政府与其他国家签订的不平等条约中的一切权利。此外,英国军舰还可进泊通商口岸。"凡通商五港口,必有英国官船一只在彼湾泊,以便将货船上水手严行约束,该管事官(即英国领事)亦即借以约束英商及属国商人。"④条约中关于英人在通商口岸租地建屋的规定,后又被英方曲解为设置"租界"的法律依据。

---

① 王立诚:《中国近代外交制度史》,兰州:甘肃人民出版社,1991年版,第37页。
② 海关总署《中外旧约章大全》编撰委员会:《中外旧约章大全》[第一分卷(1689—1902),上册],北京:中国海关出版社,2007年版,第70页。
③ 沈云龙主编:《近代中国史料丛刊第16辑——清季中外使领年表》,台北:文海出版社,1974年版,第93页。
④ 同②,第77—83页。

第五章　中外领事关系

《虎门条约》签订后，1843年10月，记理布和巴富尔分别被任命为英国驻厦门和上海领事。1844年1月，罗伯聃就任英国驻宁波领事。

1844年7月，清政府被迫与美国签订了《望厦条约》（又称《中美五口通商章程》）。通过该条约，美国获得了英国通过鸦片战争获得的特殊权益，而且在许多方面有过之无不及。例如，该条约将《南京条约》规定的"协定关税"的范围进一步扩大，规定"倘中国日后欲将税率变更，须与合众国领事等官议允"。《望厦条约》扩大了领事裁判权的范围。条约规定，中国国民与美国国民发生诉讼事件，美国国民由美国领事等官员捉拿审讯，按照美国法律与惯例处理；美国国民在中国与别国国民发生争议，"应听两造查照各本国所立条约办理"，中国官员无权过问。根据该条约，美国兵船可以任意到中国港口"巡查贸易"，清朝港口官员须"友好"接待。停泊在中国的美国商船，清朝无从统辖。条约还规定了12年后可以"修约"的条款和片面的最惠国待遇，如中国日后给他国以某种优惠，美国应一体均沾。[①] 美国分别于1843年在广州、1844年在宁波、1846年在上海设立领事。

1844年10月，清政府与法国签订了《黄埔条约》（又称《五口贸易章程：海关税则》）。条约的主要内容包括：法国人可以在五个通商口岸永久居住，自由贸易，设立领事，停泊兵船等。对法国人的家产、财货，中国政府负责保护，中国人均不得欺凌侵犯；中国将来如改变海关税则，应与法国"会同议允后，方可酌改"；法国享有领事裁判权，法国人与中国人或其他外国人之间发生诉讼，中国官员均不得过问；法国享有片面最惠国待遇；法国人可以在五口建造教堂、坟地，清政府有保护教堂的义务等。[②] 1848年，法国先后在上海和宁波设

[①] 《望厦条约》的内容见海关总署《中外旧约章大全》编撰委员会：《中外旧约章大全》[第一分卷(1689—1902)，上册]，北京：中国海关出版社，2007年版，第118—131页。
[②] 《黄埔条约》的内容见海关总署《中外旧约章大全》编撰委员会：《中外旧约章大全》[第一分卷(1689—1902)，上册]，北京：中国海关出版社，2007年版，第154—196页。

领事概论

领事。

沙皇俄国也乘机逼迫清政府与之签订了1858年《瑷珲条约》、1860年《北京条约》（又称《中俄续增条约》）、1864年《中俄勘分西北界约记》等三个条约及五个子约，逐步增加在中国设立领事，并获取了免税自由贸易和领事裁判权。1851—1862年，沙皇俄国先后在伊犁、塔城、上海、天津、汉口、库伦（今乌兰巴托）设立领事。

1871年，清政府与日本签订了《中日修好条规》。条约规定两国互设理事官。"两国商民在指定各口……无论居住久暂，均听己国理事官管辖。"条约还规定了中日两国享有互惠的领事裁判权。"两国指定各口，彼此均可设理事官（领事），约束己国商民，凡交涉财产词讼案件，皆归审理，各按己国律例核办。"①1872—1886年，中日两国相继在对方境内设立领事。

甲午战争失败后，1895年中日签订了不平等的《马关条约》。该条约规定：中日两国间所有的约章已因甲午战争而废除，双方应派代表协商通商行船条约，新定约章应以中国与欧美各国现行约章为本。由此，签订于1871年的《中日修好条规》被废除。1896年，中日签订了《通商行船条约》。条约主要内容包括：①中日两国可互派使节驻于对方首都，可在对方通商口岸或准驻领事之处设立总领事、领事、副领事及代理领事；②在中国各通商口岸，允许日本人从事商业、工艺制作及其他合例事业，准日人赁买房屋和租地造教堂、建医院、坟墓等；③准许日本人前往中国内地各处游历、通商；④凡各货物日本人运进中国或由日本运进中国者，日本人由中国运出口或由中国运进日本者，"均照中国与泰西各国现行各税则及税则章程办理"；⑤日本在中国取得领事裁判权；⑥日本在中国取得最惠国待遇。②

---

① 《中日修好条规》的内容见海关总署《中外旧约章大全》编撰委员会：《中外旧约章大全》[第一分卷(1689—1902)，下册]，北京：中国海关出版社，2007年版，第844—851页。
② 《通商行船条约》的内容见海关总署《中外旧约章大全》编撰委员会：《中外旧约章大全》[第一分卷(1689—1902)，下册]，北京：中国海关出版社，2007年版，第1246—1256页。

1843—1911年，共有29个国家在中国的64个城市设立了共463个领事馆。其中，英国最多，共设有43个领事馆。① 按照清政府同各国签订的不平等条约，领事不仅作为政府的代表被清政府所接受，而且与地方官分庭抗礼。外国还攫取了在五口地区驻泊军舰的权利。这些军舰归领事节制，从而使领事在同地方官交涉时，总是处于以武力为后盾的强有力地位。②

此外，外国在中国享有领事裁判权。领事裁判权的内容大致有四：第一，当发生中国人与享有此项权利国家的国民之间的案件，依被告主义原则，由被告所属国的驻华领事或法院依被告国的法律进行审理。第二，享有领事裁判权的同一国家国民发生纠纷，由所属国领事法庭依本国法律审理。第三，享有领事裁判权的不同国家国民之间的案件，依两国间有关协议和法律解决。第四，享有领事裁判权和不享有领事裁判权的国家国民之间的案件，如前者为被告，由所属国领事法庭审理；如后者为被告，由中国法院审理。领事裁判权自1843年确立后，经北洋政府和国民党政府在中国持续了100余年，直到1949年中华人民共和国成立后才被完全废除。③

与领事裁判权有关的，是所谓会审公廨（又称"会审公堂"）制度。会审公廨是19世纪中叶清政府为适应外国侵略者需要而在租界内设置的特殊审判机关。1845年以后，英、美、法诸国先后在中国上海建立"租界"，并趁1853年上海爆发小刀会起义之机攫取了租界内对华人的司法审判权。为长期拥有这一非法权力，又强迫清政府于1864年在租界内设立"上海洋泾浜北首理事衙门"，由清上海道地方政府派出挂有"理事"头衔的官员，赴英国驻上海领事馆，与英国领事一起"会同审理"发生在租界内的以华人为被告人的刑事民事案件。1868

---

① 故宫博物院明清档案部、福建师范大学历史系：《清季中外使领年表》，北京：中华书局，1985年版，第224—227页。
② 王立诚：《中国近代外交制度史》，兰州：甘肃人民出版社，1991年版，第37—38页。
③ 饶鑫贤主编：《北京大学法学百科全书》，北京：北京大学出版社，2000年版，第487页。

年，清政府与英、美订立《上海洋泾浜设官会审章程》，确定"理事衙门"由中国政府出钱出人，名义上是中国的审判机关，但案件若涉及在华外国人之利益，英、美驻上海领事或领事所派的外国官员可以"会审""陪审""听诉"（"观审"）的形式参加对案件的审判。1869年，"理事衙门"从英国领事馆迁出，并更名为"上海公共租界会审公廨"。随着外国侵略者对中国侵略的加深，外国领事在公廨内的权力也越来越大。辛亥革命后，中华民国政府为收回公廨的司法审判权，多次同有关各国交涉，1927年1月1日，将其改称为"上海临时法院"，由江苏省政府任命中国人为法院院长，但实权仍由外国人充任的"书记官长"掌握。类似的会审公廨，在中国武汉、厦门等地也曾出现过。①

（二）清政府向外国派遣领事

清政府同外国签订的条约规定，中国可以在外国设立领事。例如，1860年中俄《北京条约》第八条规定："俄罗斯国商人在中国，中国商人在俄罗斯国，俱仗两国扶持。俄罗斯国可以在通商之处设立领事官等，以便管理商人，并预防含混争端。除伊犁、塔尔巴哈台二处外，即在喀什噶尔、库伦设立领事官。中国若欲在俄罗斯京城或别处设立领事官，亦听中国之便。"② 1868年清政府同美国签订的《天津条约续增条约》（又称《蒲安臣条约》）第三条规定："大清国大皇帝，可于大美国通商各口岸任便派领事官前往驻扎，美国接待与英国、俄国所派之领事官，按照公法条约所定之规，一体优待。"③ 1869年《中英通商航行续约》也有类似的规定，但都未付诸实施。因为"从中国方面讲，当时中国既乏海外商业可以促进，对侨民的保护又漠不关心，事

---

① 陈光中主编：《中华法学大辞典·诉讼法学卷》，北京：中国检察出版社，1995年版，第243页。
② 王铁崖：《中外旧约章汇编》（第一册），北京：生活·读书·新知三联书店，1957年版，第151页。
③ 同②，第262页。

实上亦无力争设领权之必要"①。

直到1877年，清政府才在新加坡设立第一个领事馆。最直接的推动因素是古巴、秘鲁的华工被虐事件，清政府出于保存颜面的考虑，认为有必要设立领事对华工予以保护。

1849—1874年，先后去秘鲁务工的中国人近12万。这些华工在秘鲁大多从事修建铁路、种植甘蔗或棉花，以及开采鸟粪等艰苦劳动。他们的待遇"仅比牲畜强一等"。②秘鲁华工遭受的虐待引起了多方的关注。1867年，美国驻华公使劳文洛斯就秘鲁华工受虐一事致函恭亲王。恭亲王在获悉这一情况后，无奈之下只好转请美国帮助。后来，美国驻秘公使就华工受虐问题向秘鲁政府提出了正式抗议。1870年，美国驻华公使建议清政府向秘鲁派出使臣。对此，清政府没有及时作出反应。

1872年5月，秘鲁船只"玛耶西"号运载200多名契约华工在驶向秘鲁途中，由于船只损坏，被迫驶入日本横滨港。一名不堪虐待的华工跳船，被英国水手搭救。英方在了解"玛耶西"号虐待华工的情形后，照会日本外务大臣。日方与英、美等国领事及清政府共同对此进行了调查。③

在此背景下，1873年，李鸿章与秘鲁使臣葛尔西耶开始就秘鲁虐待华工之事进行交涉。1874年6月，中秘两国正式签订《会议专条》和《通商条约》。《通商条约》第四款规定："大清国派总领事并领事、副领事、署领事等官前赴秘国各处有别国领事驻扎地方，办理本国商民交涉事件，秘国亦按待各国领事最优之礼，一体相待。大秘国派总领事并领事、副领事、署领事等官前往中国已通商各口，办理本国商民交涉事件，中国官员接待各国领事官最优之礼，亦于秘国领事官不

---

① 陈体强：《中国外交行政》，北京：商务印书馆，1945年版，第152页。
② 瓦特·斯图凡特著，张铠、沈垣译：《秘鲁华工史》，北京：海洋出版社，1985年版，第113页。
③ 黎海波：《秘鲁华工案与晚清领事保护》，载《光明日报》，2011年4月14日，第11版。

使或异,惟必须真正官员,不得委商人代理。"①

《会议专条》规定:"一面由中国派员前往秘国,将华民情形彻底查办,并出示晓谕华工,以便周知。一面秘国无不全力相助,以礼接待。"②因此,中秘立约后不久,李鸿章即派容闳于同年7月至8月间前往秘鲁调查。容闳后来提交的调查报告还另附了20多张照片,照片上,华工背部的鞭痕、被烙烫的痕迹历历在目。1875年,李鸿章上书朝廷请求派遣领事前往秘鲁切实保护华工权益。总理衙门也提出,"若不派员驻扎,随时设法拯救,不独无以对中国被虐人民,且令各国见之亦将谓漠视民命,未免启其轻视之心。臣等参考各国情形必须照约各国就地设领事等官方能保护华工"③。

1875年8月,清政府因马嘉理事件派郭嵩焘赴英国"谢罪",并正式任命其为驻英公使。这是中国首次派驻外国的使节。12月,任命陈兰彬为驻美国、日斯巴尼亚(今西班牙)和秘鲁公使。1876年1月,郭嵩焘到任。郭嵩焘在一份关于建议设立领事的奏折中写道:"西洋各国以通商为治国之本,广开口岸,设立领事,保护商民,与国政相为经纬,官商之意常亲。中国通商之利一无经营,其民人流寓各国,或逾数世,或历数年,与中国声息全隔。派员经理,其势尤格而不入。"其"所以设立领事之义",则"一曰保护商民""一曰弹压稽查"。清政府在海外设立领事,主要在于经理侨务,而引发此设想的,主要是由于近代华工大量出国。④

1878年12月21日,经驻英使臣郭嵩焘与英国政府反复交涉,英国颁发了中国驻新加坡领事的批准书,中国第一个驻外领事馆正式设立。首任驻新加坡领事胡璇泽是当地的华侨富商。由于郭嵩焘认为,

---

① 王铁崖:《中外旧约章汇编》(第一册),北京:生活·读书·新知三联书店,1957年版,第340页。
② 同①,第338页。
③ 《清季外交史料》(卷四),民国二十年铅印本,第17—18页。转引自黎海波:《秘鲁华工案与晚清领事保护》,载《光明日报》,2011年4月14日,第11版。
④ 王立诚:《中国近代外交制度史》,兰州:甘肃人民出版社,1991年版,第131页。

"此时设立领事，取从民愿而已，毫无当于国计"，决定不发薪水，由胡璇泽从船牌费、注册费中自筹领馆经费，因而胡璇泽属于名誉领事性质。1881年，曾纪泽派翻译官左秉隆接任领事，规定领馆经费由驻英使馆发给。在此前后，其他华侨集中的地区也相继建立起了领事馆。① 至1911年，清政府共在新加坡、槟榔屿、仰光、小吕宋（今马尼拉）等45个城市设立了领事。②

二、民国时期的中外领事关系

1912年1月1日，中华民国正式成立。中华民国时期的中外领事关系十分复杂。一方面，民国政府在同外国建立外交关系的同时，也遵循国际惯例同这些国家建立了领事关系，通过外交斗争和交涉，逐步废除了外国在中国的领事裁判权。从民国政府成立至1949年国民党政府崩溃前夕，中国共在外国设立85个领事馆；有33个国家在中国47个城市建立了196个领事馆。③ 另一方面，西方列强相互勾结，为维护其在华利益和特权，并未承认中国作为一个主权国家的平等地位，在国际交往中不惜牺牲中国的主权和利益。"弱国无外交"，当时的中国同西方列强之间没有，也不可能建立真正平等的领事关系。

（一）增设驻外领事机构

1912年中华民国成立后，几乎所有的公使和领事都予以留任。④ 在领馆方面，由于中外人民往来日益增多，国际贸易扩大，除前清已设领馆外，民国政府在包括北婆罗门洲、巴黎、汉堡、纽约、神

---

① 王立诚：《中国近代外交制度史》，兰州：甘肃人民出版社，1991年版，第135页。
② 故宫博物院明清档案部、福建师范大学历史系：《清季中外使领年表》，北京：中华书局，1985年版，第71—90页。
③ 《新中国领事实践》编写组编：《新中国领事实践》，北京：世界知识出版社，1991年版，第11页。
④ 川岛真著，田建国译：《中国近代外交的形成》，北京：北京大学出版社，2012年版，第102页。

户等65个地区增设或曾经增加设置总领事馆；在昂维斯、苏瓦等6个地方增设或曾经增设副领事馆。

早先的领事馆命名颇不统一，有的用地名，有的用国名，自1932年6月后，"始确定领馆名称，从驻在地之地名"。出于办理签证货单的需要，在侨胞集中而又未能设立领事馆的地方，设置了签证货单专员办事处或商务委员办事处。

除了常设领馆外，还有名誉领事的设置。和清末一样，名誉领事通常授予国外的外籍人士，由其照料中国在那里的商务或侨务。1931年9月的《驻外名誉领事职务暂行办法》规定：名誉领事受各所在国的本国公使及辖境内的本国领事指挥、监督；有疑难事件应随时商承公使或领事办理，必要时可直接请示外交部；名誉领事的职务和正式领事无大异，包括发展贸易、扶绥侨商、调查及委托事项等，还可"照章办理签证及发给护照事宜"。[1]

（二）废除领事裁判权

中国废除领事裁判权的过程艰难曲折。由于国际形势的原因，德国成为第一个废除在华领事裁判权的国家。在第一次世界大战期间，北京政府于1917年8月加入英法协约国集团，正式对德奥同盟国集团宣战，并发表声明宣布废除中德间的一切约章。从1920年夏开始，中德在北京开始谈判，并于1921年5月20日达成《中德协约》。协约第三条明确规定："两国人民于生命以及财产方面，均在所在地法庭管辖之下。两国人民应遵守所在国之法律。"[2] 1925年签订的《中奥通商条约》第四条规定："两国人民之民刑事诉讼案件，均在所在地法庭管辖之下。"[3]

---

[1] 王立诚：《中国近代外交制度史》，兰州：甘肃人民出版社，1991年版，第256页。

[2] 王铁崖：《中外旧约章汇编》（第三册），北京：生活·读书·新知三联书店，1962年版，第168页。

[3] 同[2]，第571页。

俄国十月社会主义革命胜利,建立了苏维埃政权,中俄关系进入了新的历史阶段。1919年7月25日,苏俄政府发表了《俄罗斯苏维埃联邦社会主义共和国人民委员会对中国人民和中国南北政府的宣言》,郑重声明放弃在中国的包括领事裁判权在内的一切特权。1920年9月23日,北京政府发布大总统令,指出旧俄"驻华使领等官,久已失去其代表国家之资格",宣布停止对旧俄公使、领事的外交待遇。9月25日、27日,北京政府先后接收天津和汉口俄租界,同时各地的旧俄领事馆也多被接管,旧俄在华领事裁判权实际已被废除。1924年5月31日,中俄双方达成了《中俄解决悬案大纲协定》(也称《中苏协定》),其中第十条规定,"苏联政府允予抛弃前俄政府在中国境内任何地方根据各种公约、条约、协定等所得之一切租界等等之特权及特许"。[1]

1919年巴黎和会期间,中国代表团向大会提出废除外国人在中国的包括领事裁判权在内的特权,但遭到拒绝。在1921年的华盛顿会议上,中国代表再次提出废除外国在华领事裁判权的要求,对此,列强认为此事应在使中国司法完善后再议。会议通过了《关于在中国之领事裁判权议决案》。根据该议决案的规定,在华盛顿会议闭会3个月内,由各国(英国、法国、美国、日本、意大利、荷兰、比利时、葡萄牙)组织委员会到中国考察中国的法制情况,并在该委员会初次集会后1年以内提出报告和建议。但却规定,即便委员会调查之后,即使做出有利于中国方面的建议,列强仍有权对"建议""自由取舍"。[2]

1922年,上述八国与中国在华盛顿会议上签订了《九国关于中国事件应适用各原则及政策之条约》(以下简称《九国公约》)。该公约名义上"尊重中国之主权与独立及领土与行政之完整",但实际是一句空话。公约规定,要切实"维持各国在中国全境之商务实业机会均

---

[1] 王铁崖:《中外旧约章汇编》(第三册),北京:生活·读书·新知三联书店,1962年版,第425页。

[2] 同[1],第199—200页。

等之原则",为此,任何一国"不得因中国状况,乘机营谋特别权利"。①《九国公约》是帝国主义共同侵略中国的协定。这进一步激起中国人民要求废除一切不平等条约的反帝斗争,并逐渐形成全国性的爱国运动。北京政府在全国舆论的压力下,于1925年6月照会各国,要求举行谈判,全面修改条约。上述八国公使于9月复照,表示"愿意考虑"中国政府的修约提议,但又提出了无理的附加条件,即修约须视中国能否保障外人(外国人)利益。

南京国民政府成立初期,在中国人民要求独立自主、废除一切不平等条约的反帝爱国运动推动下,开展了一场"改订新约运动"。1928年7月,南京国民政府发表关于重订条约的宣言。当时,比利时、西班牙、意大利、葡萄牙、丹麦同中国在清朝末期签订的通商航行条约业已期满,南京国民政府外交部照会五国政府,声明前清所订通商航行条约早届期满,业经作废,应重订新约。南京国民政府经过同五国代表分别谈判,于1928年11—12月与五国签订了新的《友好通商条约》。虽然五个新条约都有"此缔约国人民在彼缔约国领土内,应受彼缔约国法律及法院之管辖"的规定,但却附有条件,即只有《九国公约》的签字国"议定取消领事裁判权之后",才能实行此条款。②

1929年4月27日,南京国民政府外交部就撤废领事裁判权问题分别照会英国、美国、法国、荷兰、挪威、巴西六国驻华公使,表示"在中国之领事裁判权,系旧时代之一种遗制,无待烦言。此种遗制,不仅不适合于今日情状,且足妨害中国司法及行政机关之顺利进行,而使中国在国际团体间应有之进步,受无谓之障碍"。而且"试观在中国停止享受该项特权之各国,对于其人民受中国法律之保护,均表示满意,亦从未发生烦言,述及其人民利益,曾受何种侵害"。因此,希

---

① 王铁崖:《中外旧约章汇编》(第三册),北京:生活·读书·新知三联书店,1962年版,第217—220页;熊志勇等:《中国近现代外交史》,北京:北京大学出版社,2014年版,第221页。
② 熊志勇等:《中国近现代外交史》,北京:北京大学出版社,2014年版,第253—254页。

望各国政府在废除领事裁判权的问题上,"将中国之愿望,立即予以同情之考虑"。① 可是,英、美、法、挪、荷五国迟至8月10日才复照中国,虽然声称对中国的要求表示同情,但都不愿放弃其特权,原因是中国尚未有独立的司法制度,司法状况不良,若放弃领事裁判权,则在华外人的生命财产将受威胁。因此,英国仅愿考虑修改现行领事裁判权的规定,美国主张逐渐放弃,其他国家则表示准备与各国一致行动。南京国民政府外交部又于9月5日第二次分别照会各国,说明领事裁判权是引起中国与外国纠纷的根源,并援引土耳其撤废此特权的事例,要求列强同意中国政府的请求。11月1日,各国复照南京国民政府,表示愿意讨论,但仍声明坚持原来的主张。在相关交涉中,只有墨西哥于1929年10月31日与中国交换照会,正式声明自动放弃领事裁判权。

1931年5月,南京国民政府颁布《管辖外国人实施条例》,规定于1932年1月1日起自动撤废各国的领事裁判权,在各商埠设特别法院,审处外侨之案件。主要内容包括:①自1932年1月1日起所有享有领事裁判权的外人,均应受中国法院的管辖;②在沈阳、天津、青岛、上海、汉口、重庆、福州、广州、昆明等地设立特别法院,受理涉及外人的民、刑案件,外人的逮捕及其房屋或办公室的搜查均应依中国刑法典规定之,因犯刑事的外人被搜捕后须于24小时内交到相当法院;③犯有刑事之外人可请中国或外国律师为其代理人或辩护人;④触犯警章之外人应由当地警察审判,惟不得判以15元以上的罚金;⑤外人幽禁下监的地方,由司法部特殊命令指定之。但是"九一八"事变发生后,南京国民政府为应对日本侵略,急于求得英、法、美等国的支持,撤销领事裁判权一事半途而废。②

在关于废除领事裁判权的谈判中,上海公共租界内临时法院被中

---

① 熊志勇、苏浩、陈涛:《中国近现代外交史资料选辑》,北京:世界知识出版社,2012年版,第278页。

② 熊志勇等:《中国近现代外交史》,北京:北京大学出版社,2014年版,第254—255页。

方收回。1930年2月17日，南京国民政府同美国、英国、法国、荷兰、挪威、巴西等六国签订了《关于上海公共租界内中国法院之协定》。协定主要内容为：①设中国地方法院和高等法院分院各一所，以取代原临时法院，适用中国之法律；②取消外国领事会审和观审制度；③女犯监狱和民事拘留所交还中国当局管理，但其他租界内的监狱仍归工部局管理；④司法警察由公共租界工部局推荐。①

1941年12月，太平洋战争爆发。出于战争大局的需要，1942年10月，美英两国分别通知中国政府，声明愿放弃在华治外法权，以及其他有关特权，并拟于最近时期内，提出草约，进行正式谈判。经过2个多月的谈判，中美、中英新的条约于1943年1月11日分别在华盛顿、重庆签字生效。美英放弃在华特权主要有以下八项：①领事裁判权；②上海及厦门公共租界；③天津及广州英租界；④条约口岸；⑤外籍领港人；⑥海关税务司应由英人担任的规定；⑦沿海贸易权及内河航行权；⑧《辛丑和约》中规定的驻军权及使馆界的行政与管理权。② 至此，民国政府取消领事裁判权的外交斗争才告一段落。

第二节　中华人民共和国成立至改革开放前的中外领事关系

中华人民共和国成立初期，根据三大外交方针，即"一边倒""打扫干净屋子再请客""另起炉灶"，中国政府不承认国民党政府与外国所建立的领事关系，要在新的基础上同各国建立新的领事关系。至20世纪50年代中期，中华人民共和国与外国初步建立起平等的领事关系。50年代中期至60年代中期是中外领事关系平稳发展的10年。1966年"文化大革命"开始后，"左倾"思潮严重干扰了外交工作的

---

① 王铁崖：《中外旧约章汇编》（第三册），北京：生活·读书·新知三联书店，1962年版，第770—775页。

② 同①，第1256—1259、1262—1266页。

正常开展，中外领事关系也受到影响。进入 70 年代后，随着中美关系的缓和，中国迎来新的建交高潮，中外领事关系也开启了新局面。

一、新型中外领事关系的建立

1949 年 10 月 1 日中华人民共和国的成立开启了中国对外领事关系的新篇章。中国在独立自主、平等互惠的基础上，与各国建立和发展领事关系，走出了一条采用和遵循国际普遍领事实践惯例，同时又具有中国特色的领事工作发展道路。[1]

（一）外交部确定分管领事事务的职能部门并颁布相关规定

1949 年 11 月，中华人民共和国外交部召开成立大会。12 月，外交部确立了 9 个部门及其负责人。领事工作主要由办公厅护照科（后升格为签证处、领事司）、交际科（后升格为交际处、礼宾司）及苏联东欧司、亚洲司、西欧非洲司、美洲澳洲司等 4 个地区司共同承担。[2]

1952—1953 年，外交部和驻外使领馆开始梳理并总结以前的领事工作。1953 年下半年，全国侨务工作会议及驻外使领馆领事工作座谈会在北京召开。1954 年，外交部制订了《关于领事工作任务的初步规定》，明确了领事职务的六项主要内容：①积极贯彻并宣传中国有关政策；②对华侨的正当权益，采取积极措施保护；③颁发护照、办理签证、公证、认证以及处理华侨的某些民政事项；④管理中国驻外使领馆领区内的中国商业机构，并办理上级所指定的某些贸易工作；⑤开展对外活动，并根据条件对外进行文化宣传工作；⑥对所属领区的政治、经济、文化、社会等情况进行调查研究。这是新中国成立后第一

---

[1] 《中国领事工作》编写组编：《中国领事工作》（上册），北京：世界知识出版社，2014 年版，第 3 页。

[2] 同①，第 5 页。

个有关领事工作的规章,为建立新中国领事制度奠定了基础。①

(二) 与三种不同类型的国家建立领事关系

1949年10月1日,毛泽东在开国大典上宣读《中华人民共和国中央人民政府公告》,表示"本政府为代表中华人民共和国全国人民的唯一合法政府。凡愿遵守平等、互利及互相尊重领土主权等项原则的任何外国政府,本政府均愿与之建立外交关系"。开国大典结束后,根据《中华人民共和国中央人民政府公告》,周恩来以外交部长的身份发出第一份公函。这是新中国的第一份外交文书。

新中国成立之前,苏联等21个国家在中国境内设立了111个领事机构。1949年10月1日至3日,苏联等7个国家原驻北京的领事机构、印度等12个国家原驻南京的外交机构及瑞典等14个国家原驻上海的领事机构接收新中国第一份政府公告和外交公函。②

凡是与新中国未建立外交关系的国家,中国政府一律不承认其原驻华外交领事机构人员,只把他们当作普通外国侨民对待,保护守法外侨,依法处置违法外侨。例如,1949年9月至10月间,原美国驻沈阳总领事瓦尔德因无故解雇中国雇员,后来又伙同他人一起殴打该雇员,受到中国雇员的联名起诉而被拘押。11月21日,沈阳市人民法院判处瓦尔德有期徒刑6个月并令其做出民事赔偿,缓刑1年并驱逐出境。1949年11月26日,沈阳市人民法院对日本人佐佐木弘经等充当美国间谍案进行审判,判处佐佐木有期徒刑6年,并判处指挥和掩护间谍活动的原美国驻沈阳总领事馆全体外籍人员驱逐出境。12月,瓦尔德等人从天津乘船离开中国。③

此时,中外领事关系的建立分为三种情况,即同社会主义国家、

---

① 《中国领事工作》编写组编:《中国领事工作》(上册),北京:世界知识出版社,2014年版,第54—55页。
② 同①,第7页。
③ 同①,第9页。

民族主义国家和资本主义国家建立领事关系。①

1. 同社会主义国家建立领事关系

按照"一边倒"的外交方针,中华人民共和国首先与社会主义国家建立起外交关系和领事关系。苏联是世界上第一个与中华人民共和国建交的国家,也是第一个与中华人民共和国建立领事关系的国家。

1949年10月3日,中国与苏联正式建交。对于苏联提出的设领要求,中国在平等互惠的基础上一般予以同意,但对于苏方提出的在绥芬河设立副领事馆的要求则予以婉拒。1949年12月27日,经外交部批准,苏联驻上海总领事馆重新开馆,成为在中华人民共和国境内设立的第一个外国领事机构。1950年年初,苏联方面向中方提出拟在中国境内再设立11个领事机构,具体是在迪化(今乌鲁木齐)、疏勒(今喀什地区)、哈尔滨、沈阳、大连、天津设总领事馆;在伊宁、塔城、承化(今阿勒泰)、满洲里、广州设立领事馆。中方对此表示同意。1951年8月2日,苏联驻华使馆向中国政府提出要求在绥芬河开设副领事馆。9月28日,中方答复表示,中国政府认为绥芬河离哈尔滨不远,在绥芬河之侨民及其他问题,由苏联驻哈尔滨总领事馆与在哈尔滨的松江省外事处联系解决即可,对苏方要求予以婉拒。

1950年5月,中方向苏方提出,中方可暂在海参崴(今符拉迪沃斯托克)、赤塔、阿拉木图三地设立总领事馆,保留在伯力、塔什干两馆的房屋,保留开设与苏联在华设立相同数量领事机构的权利。苏方对此表示同意。7月,苏联政府同意中国驻苏联的3个总领事馆开馆。8月,中国驻苏联使馆向苏联外交部送交了中国驻海参崴、赤塔和阿拉木图的三位总领事的任命书。1951年5月,中国驻苏使馆照会苏联外交部,准备自同年6月1日起关闭中国驻海参崴总领事馆,其领区内的领事工作由驻赤塔总领事馆兼管。后来,中国驻赤塔和阿拉木图

---

① 中国同三类国家建立领事关系的情况参见《中国领事工作》编写组编:《中国领事工作》(上册),北京:世界知识出版社,2014年版,第18—26页。

两地的总领事馆分别于 1952 年 4 月和 1953 年 11 月关闭。

截至 1954 年 4 月，苏联在中国境内重设 12 个领事机构，中国在苏联境内开设 3 个领事机构后，又先后暂时关闭。

继苏联之后，中国又同捷克斯洛伐克、波兰、朝鲜、越南等国达成设领协议。具体情况如下：1950 年 4 月，捷克斯洛伐克驻上海总领事馆开馆。中国则保留在捷设领的权利。1950 年 11 月，中方同意波兰在天津设立领事馆，中国在波设立领事馆的地点将来再定。1954 年 3 月，波兰方面提出希望中方允许其将驻天津领事馆迁往上海。中方对此表示同意。1949 年 10 月 6 日，中国与朝鲜建交。对于朝方提出的要求在华设立领事机构的要求，中方考虑到朝鲜仍然处于战争状态，表示设领一事应从长计议，暂由朝鲜驻华大使馆在东北地区设立四个临时机构，以处理相关事务。这四个临时机构是驻安东、通化和满洲里的驻在员办事处及驻沈阳的联络所。后来，朝鲜方面又提出将"通化驻在员"改为"图们驻在员"，中方表示同意。1950 年 1 月，越南与中国建交。10 月，经中方同意，越南驻南宁、广州、昆明的办事处改为越南驻华使馆驻三地联络处。

2. 同民族主义国家建立领事关系

中国在平等互惠的基础上通过谈判与民族主义国家建立领事关系。印度尼西亚是中华人民共和国在海外接管原领事机构并重新开设领事机构的第一个国家，也是第一个与中华人民共和国达成设领协议的民族主义国家。1950 年 4 月 13 日，中国与印度尼西亚建交。8 月，中国驻印度尼西亚使馆向印度尼西亚外交部提出，中国拟派领事与特派员接收并重新开设原在印度尼西亚境内设立的总领事馆和领事馆。10 月，印度尼西亚方面回复称，因印度尼西亚将进行全国华侨登记，所以暂缓考虑中方要求，待登记之后再决定领馆的数目与地点。对此，中方表示，印度尼西亚政府拖延中方设领是完全不符合中国广大侨民之愿望的，要求继续进行设领谈判。1951 年 3 月，印度尼西亚方面最终同意中国在雅加达开设总领事馆，在棉兰、马辰和望加锡开设领事馆。4月，以上四馆正式对外办公。印度尼西亚则表示保留在中国的设领权利。

中国与缅甸、巴基斯坦建交后，曾就互设领事机构进行协商，但至1954年4月，未达成协议。1950年6月8日，中国与缅甸建交，原国民党政府在腊戍设有领事馆，缅甸在昆明设有总领事馆。中巴于1951年5月建交。巴方提出，要求恢复其原驻疏附总领事职务及在喀什噶尔（今喀什市）设立领事馆，中方考虑后予以婉拒。

1950年4月1日，中国与印度建交。截至1954年4月，中国在加尔各答和孟买、印度在上海和拉萨设立总领事馆。对于印方提出的"继续保留其原驻疏附总领事馆"的请求，中方未予同意。

3. 同资本主义国家建立领事关系

这一阶段，中国政府根据一些资本主义国家的对华态度，并考虑它们的实际需要来处理与它们的领事关系。尽管与某些国家未达成设领协议，但仍暂时允许这些国家派员来华设立办事机构，处理领事业务。

瑞典要求在华设领。1950年5月9日，中国与瑞典建交。瑞典是第一个与新中国通过谈判建交的西欧国家。此后，瑞典驻华使馆多次向中国外交部提出，拟在上海设立领事馆、在天津和青岛设立名誉领事，以及在上海设领前派人员赴上海设立处理侨务的机构。对此，中方答复：关于中瑞两国互设领事机构问题，应在平等互惠的基础上解决；瑞典在上海任何有关处理侨务之机构，如使馆办事处之类设立，须俟中瑞两国关于相互设领问题取得协议后始能确定；中国外交部同意在中瑞两国相互设领问题取得协议之前，暂时准许一位先生以使馆外交官的身份在上海办理侨务。

丹麦在华设立领事机构。1950年5月11日，中国与丹麦建交，丹麦驻华公使馆向中国外交部提出重设领事机构，拟派丹麦使馆一名外交官前往上海主持丹麦总领事馆事务；在两国签订领事协议前，希望中方能够承认两名丹麦侨民和一名挪威侨民分别为丹麦驻青岛、天津和汉口的代理领事。对此，中方表示：在双方达成设领协议之前，可以允许丹麦方面派一名外交官暂驻上海办理侨务，但这完全是临时性的；希望丹麦方面提出设领的具体要求，双方可开始谈判。1951 年 9 月，丹麦驻华公使向中国外交部提出，丹麦政府拟在上海设立总领事馆，在天津设一位名誉领事以便照管来往船只事务。中方表示同意丹方在上海设立总领事馆，保留中方在哥本哈根的设领权利，但不同意在天津设立名誉领事。1953 年 1 月，双方就互设领事机构达成书面协议，丹麦在上海设立总领事馆，中国保留在丹麦设领权利。同年 2 月，丹麦驻上海总领事馆开馆。

中国与瑞士互设领事机构。1950 年 9 月 14 日，中国与瑞士建交。12 月，中方同意瑞士方面派遣三名官员作为驻华公使馆留沪人员暂住上海办理侨务。1951 年 10 月，双方就互设总领事馆达成协议。瑞士方面同意中方在日内瓦设总领事馆，中方同意瑞士方面在上海设立总领事馆。1952 年 11 月，瑞士驻上海总领事馆开馆。1954 年 2 月，苏联、美国、英国和法国等四国在柏林会议上达成协议，定于同年 4 月举行日内瓦会议，讨论朝鲜问题和印度支那问题。除苏联、美国、英国、法国、中国参加会议的全过程外，同这两个问题有关的其他国家也派代表分别参加有关问题的讨论。为了便于参加日内瓦会议及开展国际活动和侨务工作，中国决定在日内瓦设立领事机构。4 月，中国驻日内瓦总领事馆开馆。

从 1949 年 10 月中华人民共和国成立到 20 世纪 50 年代中期，苏联、捷克斯洛伐克、波兰、印度、丹麦、瑞士、朝鲜、越南八国在中国设立了 17 个领事机构及 7 个办事机构，中国在苏联、印度尼西亚、印度、瑞士四国设立了 10 个领事机构（中国在苏联设立的 3 个领事机构后来暂时关闭）。至此，中外领事关系初步建立起来。

二、中外领事关系的初步发展

中华人民共和国成立后，分别同三种不同类型的国家初步建立起领事关系。20 世纪 50 年代中期至 60 年代中期，中国领事制度进一步完善，中外领事关系得到了初步发展。

（一）设立领事主管部门及颁布新的领事规定

1955年1月，为适应中国领事工作的发展，外交部设立领事司，撤销签证处。第一任司长为张灿明，副司长为秦力真。领事司下设四个科：亚非侨务科、欧美大侨务科、护照签证科、综合和外事处管理科。由于对外交往的增加，1956年增设了一个专门负责外国人入境签证事务的科室。领事司的主要职责为：①承担驻外使领馆领事部、驻外领事馆和各地外事处的工作；②研究并处理外国在中国和中国在外国设立领事馆的工作；③会同华侨事务委员会指导国外华侨的管理工作；④会同有关机关继续肃清帝国主义在华残余经济势力；⑤承担护照、签证、公证、认证工作；⑥处理边境有关中外人员往来和证件检查等问题；⑦协助有关部门处理一切有关领事工作，如引渡、中外人员越境等。[①]

1955年10月，领事司以外交部名义向驻外使领馆通发《中华人民共和国驻外使、领馆颁发护照暂行办法》《办理本国人签证暂行办法》《中华人民共和国驻外使领馆办理外人入境过境签证暂行办法》[②] 和《领事认证暂行办法》等规定。

1954年5月28日，外交部办公厅函告公安部办公厅：自7月起，各国持普通护照来华外宾、代表团等人员的居留、旅行及出境签证等工作均改由公安部门办理。后来，外交部和公安部经过多次协商，达成一致：来华外国人持用普通护照者由公安部门办理签证；凡持外交、公务护照者在外事机关办理签证。[③]

[①] 《中国领事工作》编写组编：《中国领事工作》（上册），北京：世界知识出版社，2014年版，第55页。
[②] 从中华人民共和国成立至20世纪80年代，除为外国人办理入出境签证外，中国政府主管部门还为本国人办理入境签证。
[③] 同①，第59页。

1956年10月，领事司着手起草《中华人民共和国领事条例》。1957年4月完成初稿。尽管后来由于种种原因该条例的制订颁布被搁置，但是该初稿为以后的工作打下了基础。改革开放后，外交部重新讨论起草领事条例。1983年，以外交部名义发送各驻外使领馆执行的领事条例包含了1956年《中华人民共和国领事条例》草拟稿的很多内容。

（二）缔结第一批中外双边领事条约

20世纪50年代末至60年代初，中国先后与民主德国、苏联和捷克斯洛伐克签订了双边领事条约。这是中华人民共和国成立以后与外国缔结的第一批双边领事条约。

民主德国是第一个向中华人民共和国提出缔结领事条约要求的国家。1957年6月，民主德国驻华大使纪普纳向中国外交部副部长姬鹏飞提出，希望与中国商签领事条约，同时面交条约草案。1958年6月，外交部表示同意商签领事条约，并将草案转交给民主德国驻华使馆。1959年1月12日，双方开始在北京进行谈判。1月27日，双方签订了《中华人民共和国和德意志民主共和国领事条约》。这是中华人民共和国成立后同外国签订的第一个双边领事条约。

1957年8月，苏联驻华使馆临时代办阿布拉西莫夫向中国外交部副部长张闻天提议缔结领事条约，并面交了苏方的条约草案。1959年6月，双方在北京举行了谈判。6月23日，双方签订了《中华人民共和国和苏维埃社会主义共和国联盟领事条约》。

1959年6月，捷克斯洛伐克方面向中方提出希望缔结双边领事条约。6月26日，捷驻华使馆向中国外交部苏联东欧司递送捷与苏联、民主德国等国签订的领事协定，作为双方谈判的基本模式，希望中国外交部予以研究。1960年4月，捷方邀请中方派代表团赴布拉格欢度"五一"国际劳动节，并于5月3日至9日在布拉格完成缔结谈判和签字。4月29日，外交部领事司司长秦力真率领代表团到达布拉格。5月3日，双方开始谈判。5月7日，双方签订了《中华人民共和国和捷克斯洛伐克共和国领事条约》。

（三）举行中美领事级会谈

中华人民共和国成立后，美国与台湾当局继续保持"外交关系"，不承认中华人民共和国政府。1950年6月25日，朝鲜战争爆发。三天后，美国海陆空三军全面参战，美国总统命令美国海军第七舰队进入台湾海峡，以"阻止对台湾的任何攻击"。7月2日，美军在釜山登陆。10月19日，中国人民志愿军首批军队入朝作战。中美在朝鲜战场兵戎相见。《朝鲜停战协定》签订之后，中美之间仍然处于敌对状态。

1954年4月26日至7月21日，在瑞士日内瓦举行了关于解决朝鲜问题和印度支那问题的国际会议。苏联、美国、英国、法国、中国及其他与朝鲜问题和印支问题有关的国家参加了会议。在日内瓦会议期间，美国通过英国向中国提出在华美国侨民及相关人员回国问题。当时，中国在美国的大批留学生和一些科学家要求回国却遭到美方的阻挠。中方提出，既然中美双方代表都在日内瓦，就没有必要通过第三方，双方可以直接接触。1954年6月5日至21日，中美派代表进行了4次会晤。日内瓦会议结束后，从1954年9月下旬到1955年7月15日，中美双方在日内瓦举行了领事级会谈，前后共举行了17次会议。这为后来的中美大使级会谈奠定了基础。

1955年8月1日，中美大使级会谈在日内瓦（后在华沙）举行。中方代表为中国驻波兰大使王炳南，美方代表为美国驻捷克斯洛伐克大使尤·阿·约翰逊。[①] 会谈持续了15年，共举行了136次谈判。双方于1955年9月10日就侨民和留学生回国问题达成协议：中国承认在中国的美国人愿意返回美国者"享有返回的权利，并宣布已经采取、且将继续采取适当措施，使他们能够尽速行使其返回的权利"。美国承

[①] 王炳南大使于1955—1964年担任中方代表，后由续任驻波兰大使王国权接任。美方代表后由美国驻波兰大使雅各布·比姆和约·卡伯特接任。会谈具体情况参见王炳南：《中美会谈九年回顾》，北京：世界知识出版社，1985年版。

认在美国的中国人愿意返回中国者"享有返回的权利,并宣布已经采取、且将继续采取适当措施,使他们能够尽速行使其返回的权利"。中国委托印度政府协助中国在美平民返回中国,美国委托英国政府协助在华美国平民返回美国。这是中美大使级会谈取得的重要成果。据此,从1955年下半年至1965年年底,包括钱学森、赵忠尧等著名科学家在内的130多名同胞回到国内,一些在华美国侨民回到美国。此外,中国政府还释放了在华服刑的76名美国罪犯。

(四)与英国、荷兰就领事问题谈判,建立代办级外交关系

1950年1月,英国宣布承认中华人民共和国政府。3月,中英两国代表在北京举行首次谈判。但是,英国表面上宣布中断与国民党政府的关系,却坚持要保留在台湾淡水设立的领事馆,中国认为领事关系是一种官方关系,对此当然不能接受。再者,在联合国就中国代表权问题投票时,英国投了弃权票,这与英国公开宣称的在中国问题上的立场是不一致的。而且,英国既然已经承认中华人民共和国中央人民政府为"中国法律之政府",那么对中国在英属各地的公产应该交给中华人民共和国政府处置。但是港英当局却对在香港起义的中国航空公司和中央航空公司多方阻挠,导致该公司的大部分员工和飞机都无法返回内地。这样,中英建交谈判一直拖延未果。[①]

1954年5月至7月日内瓦会议期间,中国代表团顾问宦乡、雷任民先后与英国驻北京谈判代表兼英国代表团成员杜维廉、英国工业联合会代表泰伦脱进行7次会谈。总理兼外交部长周恩来分别与英国议员威尔逊、布朗,英国外交大臣艾登,英国工党总书记菲利普斯交换意见。双方就领事探视、侨民保护、商业贸易及互设代表机构等问题交换了意见。1954年6月,中英宣布建立代办级外交关系,代办处的任务包括办理商务和侨务。

---

① 谢益显主编:《中国当代外交史(1949—2009)》,北京:中国青年出版社,2009年版,第7页。

1950年3月27日,荷兰宣布正式承认中华人民共和国。1954年11月,中荷两国发表互换代办的公报,仿照中英两国的做法建立代办级外交关系。代办处监管领事工作。

(五) 同第一批建交国发展领事关系

中华人民共和国成立后,迅速与以苏联为首的社会主义阵营国家建立了外交关系。20世纪50年代末至60年代初,中国先后与民主德国、苏联和捷克斯洛伐克签订了双边领事条约。通过谈判,中国和瑞典、瑞士、丹麦等西方资本主义国家,与印度尼西亚、缅甸、巴基斯坦、印度等民族主义国家建立了外交关系。该阶段,中国同这些第一批建交国之间的领事关系得到了进一步发展。[①]

1. 同社会主义国家的领事关系

中国和社会主义国家之间互设领馆情况有所调整。中国在苏联、波兰和越南增设领事机构。1956年,中方向苏方提出,因管理留学生、实习生及华侨工作的需要,拟在列宁格勒和斯维尔德洛夫斯克两地设立总领事馆,对此,苏方表示同意。1958年,中国在波兰革但斯克设立总领事馆,但该馆后来于1962年关闭,1965年复馆。1955年,经越方同意,中国在越南海防市设立领事馆。1959年,因中方将在越南北方华侨逐步移交越方管理,中国关闭了驻海防领事馆。

朝鲜驻华领事机构变动较大。1955年,经中方同意,朝鲜将其驻沈阳联络所改为总领事馆,将其驻图们驻在员办事处改为领事馆。1957年,朝鲜将其驻图们领事馆迁往长春,并更名为朝鲜驻长春领事馆。1959年,朝鲜在上海设总领事馆。1960年,朝鲜撤销其驻沈阳总领事馆,将其驻长春领事馆升格为总领事馆。1964年,朝鲜关闭了其驻长春和上海的总领事馆,有关工作移交给朝鲜驻华使馆。

捷克斯洛伐克、波兰、蒙古国和民主德国增设驻华领事机构。

---

① 中国同第一批建交国领事关系发展情况参见《中国领事工作》编写组编:《中国领事工作》(上册),北京:世界知识出版社,2014年版,第74—92页。

1956年，中方同意捷方在广州增设领事馆。1954年，波兰撤销其驻天津的领事馆，在上海设立领事馆。1955年，波兰驻上海领事馆升格为总领事馆，并在广州设立领事馆。1956年，中国和蒙古国达成一致，蒙古国在呼和浩特设立总领事馆，中国保留在蒙古国设立总领事馆的权利。1957年，中方同意民主德国在上海设立总领事馆，该馆于1959年开馆。自1955年2月起，越南驻南宁、广州、昆明三地联络处升格为领事机构。1960年，中方同意越南在上海设立总领事馆。

这一阶段，中国和一些社会主义国家就签证便利化问题达成协议。1956年8月，中苏双方达成协议，双方赴对方旅行人员持国内护照①和地方民警机关颁发的集体证件可以免办签证，启程前将启程日期、人数等事先由双方旅行社商妥。由于中国无国内护照，故中国公民赴苏旅行时持普通护照，也免办签证。待中国有国内护照时，再按这一协议免办签证赴苏旅行。这一协议自9月1日起正式实行。这些实践为1959年双方签订领事条约奠定了基础。此外，中国还和保加利亚、罗马尼亚、匈牙利、捷克斯洛伐克、波兰、蒙古国、民主德国、越南等就互免持外交、公务护照人员的签证，互免因公普通护照和团体护照签证，互免因公和因私人员的入境、出境和过境签证和签证费等达成协议。

2. 同民族主义国家的领事关系

这一阶段，中国和印度尼西亚、缅甸、巴基斯坦等国就设领问题达成协议。截至1957年3月，中国在印度尼西亚雅加达开设总领事馆，在棉兰、马辰和望加锡三地设立领事馆，印度尼西亚保留在华设领的权利。1957年4月，中方向印度尼西亚方提出，由于加里曼丹地区华侨多居住于西加里曼丹，且马辰和西加里曼丹地区的交通很不方便，因此希望将马辰领事馆迁移到坤甸，领区范围不变。但是，印度

---

① 指专用于发证国本国境内旅行而非用于出国的护照。20世纪50年代，由于苏联和中国等社会主义国家领事关系良好，互相同意使用国内护照在对方境内旅行。参见《中国领事工作》编写组：《中国领事工作》（上册），北京：世界知识出版社，2014年版，第76页。

尼西亚方对此未做答复。1957 年 8 月,印度尼西亚在上海设立领事馆。1965 年,印度尼西亚方面提出希望在广州设立领事馆,同时暂时关闭驻上海总领事馆。

中国和缅甸也经历了互设领馆和关闭领馆的过程。1955 年 6 月,中国驻缅甸腊戌总领事馆开馆。1962 年,总领事馆自腊戌迁往曼德勒。1955 年,缅甸驻昆明总领事馆开馆。1963 年,缅甸由于经济原因关闭了驻昆明总领事馆。1964 年,因中国驻曼德勒总领事馆人员少且缅方限制较严,工作无法开展,中方决定暂时关闭该领事馆。

中国和巴基斯坦达成互设领事机构协议。1964 年,中国和巴基斯坦就中方在达卡、巴方在中国境内某地互设领事机构达成协议。1966 年,中巴两国就中方在卡拉奇设立总领事馆、巴方保留在中国设领权利达成协议。同年,中国驻卡拉奇总领事馆开馆。

3. 同资本主义国家的领事关系

自 1954 年 2 月起,中国和瑞典就设立领事机构问题进行了多次商谈。1955 年 6 月,双方就瑞典在上海设立领事机构、中国保留在瑞典设领权利达成协议。但此后,瑞典方面认为没有在上海设领的实际需要,因为瑞典到上海的船只和船员没有过多的问题需要处理,为节省开支,瑞典驻华使馆向中国外交部提出,瑞典方面决定关闭在上海设立的办事处,将有关业务交瑞典驻华使馆接管。中方对此表示同意。

中国和丹麦、瑞士、芬兰三国建立的公使级外交关系升格为大使级外交关系。1950 年 5 月,丹麦成为第一个和中华人民共和国建立公使级外交关系的国家。1956 年,中丹两国政府决定将双方公使馆升格为大使馆并互派大使。中国于 1956 年,瑞士于 1957 年将双方公使馆升格为大使馆。1962 年,瑞士方面因上海总领事馆业务少而关闭了瑞士驻上海总领事馆。1954 年,中国和芬兰将 1951 年互设的公使馆升格为大使馆。

此外,中国和资本主义国家领事关系中的重要事件还包括:1957 年,中国和瑞士同意互惠豁免领事馆产业税;1959—1960 年,中国分别同芬兰、瑞典、丹麦就互免持普通护照人员的入境、出境和过境签证费达成协议。

（六）同第二批建交国建立领事关系

1954年日内瓦会议和1955年万隆会议之后，出现了中国外交史上第二次建交高潮。从1954年6月至1965年7月，中国除了与英国、荷兰建立代办级外交关系，还与亚洲、非洲、拉丁美洲、欧洲的31个国家建立外交关系。中国和这些国家的领事关系也随着外交关系的建立逐步建立起来，中外领事关系进一步拓展。[①]

中外互设领事机构。1954年10月5日，中国与挪威建交。1955年，中国同意挪威在上海设立总领事馆并保留在挪威设领的权利。同年，挪威驻上海总领事馆开馆。1954年，中英和中荷建立起代办级外交关系后，英国驻北京代表处开始派员在上海办理侨务，荷兰代办处也开始办理领事业务。同时，中国驻英国的代办处也办理一些领事业务，中国驻荷兰的代办处还兼管在卢森堡和比利时的民间外交和领事工作。

1956年，中国和尼泊尔就尼泊尔在拉萨设立总领事馆，中国保留在加德满都设领权利一事达成协议。1958年，尼泊尔驻拉萨总领事上任。1961年，中国在老挝丰沙里设立总领事馆，老挝在昆明设立总领事馆。1963年，老挝关闭其驻昆明的总领事馆，有关业务由老挝驻华使馆代理。

因埃及与叙利亚合并，坦桑尼亚与桑给巴尔联合成立坦桑尼亚联合共和国，中国原驻叙利亚和桑给巴尔两国的外交机构改为领事机构。1958年2月，埃及与叙利亚合并，成立阿拉伯联合共和国。中国驻叙利亚使馆改为总领事馆。1961年9月，叙利亚脱离阿拉伯联合共和国，成立阿拉伯叙利亚共和国。中国予以承认并撤销驻大马士革总领

[①] 中国同第二批建交国领事关系发展的详细情况参见《中国领事工作》编写组：《中国领事工作》（上册），北京：世界知识出版社，2014年版，第96—101页。

事馆，改设大使馆。中国于1961年12月9日与坦噶尼喀建交，1963年12月11日与桑给巴尔建交。1963年12月，桑给巴尔宣布独立，1964年1月，成立桑给巴尔人民共和国。1964年4月，坦噶尼喀和桑给巴尔组成联合共和国，同年10月改国名为坦桑尼亚联合共和国。坦、桑联合后，中国自然延续与坦、桑的外交关系。1965年5月，坦桑尼亚联合共和国外交部长坎博纳在记者招待会上宣布：凡在联合共和国成立前在桑给巴尔设立的大使馆一律改为总领事馆。6月，中国驻坦桑尼亚使馆向坦桑外交部提出，将中国原驻桑给巴尔使馆改为总领事馆。但坦桑尼亚外交部表示，各国驻坦桑机构以设立领事馆为宜。

外国驻华大使兼任领事职务。1964年9月29日，中国与中非共和国建交。1965年8月，中非外交部照会中国外交部，指定其驻北京的大使马马杜兼任中非共和国驻中国领事职务。中方表示同意。

尤其值得一提的是，1964年中法建交为两国关系包括领事关系的发展提供新的动力。两国加强经贸交流，拓宽人员往来途径，并达成互为对方信使颁发多次签证协议。

三、中外领事关系的跌宕起伏

20世纪60年代中期至70年代末期，受国际形势和中国国内局势的影响，中外领事关系历经曲折。[①]

苏联是第一个与中华人民共和国建立外交和领事关系的国家，在华设领最多，与中国签订有双边领事条约。从中华人民共和国成立至20世纪50年代中期，中苏双边领事关系发展顺利。但是，从50年代中期以后，中苏之间出现了分歧，两国关系逐步恶化。1969年，双方军队在珍宝岛发生了流血冲突，中苏同盟关系名存实亡。随着中苏外交关系的恶化，双边领事关系也跌至冰点。1955—1962年，苏联驻华的12个领事机构全部关闭。分别为：1955年1月，驻天津总领事馆关

---

① 该阶段中外领事关系曲折发展的详细情况参见《中国领事工作》编写组：《中国领事工作》（上册），北京：世界知识出版社，2014年版，第96—101页。

闭，10月，驻阿勒泰领事馆关闭，12月，驻塔城领事馆关闭；1956年10月，驻喀什总领事馆关闭，12月，驻满洲里总领事馆关闭；1957年6月，驻沈阳总领事馆关闭；1958年8月，驻广州和大连领事馆关闭；1962年7月，驻乌鲁木齐总领事馆关闭，8月，驻伊宁领事馆关闭，9月，驻哈尔滨和上海总领事馆关闭。

受中苏关系恶化的影响，中蒙关系也逐渐恶化。1959年，蒙古国撤销了驻呼和浩特领事馆。1967年2月22日起，蒙古国单方面撕毁了中蒙互免持外交和公务护照者签证协议。对此，中方向蒙方提出强烈抗议，并决定自2月22日起，所有蒙古国公民入、出和经过中国国境必须取得中国签证。

1962年10月，中国和印度在边界地区发生大规模武装冲突，两国关系恶化。1962年12月3日，印度外交部照会中国驻印度使馆称：印度决定自1962年12月15日起关闭印度驻拉萨和上海的总领事馆，并撤走两个总领事馆的工作人员。请中华人民共和国政府在同一天对其驻加尔各答和孟买的总领事馆采取对等的行动。12月8日，中国外交部照会印度驻华使馆，对印方单方面撕毁协定的行为提出强烈抗议，声明由此给两国关系造成的一切不良影响和后果，都必须由印度政府负担全部责任。

1965年印度尼西亚"九三○事件"后，印度尼西亚军人集团诬陷中国干涉印度尼西亚内政，两国关系开始恶化。在印度尼西亚全国范围内发生了迫害和驱赶华侨的事件。1966年3月，中国驻印度尼西亚使馆照会印度尼西亚外交部，要求印度尼西亚政府通知有关地方当局保护中国驻马辰、望加锡和棉兰三地的领事馆。印度尼西亚方面对此置之不理。1966年5月，印度尼西亚关闭驻广州领事馆。1966年5月18日，中国政府提出派船接回在印度尼西亚遭受迫害无法生存的中国侨民。截至1967年10月30日中国与印度尼西亚断交为止，中国共从印度尼西亚接回难侨9万多人。1967年10月，印度尼西亚宣布关闭其驻华使馆，并要求中国政府限期关闭驻印度尼西亚使馆。中国不得不宣布暂时关闭中国驻印度尼西亚的大使馆和各领事馆，并撤回使领馆全部人员。

"文化大革命"前夕，肯尼亚、达荷美（今贝宁）等国由于内部原因及受国际上反华气候影响，采取恶化同中国外交关系的行动。丹麦、瑞士、瑞典、朝鲜、民主德国等国也以财政困难或事务不多为由关闭了驻华领事机构。

1966年，随着中国同一些国家外交关系的恶化，中外领事关系出现了严重倒退。中国与已建交或"半建交"的40多个国家中的近30个国家发生了外交纠纷，驻一些国家的大使馆受到冲击。中国驻外领事机构由原来的17个减少到7个，外国驻华领事机构也由原来的35个减少至6个。唯一的例外是中国同埃及的领事关系。中国驻埃及大使黄华是这一时期中国仍留驻国外的大使，在他的推动下，1966年7月，中国在塞得港设立总领事馆。1967年1月，埃及同意中国驻塞得港总领事馆在亚历山大设立总领事馆办事处。1967年，因以色列对阿拉伯联合共和国的侵略，埃及外交部要求有关国家关闭它们设在苏伊士运河地区的领事机构和办事处。7月，中方决定将驻塞得港的总领事馆迁往亚历山大。

1971年10月25日，第二十六届联合国大会通过了2758号决议，恢复了中华人民共和国在联合国的一切合法权利。1972年2月，美国总统尼克松访华，中美关系逐步缓和。中国迎来了第三次建交高潮，中国和西方资本主义国家的外交和领事关系有了突破性进展。

1970年10月13日，中国与加拿大建交。1973年10月，加拿大与中国达成协议，双方同意建立领事关系。经两国协商，1974年11月，中国驻温哥华总领事馆开馆。1980年，加拿大驻上海总领事馆开馆。此后，双方就加强两国公民的领事保护进行沟通，并达成谅解。1972年9月29日，中国与日本建交。1973年11月，中国驻日本大使馆就设领事宜向日本提出初步意见。1974年9月至1975年6月，中日两国外交代表就互设领事机构多次进行商谈，最终通过互换照会达成了互设领事机构的协议。1975年9月,日本驻上海总领事馆开馆。1976年,中国驻大阪总领事馆开馆。1972年12月21日,中国与澳大利亚建交。1976年8月,中澳双方以换文方式达成互设总领事馆的协议。1979年3月,中国驻悉尼总领事馆开馆。1984年7月,澳大利亚驻上海总领事馆开馆。此外,中澳两国于1973年11月就中国公民赴澳探亲问题达成了谅解。

这一时期,由于中国同越南关系的恶化,中越领事关系受到挫折。1975年越南南方解放。1976年8月,中国外交部照会越南驻华大使馆,提出在胡志明市、岘港和海防设立总领事馆。对此,越南只同意中国在胡志明市和海防设领。1978年4月初,中国派遣到胡志明市筹建总领事馆的建馆人员到达河内,但越南外交部于4月24日照会中国外交部,称越方未能确定中国在胡志明市设立总领事馆的具体时间,建议中方派驻的建馆人员回国。经过再三交涉,越方坚持不同意中国在胡志明市建馆。鉴此,中国外交部于1978年6月宣布撤回在胡志明市的建馆人员,并要求越南根据对等原则关闭其驻广州、昆明和南宁的总领事馆。越南随后关闭了这三处总领事馆。

总之,至改革开放前夕,虽然中国同世界上100多个国家建立了外交关系,但同这些国家相互设领却较少。在1978年12月中共十一届三中全会召开以前,外国在中国设立的领馆只有4个,即波兰驻上海和广州总领事馆、尼泊尔驻拉萨总领事馆,以及日本驻上海总领事馆。中国在外国设有7个领馆,即驻革但斯克、日内瓦、卡拉奇、亚历山大、大阪、温哥华总领事馆及驻桑给巴尔领事馆。[①] 中国只同外国签订了3个领事条约,即1959年签订的《中华人民共和国和德意志民主共和国领事条约》《中华人民共和国和苏维埃社会主义共和国联盟领事条约》及1960年签订的《中华人民共和国和捷克斯洛伐克共和国领事条约》。

[①] 《新中国领事实践》编写组编:《新中国领事实践》,北京:世界知识出版社,1991年版,第23页。

改革开放前中国对外领事关系发展缓慢的原因主要有以下几点：第一，领事制度从其缘起来说，本身"是从国际贸易的需要中发展出来的工具"①，因而领事工作的发展同一个国家对外交往的程度，尤其是对外贸易的发展情况密切相关。在对外开放之前，中国还没有发展对外领事关系的迫切需要。第二，在美苏激烈争霸世界的背景下，中国虽然改变了"世界革命"的战略，但一些国家仍然对中国怀有戒心，对发展与中国的领事关系十分谨慎。第三，受"文化大革命"一系列政策束缚和影响，中国政府在促进国家双边关系的重要作用认识上的局限性，也是制约这一时期中外领事关系发展的因素之一。

第三节　改革开放以来的中外领事关系

1978年12月，中共十一届三中全会决定把党和国家的工作重心转移到社会主义现代化建设上来，中国走上了改革开放道路。中国外交进入新的发展阶段，中外领事关系也随之迎来了大发展。

一、加入《维也纳领事关系公约》

党的十一届三中全会以后，中国实行对外开放政策，形势发生了很大变化。外交部领事司适应新的形势需要，在指导思想和方针政策上作了必要的调整，积极准备开创领事工作的新局面。同时，一些国家为了其在中国进行经济、贸易等活动的各界人员和公司企业等法人的权益，急切地希望同中国建立和发展领事关系，在中国设立领事馆。但是，由于中国当时的国内立法还不健全，没有相应的领事法规，特别是尚未加入公认为是处理各国间领事关系准则的《维也纳领事关系公约》，有些国家还有一定顾虑。它们担心在中国设立领事馆以后，其领馆和领事官员的特权没有法律保障，领事职务难以正常执行。1979

---

① L.T.李著,傅铸译:《领事法和领事实践》,北京:商务印书馆,1975年版,第5页。

年上半年，中国同几个国家商谈发展双边领事关系时都遇到过这个问题。①

经过认真研究和充分考虑，为全方位发展对外领事关系，中国政府决定加入《维也纳领事关系公约》。1979年6月28日，外交部印发关于中国加入《维也纳领事关系公约》的通知，通知全国人民代表大会常务委员会法制委员会、最高人民法院、最高人民检察院、公安部、民政部、国务院侨办、中国驻外使领馆等单位：近年来随着中国对外关系的日益发展，要求同我互设领事馆和签订领事条约的国家增多，在商谈过程中常常涉及我国对《维也纳领事关系公约》的态度以及是否参照该公约规定处理双边领事关系的问题。从该公约内容看，同我国处理领事关系问题的现行做法和规定并无多大差别，只有个别条款同我国现行做法或现行规定有差异，加入无损我国主权，而有利于我国处理同有关国家的领事关系。经中央批准，我国已经决定加入《维也纳领事关系公约》。②

1979年7月3日，中国政府向联合国秘书长交存加入书，同年8月1日对中国生效。这一举措有利于调整和发展中国同外国的领事关系，有利于中国遵照国际关系准则处理领事工作中出现的各种问题，也有利于保护中国国家和公民在国外的正当权利和利益。中国加入《维也纳领事关系公约》是中外领事关系史上的一个重大行动。从此，中外领事关系进入了一个全面发展的新时期。

二、中国同更多国家签订双边领事条约

改革开放之前，中国在同外国签订双边领事条约方面比较被动。"在新中国成立后很长一段时间内没有，也未曾从思想上、组织上和物

---

① 田增佩主编：《改革开放以来的中国外交》，北京：世界知识出版社，1993年版，第601页；《新中国领事实践》编写组编：《新中国领事实践》，北京：世界知识出版社，1991年版，第23页。

② 聂功成：《关山度若飞——我的领事生涯》，北京：新华出版社，2009年版，第71—72页。

质上准备就发展对外领事关系问题，主动同资本主义国家谈判签订领事条约或领事协议，甚至在一个时期内一些社会主义国家提出这种要求，我国也未采取积极的响应态度。对有的国家提出签订领事协议的问题，中国也总是主张原则上不单独搞领事协议，有关领事事务由双方按一般国际惯例及本国的有关法规处理。"[1]

加入《维也纳领事关系公约》后，中国改变了过去不主动同外国签订领事条约的做法，以积极的态度同外国商谈和签订领事条约。

1979年11月，中国和美国在北京就缔结双边领事条约开始谈判。1980年9月17日，《中华人民共和国和美利坚合众国领事条约》正式签署。这是中华人民共和国与资本主义国家缔结的第一个领事条约，也是中国与资本主义国家缔结的第一个平等的领事条约。从此至1990年的10年间，中国分别与南斯拉夫、波兰、朝鲜、民主德国、匈牙利、意大利、蒙古国、苏联、墨西哥、保加利亚、捷克斯洛伐克、土耳其、老挝、古巴、伊拉克、阿根廷和也门签订或重签了18个领事条约。这10年间签订的领事条约已不仅限于社会主义国家，也包括了一些资本主义大国和发展中国家。此外，1997年，中国同109个国家和地区就保留其在香港的领事机构或原领事机构改为半官方机构进行谈判，达成了105项协议。[2] 1999年，中国同56个国家就澳门回归后其驻澳门领事机构的地位问题进行谈判并达成协议。[3] 这些领事协议的达成为香港、澳门回归后中国和有关国家领事关系的顺利发展奠定了法律基础。

截至2023年12月，中国与其他国家签订了49个双边领事条约

---

[1] 聂功成：《关山度若飞——我的领事生涯》，北京：新华出版社，2009年版，第69—70页。

[2] 中华人民共和国外交部政策研究室编：《中国外交1998年版》，北京：世界知识出版社，1998年版，第834—835页。

[3] 中华人民共和国外交部政策研究室编：《中国外交2000年版》，北京：世界知识出版社，2000年版，第748页。

(协定)。① 中外领事条约的缔结不仅有利于中国和有关国家在领事事务中的友好合作,而且有利于促进中国和有关国家政治、经贸、科技、教育、文化、旅游等方面关系的发展。中国同外国缔结的领事条约的签字仪式,往往配合高层领导人互访的重大外交活动进行,并作为重要领导人访问的一项成果。此外,缔结领事条约还可以为缔约双方处理解决有关问题提供法律依据,有时甚至能在解决双边关系中的难题上发挥积极作用。比如,中外领事条约一般都有保护本国侨民的条款,规定派遣国国民一旦被捕或拘禁,接受国主管当局应在规定限期内通知派遣国领事馆,以使派遣国侨民得到及时的保护。如有的国家未能认真履行这项条款,中国驻该国使领馆就可根据双边领事条约,及时向对方提出交涉,并要求以后不再发生类似情况。

三、中外增设领事机构

在中共十一届三中全会以前,中外互设领事机构十分有限。改革开放后,随着中外政治、经贸、科技、文化、旅游等来往剧增,建立和发展对外领事关系成为迫切需要。特别是在加入《维也纳领事关系公约》之后,有计划、有步骤地与有关国家进行设领谈判并开设领馆,成为中国积极发展对外领事关系的一项重要任务。领事馆作为外交代表机关(大使馆)的一个重要补充,在某些方面能发挥外交代表机关难以发挥的作用。领事馆的设立是双边领事关系建立与发展的重要标志与体现。②

1979年1月1日,中国同美国建交。在此之前,美国乒乓球队于1971年4月应邀访华,打开了中美两国人民友好往来的大门。1971年美国国务卿基辛格秘密访华,1972年尼克松总统访华并与中国签署

---

① 其中1个条约已失效,4个条约已终止,1个条约尚未生效。参见《中国与外国缔结领事条约(协定)一览表》,http://cs.mfa.gov.cn/zlbg/tyxy_660627/201402/t20140225_961624.shtml。

② 田增佩主编:《改革开放以来的中国外交》,北京:世界知识出版社,1993年版,第601—602页。

《中华人民共和国和美利坚合众国联合公报》，预示两国关系正常化的开始。1973年5月，中美两国分别在对方首都设立联络处，为建立外交和领事关系作准备。根据中美两国达成的协议，双方联络处可办理护照签证业务。但在处理具体领事事务时，还要依据实际情况灵活处理。1979年1月，中美双方签订《中华人民共和国政府和美利坚合众国政府关于互相建立领事关系和开设总领事馆的协议》，标志中美两国之间正式建立了领事关系。据此，美国在广州、上海设立总领事馆。中国在休斯敦和旧金山设立总领事馆。

此后，中外互设领事机构不断增加。截至2023年1月，中国在国外设立了91个总领事馆（其中1个暂时闭馆）、2个领事馆、2个领事办公室。外国在中国内地设立了224个总领事馆（其中12个未开馆，6个暂时闭馆）、5个领事馆（其中1个未开馆，1个暂时闭馆）、6个领事办公室（其中2个未开馆）。中国同6个国家达成协议，接受其派遣的名誉领事，实际上这些国家向中国派遣了5名名誉领事。外国在中国香港特别行政区设立了70个总领事馆，派遣了70名名誉领事；在中国澳门特别行政区设立了4个总领事馆，派遣了13名名誉领事。[①]

中国驻外领事馆大多设在外国的重要城市和经济、科技中心，以及华侨、华人的聚居地，这不仅有利于扩大中国的对外影响，而且领馆通过积极开展同领区内地方政府、社会各界的广泛联系和友好交往，促进有关国家和人民对中国的了解，有助于中外双边关系发展，尤其是中国同设领地区的经贸、文化、科技、教育等各方面关系的发展。此外，领馆也可以为促进外商来华投资、中外经济合作和智力引进等提供服务。

在国际关系中，设立领事机构一般是按照对等互惠原则进行的。但外国在中国内地设立的领事机构的数量大大超过了中国在国外设立的领事机构的数量。这表明中国政府在对待外国在华设领问题上，越

[①] 根据《中国与外国互设领事机构一览表》统计，参见中华人民共和国外交部政策规划司编：《中国外交2022年版》白皮书，北京：世界知识出版社，2023年版，第359—385页。

来越不拘泥于对等原则。进入 21 世纪以后，出现了一轮外国在华设领的高潮，各国比以往更加重视在华利益。中国从服务国内发展战略的角度出发，同意外国在华设领。外国在中国内地设领，不仅可以提高该地区的知名度，促进对外开放，也有利于中国引进外资、先进技术和人才，充分利用国内国际两个市场两种资源，参与国际经济技术合作和国际竞争。此外，外国在华设立的领事机构可以起到窗口和桥梁的作用，准备来华投资、旅游的外国人可以通过这个窗口尽可能多地了解中国、了解地方；外国驻华领馆也可以为其本国的有关企业和机构与想"走出去"的中国地方企业、人员牵线搭桥。

在接受名誉领事方面，中国的态度也较改革开放前有了很大的转变。中华人民共和国成立后，在相当长的时间内，中国只承认和实行职业领事制度，不派遣也不接受名誉领事，香港和澳门回归后，中国政府同意外国政府在香港和澳门保留名誉领事。后来也接受外国向北京、上海、广州等地派遣名誉领事。

以上这些在一定程度上表明，随着中国综合国力的不断强大，中国在对外交往方面变得越来越开放、越来越自信，中国外交越来越务实。

四、开展中外领事磋商

领事磋商指两国政府之间在中央领事机关（领事司）的级别上就两国领事关系中存在的问题举行定期或不定期会晤和商谈，目的在于交流情况、交换意见、寻求解决问题的办法，检查两国有关条约和协议执行情况，加强合作与交流，及时调整两国领事关系，为发展两国国家关系消除误会、清除障碍、疏通渠道。领事磋商是两国政府间协商解决涉及公民和法人实际利益问题的有效途径，为各国政府所重视。[1] 领

---

[1] 钱其琛主编：《世界外交大辞典》（上册），北京：世界知识出版社，2005 年版，第 1216 页。

事磋商也成为国家间对话机制的重要组成部分。①

中国实行改革开放后,中外关系不断发展,交往和人员往来迅速增多,随之产生的涉及领事事务的各类问题也越来越多。为了及时有效地解决双边领事关系中出现的各种问题,中国同一些国家建立了有效的领事磋商机制。领事磋商机制本着具体问题具体解决的工作思路,推动了中国同各国关系的发展。例如,1994年中俄建立领事磋商机制,至2012年,中俄双方共举行了16轮磋商。磋商议题主要包括保护本国公民合法权益、商签和执行领事条约和协定、相互增设领事机构及两国公民往来中存在的具体问题等。中俄双方围绕两国人员在交往过程中出现的具体问题,如在俄中国公民遭袭抢,赴俄中国公民入境受阻,在俄中国公民权益被侵害的案件破案率低,俄某些执法部门以检查为借口查抄中国商铺,中国公民申办俄签证手续烦琐、周期长,以及中国公民在俄被拘捕时俄方未及时通知中国驻俄使领馆等,保持密切沟通。双方还合作处理了一系列重大领事案件,如,2008年9月,俄多家执法部门联合突击检查莫斯科切尔基佐夫斯基市场并查抄华商价值20亿美元货物事件;2009年2月,中资货船"新星号"违法驶离俄港遭俄舰艇击沉,造成7名船员遇难事件等。中俄通过定期磋商,及时交流情况、解决问题,取得显著成果。双方在领事关系方面签订一系列条约和协定,互相在对方国家增设领事机构,有力地推动了中俄各领域交往与合作,促进了两国公民有序往来,为中俄全面战略协作伙伴关系的顺利发展作出了贡献。②

---

① 例如,2018年《中华人民共和国与菲律宾共和国联合声明》强调:"现有的中菲双边对话机制,包括中菲外交磋商、领事磋商、经贸合作联委会、年度防务安全对话、农业合作联委会、渔业合作联委会、科技合作联委会等,对增进了解、拓展合作、强化双方伙伴关系具有重要意义。"参见《中华人民共和国与菲律宾共和国联合声明》,载《人民日报》,2018年11月22日,第2版。

② 《中国领事工作》编写组编:《中国领事工作》(上册),北京:世界知识出版社,2014年版,第278页。

五、便利中外人员往来

简化中国公民出国签证手续、便利中外人员往来。以中美人员往来便利化为例,1981年1月,中美就简化两国机组人员和海员的签证问题达成谅解。随后,中美两国就简化签证手续进行多次谈判。1986年1月1日,中美关于简化部分人员签证手续协议生效。

20世纪90年代以后,随着中美经贸合作关系的深入发展,双方就进一步简化签证手续进行商谈。1993年5月14日,中美进一步简化签证手续协议生效。[1] 2001年,为商谈简化赴美签证手续、改善美驻华使领馆签证服务、解决申办签证的实际问题,中国外交部领事司首次与美驻华使领馆合作举办中美签证工作座谈会,这也是中方首次与外方就签证工作举办专门座谈会。[2] 2012年2月,上海领区中美签证工作座谈会在杭州召开。此次座谈会的主要内容是介绍、推广因私赴美签证快速预约项目,为上海领区的中国企事业单位和公民申办因私赴美签证搭建快捷平台。[3] 中美签证工作座谈会举办以后,尽管双方仍对某些问题存在不同看法,但在简化签证手续、解决相关签证问题、提高签证效率和质量等方面均有所提升。

为了便利中国公民"走出去"开展国际交流,中国外交部与多个国家举办签证问题座谈会。例如,2010年,中国外交部与加拿大、澳大利亚等八个国家驻华使馆举办签证座谈会,积极疏通签证渠道,解决中国公民出国签证难问题。[4] 2012年,中国外交部分别与美国、印度、哈萨克斯坦举行了签证事务专题会谈。[5]

---

[1] 《中国领事工作》编写组编:《中国领事工作》(上册),北京:世界知识出版社,2014年版,第239页。

[2] 同[1],第307页。

[3] 《因私赴美签证快速预约开通最短预约时间2天》,https://hzdaily.hangzhou.com.cn/dskb/html/2012-02/17/content_1221835.htm。

[4] 中华人民共和国外交部政策规划司编:《中国外交2011年版》白皮书,北京:世界知识出版社,2011年版,第349页。

[5] 中华人民共和国外交部政策规划司编:《中国外交2013年版》白皮书,北京:世界知识出版社,2013年版,第328页。

截至 2024 年 5 月 28 日，中国与 157 个国家达成了互免签证协定，包括与阿尔巴尼亚、阿联酋、安提瓜和巴布达、巴哈马、白俄罗斯、波黑、多米尼克、厄瓜多尔、斐济、格林纳达、格鲁吉亚、卡塔尔、马尔代夫、毛里求斯、塞尔维亚、塞舌尔、圣马力诺、苏里南、泰国、汤加、新加坡、亚美尼亚等 22 个国家就双方持普通护照入境达成免签协定。① 截至 2023 年 11 月，26 个国家和地区单方面允许中国公民免签入境，44 个国家和地区单方面允许中国公民办理落地签证，41 个国家和地区单方面允许中国公民免签过境。②

思考题

1. 根据清政府被迫签署的不平等条约，列强在中国享有的领事裁判权主要包括哪些内容？
2. 促使清政府在国外设立领事的因素有哪些？
3. 改革开放以来，中国领事关系的发展体现在哪些方面？

---

① 《中国与外国互免签证协定一览表》，http://cs.mfa.gov.cn/zggmcg/cgqz/qzxx_660462/202110/t20211029_10403855.shtml。
② 《持普通护照中国公民前往有关国家和地区入境便利待遇一览表》（2023 年 11 月更新），http://cs.mfa.gov.cn/zggmcg/cgqz/qzxx_660462/202110/t20211030_10404169.shtml。

第六章 中共十八大以来中国领事保护与服务的新发展

中共十八大以来，中国党和政府高度重视维护海外中国公民和机构的安全与正当权益，切实有效地将外交资源转化成更多的惠民成果，不断探索出一条具有中国特色的领事工作发展道路。

第一节 领事保护与服务工作指导理念的升华

"立党为公，执政为民"是21世纪中国党和政府开展各项工作的指导思想。在外交方面，领事保护工作因其为普通民众服务的性质而成为展现"外交为民"理念的最佳窗口，也是落实"执政为民""外交为民"指导思想的具体体现。中共十八大以来，坚持以人民为中心成为新时代中国领事工作的基本出发点。

一、"外交为民"理念的提出

2001年7月1日，江泽民在庆祝中国共产党成立80周年大会上的讲话中指出，"我们党要始终代表中国最广大人民的根本利益""必须坚持把人民的根本利益作为出发点和归宿""全心全意为人民服务，立党为公，执政为民"。自此，"立党为公，执政为民"成为21世纪中国党和政府开展各项工作的指导思想。

在此背景下，领事保护工作因其为普通民众服务的性质，成为落实"执政为民""外交为民"指导思想的具体体现。2004年6月10日，在阿富汗北部昆都士发生恐怖袭击事件，造成11名中国公民遇难。时任国家主席胡锦涛闻讯后表示："我们珍惜每一位同胞的生命，决不容许恐怖主义威胁中国公民的人身安全。"① 自2006年起，几乎每年的《政府工作报告》均提及"维护中国公民和法人在海外的合法权益"。

2004年年底，李肇星接受《人民日报》记者采访时表示："我们时刻把人民的利益放在心上，千方百计地维护中国公民和法人的合法权益。"② 2007年8月23日，在外交部领事保护中心的成立仪式上，杨洁篪表示，领事保护是外交工作落实以人为本、执政为民理念的具体体现，事关党和政府形象和执政能力建设。他要求外交部和驻外使领馆工作人员从以人为本、构建和谐社会的高度，本着对祖国和人民负责的态度，重视做好这项工作。③ 2009年年底，杨洁篪在接受《人民日报》记者年终专访时表示："外交部将坚持'以人为本'、'外交为民'。时刻把祖国人民的利益置于心中最高位置，切实维护海外中国公民和法人的合法权益。充实完善领事保护预防体制，加强我海外领事保护的能力和体制建设，研究制定保护我海外人员的长效措施。"④

---

① 《胡锦涛：决不容许恐怖主义威胁中国公民的人身安全》，https://zqb.cyol.com/content/2004-06/13/content_887530.htm。

② 《年终专访：李肇星纵论国际风云畅谈外交为民》，载《人民日报》，2004年12月15日，第7版。

③ 《外交部领事保护中心在北京正式成立杨洁篪讲话》，http://www.gov.cn/jrzg/2007-08/23/content_725761.htm。

④ 《亮点突出 成果显著——外交部部长杨洁篪谈2009年中国外交》，载《人民日报》，2009年12月14日，第3版。

二、中共十八大以来"外交为民"理念新发展与以人民为中心

自中共十八大以来,"外交为民"的理念有了新发展。随着"中国梦"的提出,"外交为民"理念被提升到新的高度,提出中国外交要为海外公民实现"中国梦"保驾护航;其内涵也得到极大的扩展,从领事保护延伸到为公民出国提供便利,以及最大限度地为海外公民的安全幸福生活创造条件。以人民为中心成为新时代领事外交工作的基本出发点。

(一)"外交为民"理念高度的提升

2012年11月,习近平总书记在国家博物馆参观《复兴之路》展览时,第一次阐释了"中国梦"的概念,表示:"每个人都有理想和追求,都有自己的梦想。现在,大家都在讨论中国梦,我以为,实现中华民族伟大复兴,就是中华民族近代以来最伟大的梦想。""我坚信,到中国共产党成立100年时全面建成小康社会的目标一定能实现,到新中国成立100年时建成富强民主文明和谐的社会主义现代化国家的目标一定能实现,中华民族伟大复兴的梦想一定能实现。"[1]

2013年6月,外交部长王毅在参加第二届世界和平论坛时发表演讲,指出,要从维护国家和人民利益,帮人民圆梦以及办好大国外交的角度来看待领事保护与服务工作,实现工作理念升级,让上亿人次出境中国公民享受到与世界第二大经济体地位相匹配的领事保护与服务,打造好外交工作新的"增长极",使中国外交既"顶天"、又"立地",更加深入民心……帮助他们实现自己的"中国梦"。只要每一个人的"中国梦"都能实现,汇聚起来就是我们国家和民族的圆梦之时。[2]

随着"外交为民"理念的深入发展,党和政府已确立"从维护国

---

[1] 《习近平总书记深情阐述"中国梦"》,载《人民日报》,2012年11月30日,第1版。
[2] 王毅:《探索中国特色大国外交之路》,载《人民论坛》,2013年第22期,第11页。

家和人民利益、帮人民圆梦以及办好大国外交的角度来看待领事保护与服务工作",“外交为民"与"中国梦"的联系展现了中国领导人看待国家利益与公民个人利益结合的新视角,将"外交为民"理念提升到一个新高度。

(二)"外交为民"理念内涵的扩展

自21世纪初"外交为民"的理念出现,其内涵一般仅限于领事保护。但2013年年底以后,伴随着"提高中国护照含金量""海外民生工程建设""海外中国平安体系"的提法,"外交为民"的内涵变得越来越宽泛,除领事保护外,还包括推进中国公民出国便利化,以及最大限度地为海外公民的安全幸福生活创造条件。

王毅在讲话中具体地列出了"外交为民"的工作内容。2013年3月,王毅指出,领事保护与服务是在以具体行动体现中国共产党以人为本的执政理念,是外交部遍及世界的"民生工程"。[1] 他表示,外交部"将坚持以人为本、外交为民的理念,切实维护好中国公民的海外合法权益……为中国游客提供更安全的旅途,为中国留学生争取更好的教育,为中国商人营造更友善的兴业环境,为中国侨胞带去更温暖的问候,为中国商品寻找更广阔的市场,为中国在海外的劳动者创造更好的条件……"[2]。

时任国务院总理李克强的一番讲话大大扩展了"外交为民"的内涵。2014年5月,李克强在安哥拉首都罗安达召开海外民生工程座谈会,听取在安中资企业和中国公民关于做好海外民生工作的意见建议。他表示,随着中国对外开放不断扩大,中国企业和公民走出去与日俱增,合法权益乃至人身安全问题越来越突出。民生是头等大事,切实维护我国企业和公民在海外的合法权益,既是扩大开放的必然要求,

---

[1] 《王毅:外交要接地气、懂民情、惠民生——外交部长王毅考察领事保护中心侧记》,https://news.12371.cn/2013/03/22/ARTI1363939317788760348.shtml。

[2] 王毅:《探索中国特色大国外交之路》,载《人民论坛》,2013年第22期,第11页。

也是党和政府应尽的责任。党中央、国务院高度重视海外民生工程能力建设。要加大对领事保护工作的投入，加强海外领事保护力量，尽快建成全球领事保护应急呼叫中心，使同胞们不管走到哪里，领事保护服务就跟到哪里。大家平安是我们最大心愿。中国政府将加强与海外企业和公民所在国关系，努力为大家在海外安全幸福地生活创造条件。①

（三）以人民为中心是新时代领事外交工作的基本出发点

中共十八大以来，习近平总书记反复强调"人民对美好生活的向往，就是我们的奋斗目标"②，形成了以人民为中心的发展思想。早在 2013 年 8 月，习近平总书记在全国宣传思想工作会议上就提出"要树立以人民为中心的工作导向"③。

领事保护是外交工作践行以人民为中心理念的具体体现。坚持以人民为中心，要求把增进人民福祉、促进人的全面发展、朝着共同富裕方向稳步前进作为经济社会发展的出发点和落脚点。④ 外交部提出，以人民为中心是新时代领事外交工作的基本出发点，领事保护事关人民群众切身利益，事关千万家庭的福祉安康，国人脚步走到哪里，领事保护就跟到哪里。外交部将推出更多护民、便民、惠民措施，进一步提升领事服务质量。⑤

习近平总书记指出："要坚持以人民为中心的发展思想，扎实办好

---

① 《李克强在安哥拉召开海外民生座谈会时强调 更加注重海外民生工程建设 维护海外企业公民合法权益》，载《人民日报》，2014 年 5 月 10 日，第 2 版。
② 《习近平：人民对美好生活的向往就是我们的奋斗目标》，http://cpc.people.com.cn/18/n/2012/1116/c350821-19596022.html。
③ 郭广银：《全面把握以人民为中心的发展思想》，http://theory.people.com.cn/n1/2018/0402/c40531-29901740.html。
④ 《深刻领会坚持以人民为中心（深入学习贯彻习近平新时代中国特色社会主义思想）》，载《人民日报》，2019 年 10 月 30 日，第 9 版。
⑤ 《中国外交部副部长罗照辉：国人脚步走到哪里，领事保护就跟到哪里》，http://www.chinanews.com/gn/2019/08-09/8922219.shtml。

民生实事。"① 党的十八大以来，海外中国公民和机构越来越多，利益需求日益多元，外交部坚持"以人民为中心"的发展思想，以人民需求为导向，不断创新领事工作模式，拓展工作思路、破解工作难题。把"人民群众满意不满意、高兴不高兴、答应不答应"作为衡量工作成效的根本标准和要求，不断改进服务、提升水平，努力打造海外民生工程，大力落实"放管服"改革，采取了一系列措施推动领事服务"提质增效"。② 以人民为中心还体现在倾听广大民众对领事服务的意见，根据民众需求不断改进服务。例如，为有针对性地改进和完善"领事直通车"微信公众号，外交部领事司于2014年6月4日在中国领事服务网发布了《外交部领事司官方微信"领事直通车"用户需求调查问卷》。领事司根据问卷收集到的信息，梳理出大家对"领事直通车"的关切点和可行性建议，依此改进信息发布工作。③

第二节　领事保护机制建设的新发展

中共十八大以来，中国领事保护机制建设取得了新发展，形成了一套具有中国特色的领事保护工作体系。

一、注重领事保护法律体系建构

领事保护的主要法律依据源于国际法和国内法两部分。国际法部分又分为国际公约和多边、双边领事条约。中国领事保护的法律依据是公认的国际法原则、有关国际公约、双边条约或协定，以及中国和驻在国的有关法律。在国内法部分，《中华人民共和国宪法》包含了关

---

① 《"稳"！"保"！习近平说：兜住民生底线》，http://cpc.people.com.cn/n1/2020/0604/c164113-31735403.html。

② 《中国领事》编写组编著：《中国领事》（创新编），北京：世界知识出版社，2021年版，第1—3页。

③ 《外交部领事司官方微信"领事直通车"用户需求调查问卷》，http://cs.mfa.gov.cn/wjdc/lsztcdcwj/。

于海外公民权益保障的条款；《中华人民共和国驻外外交人员法》等有关法律规定了驻外外交机构的有关职责；另有法条散见于《中华人民共和国国家安全法》《中华人民共和国旅游法》等。①

2018年3月8日，王毅在两会记者会上表示，外交部坚持以人民为中心，持续打造由法律支撑、机制建设、风险评估、安全预警、预防宣传和应急处置六大支柱构成的海外中国平安体系。② 其中，法律支撑被排在首位。同年3月26日，《中华人民共和国领事保护与协助工作条例（草案）》（征求意见稿）（以下简称《征求意见稿》）正式公布，广泛征询社会各界的意见和建议。《征求意见稿》分总则、领事保护与协助案件处置、预防性措施与机制、法律责任和附则五章共三十八条。主要内容包括，领事保护与协助的职责概述与履责原则，中国公民、法人和非法人组织的基本权利义务，不同情形下的领事保护与协助职责，预防性领事保护有关措施与机制等。2023年7月9日，《中华人民共和国领事保护与协助条例》颁布。这是当代中国第一部关于领事保护与协助工作的专门立法，将中国领事保护与协助工作多年摸索的宝贵经验上升到法律层面，体现了中国领事保护与协助制度的重大创新。

二、完善领事保护预防宣传

"以预防为主，预防与处置并重"是中国领事保护工作的指导原则。中共十八大以来，海外安全提醒信息的发布更为细致，公众获取信息和求助的方式更为便捷，领事保护预防措施的针对性更强。

外交部实现海外安全分级提醒。2000年12月8日，外交部官网发布第一条海外安全提醒信息，直至2015年海外安全提醒信息并无分

---

① 张斐晔：《领事保护立法任重道远：在你身后，有一个强大的祖国》，载《光明日报》，2017年10月9日，第12版。
② 《王毅在十三届全国人大一次会议举行的记者会上就中国外交政策和对外关系答中外记者问》，载《人民日报》，2018年3月9日，第6版。

级。2016年起,外交部将海外安全提醒明确分级,分为"注意安全""谨慎前往"和"暂勿前往"三个等级,便于公众对旅行目的地的安全程度作出判断。

利用信息技术手段,打造指尖上的海外安全服务平台,便于公众获取相关信息。2014年,外交部开通"领事直通车"官方微信,发布海外安全提醒和领事服务类信息。同年,中国领事服务网全新改版上线,增加了"出国及海外中国公民自愿登记"功能,凡是登记的公民会收到有关海外安全风险提醒的邮件。领事保护热线及相关服务不断升级。2014年,"外交部全球领事保护与服务应急呼叫中心"12308热线正式开通;2017年,推出12308微信版;2018年,推出12308手机应用版,在全球任意地点、任何时间,用户均可依托Wi-Fi或移动互联网拨打12308热线,无需另行支付国际通话费,实现了领事保护咨询和求助渠道全覆盖。

各驻外使领馆根据当地安全问题特点有针对性地开展预防工作。第一,不再只是一律颁发外交部编写的《中国境外领事保护与服务指南》,而是根据当地安全形势具体情况和中国公民易遭遇的安全问题,编制具有地方特点的领保宣传资料,如《中国公民在柬埔寨安全知识手册》《日本人中国籍配偶在日生活小指南》《哥斯达黎加安全指南》《安全文明菲律宾行》等。第二,针对当地安全形势和主要服务群体的特点,有针对性采取预防措施。在一些安全形势不太稳定的国家,定期为当地中资企业举行安全形势通报会;在中国游客频频光顾的旅游热点地区,不定期会同当地政府主管部门检查当地旅游设施的安全,实地考察旅游设施的安全状况,发现问题以后,及时推动当地相关部门出面解决;在交通枢纽地区,重视与机场和出入境部门沟通,减少中国公民出入境受阻情况的发生。

各级地方政府也积极开展领事保护预防宣传活动。例如,北京市人民政府外事办公室自2017年起,每年在外交部领事司的指导下,联合首都精神文明建设委员会办公室、北京市文化和旅游局、北京市人民政府侨务办公室、共青团北京市委员会等共同主办"祖国在你身后"领事保护情景剧大赛，旨在通过艺术性和亲和力兼备的情景剧作品，增进大家对领事保护工作的了解，提高海外风险防范意识与能力。[1] 安徽省阜南县为顺应县企业、人员赴境外增多的新趋势，普及海外领事保护和境外安全防范知识，增强阜南县"走出去"企业和人员的自我保护和应急处置能力，于2023年3月开展"海外安全 领保护航"活动。在宣传活动现场，县外办工作人员指导群众扫码关注政务微信、政务抖音、政务微博、"领事直通车"，宣传"外交部全球领事保护与服务应急呼叫中心"12308热线电话，讲解有效防范海外各类新型诈骗手法等相关知识。[2]

三、强化领事保护应急协调

随着领事保护参与方不断增加，各方之间的统筹协调显得尤为重要。外交部、各级地方外办和中国驻外使领馆在其中发挥了枢纽作用，以它们为中心而建立的各种统筹协调机制将各参与方联结起来，构建了一张从中央到地方、从国内到国外的巨大的领事保护工作网络。

国内各层级的协调机制逐步完善。在中央层面，部际联席会议机制框架下建立针对某一类型领事保护案件的专项机制，例如，2013年，针对在非洲的中国个体从业人员违规经营导致自身权益受损日趋严重的问题，建立中国在非洲个体从业人员问题部际协调会机制；针对中国公民在非洲非法采金问题，建立"中国公民在非洲非法采金问题部际协调会机制"。[3] 为满足网络媒体时代公众对重大领事保护案件的信息获知需求，外交部建立了与各大媒体的公共外交联动机制，对

---

[1] 《2023年"祖国在你身后"领事保护情景剧大赛正式启动》，https://wb.beijing.gov.cn/home/ztzl/ztjy/xxjz_2023/202305/t20230513_3102827.html。

[2] 《阜南县开展海外领事保护宣传活动》，https://www.funan.gov.cn/content/detail/6413b900886688d3518b4567.html。

[3] 《中国领事工作》编写组：《中国领事工作》（上册），北京：世界知识出版社，2014年版，第334—335页。

第六章　中共十八大以来中国领事保护与服务的新发展

涉及中国公民的重大突发安全事件,及时发布权威信息,理性引导公共舆论。各级地方政府纷纷成立和完善领事保护统筹协调机制。[①]

国外领事保护协调的新发展主要体现为扩大驻外领事机构网络覆盖范围;各驻外使领馆与驻在国政府部门建立固定的领事保护沟通机制,并通过邀请华侨代表和中资企业代表担任领事保护志愿者来建立与当地华侨团体和中资企业的联系网。

增设领事代表机构。从中共十八大召开至2023年年初,中国在国外新增领事机构21个(包括19个总领事馆[②]和2个领事办公室),升格领事机构2个(分别从领事馆和领事办公室升为总领事馆)。[③] 新增领事机构占所有中国驻外领事机构(未开馆和暂时闭馆的除外)总数(共95个)的约22%。这意味着,现有的每五个中国驻外领事机构中,就有一个是中共十八大以后设立的。

为提高领事保护工作效率,做到关键时刻"找得到人、说得上话、办得成事",中国驻外使领馆与驻在国相关政府部门建立固定的领事保护沟通协调机制,甚至推动当地政府部门设置专门的保护中国公民的机构。例如,2015年,驻刚果(金)使馆与刚果(金)外交部建立了有关在刚中国公民和企业安全的联席会议机制。2016年,中国驻津巴布韦使馆与津内政部共同搭建警民年度交流机制,目的是架设旅津华侨华人与津相关执法部门的互动交流平台,为旅津华侨华人营造更为有利的生存发展环境。2016年,中国驻巴基斯坦拉合尔总领事馆与旁遮普省政府安防联络机制成立。双方定期召开工作组会议,就保护该省中资机构和人员安全所遇到的实际问题进行沟通协商。在总领事馆的推动下,旁遮普省内政部专门成立了中国人安全工作办公室,省安全

[①] 夏莉萍:《中国地方政府参与领事保护探析》,载《外交评论》,2017年第4期,第59—84页。

[②] 19个总领事馆中的2个总领事馆,即中国驻土耳其伊兹密尔总领事馆、驻吉尔吉斯斯坦奥什市总领事馆,分别于2019年2月28日和2019年8月28日起暂时闭馆。

[③] 中华人民共和国外交部政策规划司编:《中国外交2022年版》白皮书,北京:世界知识出版社,2023年版,第359—370页。

内阁每周召开例会研究部署有关中国人的安保工作。2017年，驻哥斯达黎加使馆与哥公安部合作，建立由使馆、哥公安部、使馆领事保护联络员和志愿者共同组成的"中哥警侨联络体系"。中国驻泰国使馆就中国游客安全保护与泰政府部门建立对口磋商机制。

经过一段时间试行之后，自2015年起，外交部正式推出领事保护联络员制度。使馆聘请海外华侨华人和中资企业代表担任领事保护联络员。联络员们密切关注驻在国政治生态、舆情和侨情的动态变化，及时就涉及中国公民安全和利益的事项与中国使领馆沟通，并协助使领馆做好突发事件处置和预防性领事保护工作。驻外使领馆则定期召开领事保护联络员座谈会和培训会，并为作出突出贡献者颁奖。自2016年起，外交部将领事保护联络员改称为领事协助志愿者。至2020年1月，志愿者总数已有近千人，在领事保护中发挥着积极作用。[①]

在境内外联动方面，中国驻外使领馆除外交部派出人员外，使馆的教育处、经参处、文化处、武官处的官员们分别来自教育部、商务部、文化旅游部、中国人民解放军总参谋部等部门。公安部向部分驻外使馆派驻警务联络官。这些外派人员与各自的派出部门之间有着密切的工作联系。一些地方外办还依托海外华侨和本地区海外企业建立领事保护联络员（处）和代表处，内外联动，协助处理领事保护事务。目前已形成了"前方及时研判并提出建议、外交部牵头分析决策、各地方和各部门分工协作"的重大突发案件处置机制。

第三节　领事服务惠民新举措

中共十八大以来，在以人民为中心的发展思想的指导下，中国外交部采取了系列领事服务惠民新举措。

---

① 《领事工作国内媒体吹风会现场实录》，http://cs.mfa.gov.cn/gyls/lsgz/ztzl/2020lsgzgnmtcfh/202101/t20210113_932367.shtml。

一、实行领事证件电子化

全面发行电子护照。2013年12月12日,中国驻法国大使馆在巴黎成功受理并签发第一本海外电子护照。与传统护照相比,电子护照增加了存储申请人指纹及签名等数字化个人资料的智能芯片,提高了护照防伪和安全性能,对便利中国公民国际旅行具有重要意义。至2014年年底,普通电子护照业务已在中国各驻外使领馆全面展开。[1]

推进实施生物识别签证。生物识别签证技术是指在颁发签证或出入境边防检查过程中采集和存储签证申请人生物特征信息数据,以进行有效比对并准确鉴别其真实身份的一种手段。2011年3月,国务院正式批准实施生物识别签证。2014年11月,外交部启动生物识别签证立项,集中人力物力完成"中国领事"系统生物特征采集、管理功能升级,以及生物特征安全存储比对系统、生物识别签证数据中心、外国人来华签证在线填表预约系统等生物识别签证项目核心系统的开发和建设工作。2016年11月,外交部、公安部正式启动在中国驻外使领馆和出入境口岸实施生物识别签证的工作。2017年9月14日,中国驻尼日利亚使馆签发全球首张中国生物识别签证贴纸。[2]

提升国内领事认证防伪功能。2017年7月21日,全国开办领事认证自办业务的地方外办统一启用领事认证电子签名和防伪二维码,国内领事认证的防伪功能进一步增强。[3]

二、提供领事证件线上预约和办理服务

提供领事认证、护照等在线预约办理服务。2014年7月1日,领事认证综合管理系统中的业务子系统和电话语音咨询系统上线,实现

---

[1] 《与时代同行——新中国领事工作的"第一次"》,http://cs.mfa.gov.cn/gyls/lsgz/ztzl/xzglsgzlc/201910/t20191001_932360.shtml。

[2] 《中国领事》编写组编著:《中国领事》(创新编),北京:世界知识出版社,2021年版,第45—46页。

[3] 同[1]。

了与浙江省等地方外办联网，联网的地方外办能够通过查询功能即时跟踪每一份领事认证的办理进度，申请人也可根据自己的认证号通过24小时电脑查询系统了解认证办理情况，还可以提前在网上填表，节约办证时间。① 2015年，外交部领事司打造"电子领事"平台，启用APEC商务旅行卡网上申请与审批系统，实现海外签发电子护照全球覆盖。② 2016年，驻外使领馆全面实施海外申请护照在线预约。海外申请护照可通过中国领事服务网的预约链接或者12308手机客户端，实现在线预约办理。③ 2019年，外交部12308手机客户端开通了掌上"服务大厅"，新增办理护照预约和进度查询、国内领事认证信息查询等功能。④

实现婚姻登记线上预约预审。在中国领事服务网上线"驻外使领馆婚姻登记预约程序"，并在驻泰国、德国、新加坡、埃及、厄瓜多尔等十个使领馆陆续实现婚姻登记预约预审。⑤

提供远程视频公证服务。海外远程视频公证是外交部会同司法部，指导驻外使领馆和国内公证机构合作开展的领事为民、公证惠民新举措。自2022年5月在部分国家试点实施，满足了居住海外的中国公民办理涉及人身关系和重大财产权益的公证需求。在此基础上，经商司法部同意，外交部决定自2022年6月1日起在驻外使领馆全面推出海外远程视频公证服务，并与司法部确定的近300家国内公证机构合作开展。⑥

---

① 《时刻牵挂同胞安危冷暖 外交部编织全天候海外安全网》，载《人民日报》，2015年5月7日，第2版。
② 《"中国领事保护与服务：盘点2015，期冀2016"——外交部举行领事工作国内媒体吹风会》，https://www.fmprc.gov.cn/wjb_673085/zzjg_673183/lss_674689/xgxw_674691/201602/t20160203_7678208.shtml。
③ 《与时代同行——新中国领事工作的"第一次"》，http://cs.mfa.gov.cn/gyls/lsgz/ztzl/xzglsgzlc/201910/t20191001_932360.shtml。
④ 《外交部推出多项便民举措（领事服务）》，载《人民日报海外版》，2020年2月1日，第5版。
⑤ 同④。
⑥ 《外交部关于在驻外使领馆全面实施海外远程视频公证的通知》，http://switzerlandemb.fmprc.gov.cn/web/wjb_673085/zzjg_673183/lss_674689/xgxw_674691/202305/t20230531_11086479.shtml。

开通电子支付渠道。驻外使领馆开通办证费用电子支付渠道。截至2019年年底,在52个驻外使领馆开通了移动支付,使同胞们可通过微信、支付宝等方式快速支付办理领事证件的费用。①

推出线上综合领事服务平台。自2021年起,外交部推出"中国领事"APP,让海外同胞一键直达驻外使领馆,实现"掌上办""零跑腿""全天候"在线办理海外中国公民的旅行证件和领保服务。②"中国领事"APP具有申办护照和旅行证、认证领取养老金资格、查验领事认证功能,并可提供领事实用资讯查询、在线翻译、拨打12308热线等服务。

三、简化办证手续

简化关于办证辅助材料的要求。2016年,外交部明确要求各驻外使领馆认真梳理本馆业务流程及办照规定,超出规定范围的材料一律取消,特殊情况下要求申请人提供的辅助材料不超过三种,且必须可操作。依托中国领事服务网,整理并公布驻外使领馆办理相关证件的业务须知和所需材料,便利申请人查阅,主动接受社会监督。2019年,外交部要求各驻外使领馆进一步简化办证材料,放宽对申请人的外国居留证件要求,不再要求申请人提供第三方机构出具的国籍状况证明和居留状况证明。③

简化补交材料方式。2018年,外交部要求驻外使领馆实现海外中国公民申办证件"只跑一次"。④办理护照、旅行证和公证手续须由申请人本人到驻外使领馆"见面一次",对因故缺失个别材料的申请人,

---

① 《外交部推出多项便民举措(领事服务)》,载《人民日报海外版》,2020年2月1日,第5版。
② 《王毅在十三届全国人大四次会议举行的视频记者会上就中国外交政策和对外关系回答中外记者提问》,载《人民日报》,2021年3月8日,第13版。
③ 《领事工作国内媒体吹风会现场实录》,http://cs.mfa.gov.cn/gyls/lsgz/ztzl/2020lsgzgnmtcfh/202101/t20210113_932367.shtml。
④ 《王毅在十三届全国人大二次会议举行的记者会上就中国外交政策和对外关系答中外记者问》,载《人民日报》,2019年3月9日,第5版。

使领馆将先行受理相关申请，并请申请人选择通过电子邮件、传真、邮寄或者委托他人等方式补交所缺材料，避免来回奔波。

简化领事认证办理手续。2023年3月8日，中国加入《取消外国公文书认证要求的公约》。11月7日，该公约在中国生效实施，中国自该日起签发附加证明书，加贴附加证明书的文书可在该公约各缔约国间通行使用，无需办理领事认证手续。①

优化APEC商务旅行卡申办流程。外交部指导各地方外办合理确定APEC商务旅行卡申办流程，取消对申请人职务、年龄、户籍、入职年限等限定和要求。同时建立企业备案制度，对申办企业实行"先建档、后申请"和"一次建档、长期有效、定期复审"做法，让更多民众享受到APEC商务旅行卡带来的便利。②

四、取消办证限制性条件

不再要求未成年人办理护照时其父母双方必须到场。2019年，外交部要求各驻外使领馆在办理未成年人护照、旅行证业务时，不再要求父母双方到场，而只要求未成年人父母一方到场同意即可。

不再把在国外停留满180天作为补发护照的限制性条件。自2020年2月1日起，取消对海外中国公民护照遗失、被盗或损毁后申请补发护照的限制条件。在国外发生护照遗失、被盗或损毁的中国公民，只要时间允许能等待新护照的制作和邮寄，驻外使领馆可以应其要求为其补发护照。以往，短期出国，也就是在国外停留不超过180天的中国公民，在国外发生护照遗失、被盗或损毁等情况，驻外使领馆一般为其回国颁发旅行证而非护照。

在办证地点选择方面也更加灵活。接受申请人在居住国内跨领区申办护照，让海外同胞可以结合出差、旅行等个人计划，在办证地点

---

① 《领事认证简介》，http://cs.mfa.gov.cn/zggmcg/lsrz/lsrzjj_660494/。
② 《外交部推出多项便民举措(领事服务)》，载《人民日报海外版》，2020年2月1日，第5版。

上有更多的选择。自2020年2月1日起,实现护照"全球通办",海外中国公民可向中国任何驻外使领馆申请护照换补发。①

取消对申请APEC商务旅行卡企业的一些要求。为鼓励小微初创企业成长,外交部取消对企业注册资本和负债率的要求,开始实施企业告知承诺制度。凡是能通过相关信用信息平台获取并核验有关情况的,不再要求企业提供相关证明材料,切实降低了企业办卡门槛和成本。②

五、大幅降低办证费用

降低护照和旅行证件申请费用。根据国家发展改革委、财政部《关于降低部分行政事业性收费标准的通知》(发改价格〔2019〕914号)精神,自2019年7月1日起,中国驻外使领馆同步降低普通护照、旅行证收费标准,普通护照、旅行证由每本160元降为每本120元。③ 以中国驻纽约总领事馆为例,自2019年7月1日起,驻纽约总领事馆再次降低普通护照、旅行证收费标准,由每本25美元降为每本18美元。④ 中国驻爱尔兰大使馆降低普通护照、旅行证收费标准,普通护照、旅行证由每本20欧元降为每本16欧元。⑤

降低中国公民办理领事认证费用。自2018年3月9日起,中国所有驻外使领馆大幅降低中国公民办理领事认证的费用。中国公民办理民事类和商事类领事认证的费用分别从每份150元和300元调低至50元和100元。如中国与相关国家有更优惠的认证费用对等安排,在收

---

① 《外交部推出多项便民举措(领事服务)》,载《人民日报海外版》,2020年2月1日,第5版。

② 同①。

③ 《普通护照、旅行证收费标准降低》,https://www.gov.cn/fuwu/2019-07-02/content_5405235.htm。

④ 《中国驻外使领馆降低普通护照、旅行证收费标准》,http://us.china-embassy.gov.cn/zclm2013/lszj/zytz/201907/t20190702_5097991.htm。

⑤ 《关于降低普通护照、旅行证收费标准的通知》,http://ie.china-embassy.gov.cn/lsfw/201907/t20190701_2267304.htm。

费方面还将就低不就高。实行新收费标准后，中国驻外使领馆对中国公民领事认证收费标准在全球处于很低水平。自2018年11月1日起，海外中国公民办理一式多份公证书的费用进行调整。一式多份公证书是指申请人同一次申请办理的内容完全相同的两份及两份以上公证书，其中一份为正本，其余均为副本。以中国驻纽约总领事馆为例，办理一式多份公证书的收费标准由此前每份（包括正本及副本）收取25美元调整为正本收取22美元，副本每份收取7美元。加急办理的一式多份公证书由此前每份均收取加急费调整为只按一份收取加急费。[1]

六、提升领事证件窗口服务质量

外交部出台进一步提高驻外使领馆领事证件窗口服务质量的规定，要求各馆践行群众路线，提升为民服务水平。

打造为民服务暖心工程，减少申请人在窗口等待时间。2014年，外交部打造领事认证为民服务"暖心工程"，在认证大厅推出便民服务，包括启用排队叫号系统，增添办证规定自助查询机、提款机、流程引导牌、填表台、咨询台，增加下午对外开放时间，开设绿色通道等。[2] 为方便海外中国公民申请办理护照手续，外交部领事司经过技术研发，于2013年在中国驻外使领馆开通电子护照网上预约系统。2016年以来，为妥善应对海外护照签发高峰，避免申请人在办证窗口长时间排队等待，外交部领事司综合运用科技手段，全面有序开展海外申请护照在线预约。2018年，驻外使领馆全面启动海外申请护照预约系统移动设备版，并在预约系统中增设了"护照办理进度查询"等20余项新功能，便于申请人即时在线跟进护照办理进度。自2022年1月29日起，"海外申请护照在线预约系统"停止使用，相关业务通过"中

---

[1] 《关于调整领事证件费用的通知》，http://newyork.china-consulate.gov.cn/tzgg/201811/t20181101_5542871.htm。

[2] 《"数说2014"（五）信息化建设与便民措施》，http://cs.mfa.gov.cn/gyls/lsgz/ztzl/ss2014/201503/t20150318_932673.shtml。

国领事"APP申请办理。

建立领事认证应急服务"绿色通道"。为积极响应共建"一带一路"倡议，助力中国企业顺利拓展海外市场，外交部领事司于2019年在认证大厅开设了应急服务"绿色通道"，为中国企业海外招投标等重大项目及其他紧急或人道主义需求特事特办、急事急办。[1]

建立驻外使领馆领事证件业务咨询电话抽查工作机制。外交部领事司成立电话抽查专项工作小组，以模拟申请人电话咨询的方式，在驻外使领馆公布的咨询时段拨打其对外证件咨询电话，从设置是否合理、接听是否及时、回答是否到位、态度是否生硬等方面，对接听咨询电话的服务情况进行量化测评，考察驻外使领馆的政策执行情况、服务态度及业务水平，督促其提高窗口服务质量。

驻外使领馆根据公众反馈意见改进服务。自2018年11月20日起，在"海外护照在线预约系统"中正式上线并开通"领事服务评价"功能。申请人可对中国驻外使领馆的领事窗口服务、业务办理、办证环境等几方面进行领事服务在线评价。驻外使领馆根据评价意见改进领事服务，提升服务质量。

思考题

1. 中共十八大以来，中国领事保护机制建设的新发展都体现在哪些方面？

2. 中共十八大以来，中国领事服务的惠民新举措主要包括哪些内容？

---

[1] 《外交部推出多项便民举措（领事服务）》，载《人民日报海外版》，2020年2月1日，第5版。

附录1 维也纳领事关系公约

维也纳领事关系公约[①]

本公约各当事国,查各国人民自古即已建立领事关系,察及联合国宪章关于各国主权平等、维持国际和平与安全以及促进国际间友好关系之宗旨及原则,鉴于联合国外交往来及豁免会议曾通过维也纳外交关系公约,该公约业自一九六一年四月十八日起听由各国签署,深信一项关于领事关系、特权及豁免之国际公约亦能有助于各国间友好关系之发展,不论各国宪政及社会制度之差异如何,认为此等特权及豁免之目的不在于给与个人以利益而在于确保领馆能代表本国有效执行职务,确认凡未经本公约明文规定之事项应继续适用国际习惯法之规例,爰议定条款如下:

第一条 定义

一、就本公约之适用而言,下列名称应具意义如次:

(一)称"领馆"者,谓任何总领事馆、领事馆、副领事馆或领事代理处;

[①] 该公约于1963年4月24日通过,1967年3月19日生效。公约全文参见联合国官网,https://www.un.org/zh/documents/treaty/ILC-1963。

（二）称"领馆辖区"者，谓为领馆执行职务而设定之区域；

（三）称"领馆馆长"者，谓奉派任此职位之人员；

（四）称"领事官员"者，谓派任此职承办领事职务之任何人员，包括领馆馆长在内；

（五）称"领馆雇员"者，谓受雇担任领馆行政或技术事务之任何人员；

（六）称"服务人员"者，谓受雇担任领馆杂务之任何人员；

（七）称"领馆人员"者，谓领事官员、领馆雇员及服务人员；

（八）称"领馆馆员"者，谓除馆长以外之领事官员、领馆雇员及服务人员；

（九）称"私人服务人员"者，谓受雇专为领馆人员私人服务之人员；

（十）称"领馆馆舍"者，谓专供领馆使用之建筑物或建筑物之各部分，以及其所附属之土地，至所有权谁属，则在所不问；

（十一）称"领馆档案"者，谓领馆之一切文书、文件、函电、簿籍、胶片、胶带及登记册，以及明密电码、记录卡片及供保护或保管此等文卷之用之任何器具。

二、领事官员分为两类，即职业领事官员与名誉领事官员。本公约第二章之规定对以职业领事官员为馆长之领馆适用之；第三章之规定对以名誉领事官员为馆长之领馆适用之。

三、领馆人员为接受国国民或永久居民者，其特殊地位依本公约第七十一条定之。

第一章　一般领事关系

第一节　领事关系之建立及处理

第二条　领事关系之建立

一、国与国间领事关系之建立，以协议为之。

二、除另有声明外，两国同意建立外交关系亦即谓同意建立领事关系。

三、断绝外交关系并不当然断绝领事关系。

第三条　领事职务之行使

领事职务由领馆行使之。此项职务亦得由使馆依照本公约之规定行使之。

第四条　领馆之设立

一、领馆须经接受国同意始得在该国境内设立。

二、领馆之设立地点、领馆类别及其辖区由派遣国定之，惟须经接受国同意。

三、领馆之设立地点、领馆类别及其辖区确定后，派遣国须经接受国同意始得变更之。

四、总领事馆或领事馆如欲在本身所在地以外之地点设立副领事馆或领事代理处亦须经接受国同意。

五、在原设领馆所在地以外开设办事处作为该领馆之一部分，亦须事先征得接受国之明示同意。

第五条　领事职务

领事职务包括：

（一）于国际法许可之限度内，在接受国内保护派遣国及其国民——个人与法人——之利益；

（二）依本公约之规定，增进派遣国与接受国间之商业、经济、文化及科学关系之发展，并在其他方面促进两国间之友好关系；

（三）以一切合法手段调查接受国内商业、经济、文化及科学活动之状况及发展情形，向派遣国政府具报，并向关心人士提供资料；

（四）向派遣国国民发给护照及旅行证件，并向拟赴派遣国旅行人士发给签证或其他适当文件；

（五）帮助及协助派遣国国民——个人与法人；

（六）担任公证人，民事登记员及类似之职司，并办理若干行政性质之事务，但以接受国法律规章无禁止之规定为限；

（七）依接受国法律规章在接受国境内之死亡继承事件中，保护派遣国国民——个人与法人——之利益；

（八）在接受国法律规章所规定之限度内，保护为派遣国国民之未成年人及其他无充分行为能力人之利益，尤以须对彼等施以监护或托管之情形为然；

（九）以不抵触接受国内施行之办法与程序为限，遇派遣国国民因不在当地或由于其他原因不能于适当期间自行辩护其权利与利益时，在接受国法院及其他机关之前担任其代表或为其安排适当之代表，俾依照接受国法律规章取得保全此等国民之权利与利益之临时措施；

（十）依现行国际协定之规定或于无此种国际协定时，以符合接受国法律规章之任何其他方式，转送司法书状与司法以外文件或执行嘱托调查书或代派遣国法院调查证据之委托书；

（十一）对具有派遣国国籍之船舶，在该国登记之航空机以及其航行人员，行使派遣国法律规章所规定之监督及检查权；

（十二）对本条第（十一）款所称之船舶与航空机及其航行人员给予协助，听取关于船舶航程之陈述，查验船舶文书并加盖印章，于不妨害接受国当局权力之情形下调查航行期间发生之任何事故及在派遣国法律规章许可范围内调解船长船员与水手间之任何争端；

（十三）执行派遣国责成领馆办理而不为接受国法律规章所禁止、或不为接受国所反对、或派遣国与接受国间现行国际协定所订明之其他职务。

第六条 在领馆辖区外执行领事职务

在特殊情形下，领事官员经接受国同意，得在其领馆辖区外执行职务。

第七条 在第三国中执行领事职务

派遣国得于通知关系国家后，责成设于特定国家之领馆在另一国内执行领事职务，但以关系国家均不明示反对为限。

第八条　代表第三国执行领事职务

经适当通知接受国后，派遣国之一领馆得代表第三国在接受国内执行领事职务，但以接受国不表反对为限。

第九条　领馆馆长之等级

一、领馆馆长分为四级，即：

（一）总领事；

（二）领事；

（三）副领事；

（四）领事代理人。

二、本条第一项之规定并不限制任何缔约国对馆长以外之领事官员设定衔名之权。

第十条　领馆馆长之委派及承认

一、领馆馆长由派遣国委派，并由接受国承认准予执行职务。

二、除本公约另有规定外，委派及承认领馆馆长之手续各依派遣国及接受国之法律规章与惯例办理。

第十一条　领事委任文凭或委派之通知

一、领馆馆长每次奉派任职，应由派遣国发给委任文凭或类似文书以充其职位之证书，其上通例载明馆长之全名，其职类与等级，领馆辖区及领馆设置地点。

二、派遣国应经由外交途径或其他适当途径将委任文凭或类似文书转送领馆馆长执行职务所在地国家之政府。

三、如接受国同意，派遣国得向接受国致送载列本条第一项所规定各节之通知，以替代委任文凭或类似文书。

第十二条　领事证书

一、领馆馆长须经接受国准许方可执行职务，此项准许不论采何形式，概称领事证书。

二、一国拒不发给领事证书，无须向派遣国说明其拒绝之理由。

三、除第十三条及第十五条另有规定外，领馆馆长非俟获得领事证书不得开始执行职务。

第十三条　暂时承认领馆馆长

领事证书未送达前，领馆馆长得暂时准予执行职务。遇此情形，本公约之各项规定应即适用。

第十四条　通知领馆辖区当局

领馆馆长一经承认准予执行职务后，接受国应立即通知领馆辖区之各主管当局，即令系属暂时性质，亦应如此办理。接受国并应确保采取必要措施，使领馆馆长能执行其职责并可享受本公约所规定之利益。

第十五条　暂时代理领馆馆长职务

一、领馆馆长不能执行职务或缺位时，得由代理馆长暂代领馆馆长。

二、代理馆长之全名应由派遣国使馆通知接受国外交部或该部指定之机关；如该国在接受国未设使馆，应由领馆馆长通知，馆长不能通知时，则由派遣国主管机关通知之。此项通知通例应事先为之。如代理馆长非为派遣国驻接受国之外交代表或领事官员，接受国得以征得其同意为承认之条件。

三、接受国主管机关应予代理馆长以协助及保护。代理馆长主持馆务期间应在与领馆馆长相同之基础上适用本公约各项规定。惟如领馆馆长系在代理馆长并不具备之条件下始享受便利、特权与豁免时，接受国并无准许代理馆长享受此种便利、特权与豁免之义务。

四、遇本条第一项所称之情形，派遣国驻接受国使馆之外交职员奉派遣国派为领馆代理馆长时，倘接受国不表反对，应继续享有外交特权与豁免。

第十六条　领馆馆长间之优先位次

一、领馆馆长在各别等级中之优先位次依颁给领事证书之日期定之。

二、惟如领馆馆长在获得领事证书前业经暂时承认准予执行职务，其优先位次依给予暂时承认之日期定之；此项优先位次在颁给领事证书后，仍应维持之。

三、两个以上领馆馆长同日获得领事证书或暂时承认者，其相互间之位次依委任文凭或类似文书或第十一条第三项所称之通知送达接受国之日期定之。

四、代理馆长位于所有领馆馆长之后，其相互间之位次依遵照第十五条第二项所为通知中述明之开始担任代理馆长职务日期定之。

五、名誉领事官员任领馆馆长者在各别等级中位于职业领馆馆长之后，其相互间之位次依前列各项所订定之次序及规则定之。

六、领馆馆长位于不任此职之领事官员之先。

第十七条　领事官员承办外交事务

一、在派遣国未设使馆亦未由第三国使馆代表之国家内，领事官员经接受国之同意，得准予承办外交事务，但不影响其领事身分。领事官员承办外交事务，并不因而有权主张享有外交特权及豁免。

二、领事官员得于通知接受国后，担任派遣国出席任何政府间组织之代表。领事官员担任此项职务时，有权享受此等代表依国际习惯法或国际协定享有之任何特权及豁免；但就其执行领事职务而言，仍无权享有较领事官员依本公约所享者为广之管辖之豁免。

第十八条　两个以上国家委派同一人为领事官员

两个以上国家经接受国之同意得委派同一人为驻该国之领事官员。

第十九条　领馆馆员之委派

一、除第二十条、第二十二条及第二十三条另有规定外，派遣国得自由委派领馆馆员。

二、派遣国应在充分时间前将领馆馆长以外所有领事官员之全名、职类及等级通知接受国，俾接受国得依其所愿，行使第二十三条第三项所规定之权利。

三、派遣国依其本国法律规章确有必要时，得请接受国对领馆馆长以外之领事官员发给领事证书。

四、接受国依其本国法律规章确有必要时，得对领馆馆长以外之领事官员发给领事证书。

第二十条　领馆馆员人数

关于领馆馆员人数如无明确协议，接受国得酌量领馆辖区内之环境与情况及特定领馆之需要，要求馆员人数不超过接受国认为合理及正常之限度。

第二十一条　领馆领事官员间之优先位次

同一领馆内领事官员间之优先位次以及关于此项位次之任何变更应由派遣国使馆通知接受国外交部或该部指定之机关，如派遣国在接受国未设使馆，则由领馆馆长通知之。

第二十二条　领事官员之国籍

一、领事官员原则上应属派遣国国籍。

二、委派属接受国国籍之人为领事官员，非经该国明示同意，不得为之；此项同意得随时撤销之。

三、接受国对于非亦为派遣国国民之第三国国民，得保留同样权利。

第二十三条　认为不受欢迎之人员

一、接受国得随时通知派遣国，宣告某一领事官员为不受欢迎人员或任何其他领馆馆员为不能接受。遇此情事，派遣国应视情形召回该员或终止其在领馆中之职务。

二、倘派遣国拒绝履行或不在相当期间内履行其依本条第一项所负之义务，接受国得视情形撤销关系人员之领事证书或不复承认该员为领馆馆员。

三、任何派为领馆人员之人得于其到达接受国国境前——如其已在接受国境内，于其在领馆就职前——被宣告为不能接受。遇此情形，派遣国应撤销该员之任命。

四、遇本条第一项及第三项所称之情形，接受国无须向派遣国说明其所为决定之理由。

第二十四条　向接受国通知委派到达及离境

一、下列事项应通知接受国外交部或该部指定之机关：

（一）领馆人员之委派，委派后之到达领馆，其最后离境或职务终止，以及在领馆供职期间所发生之身分上任何其他变更；

（二）与领馆人员构成同一户口之家属到达及最后离境；任何人成为或不复为领馆人员家属时，在适当情形下，亦应通知；

（三）私人服务人员之到达及最后离境；其职务之终止，在适当情形下，亦应通知；

（四）雇用居留接受国之人为领馆人员或为得享特权与豁免之私人服务人员时，其雇用及解雇。

二、到达及最后离境，于可能范围内，亦应事先通知。

第二节　领事职务之终了

第二十五条　领馆人员职务之终止

除其他情形外，领馆人员之职务遇有下列情事之一即告终了：

（一）派遣国通知接受国谓该员职务业已终了；

（二）撤销领事证书；

（三）接受国通知派遣国谓接受国不复承认该员为领馆馆员。

第二十六条　离开接受国国境

接受国对于非为接受国国民之领馆人员及私人服务人员以及与此等人员构成同一户口之家属，不论其国籍为何，应给予必要时间及便利使能于关系人员职务终止后准备离境并尽早出境，纵有武装冲突情事，亦应如此办理。遇必要时，接受国尤应供给彼等本人及财产所需之交通运输工具，但财产之在接受国内取得而于离境时禁止出口者不在此列。

第二十七条　非常情况下领馆馆舍与档案及派遣国利益之保护

一、遇两国断绝领事关系时：

（一）接受国应尊重并保护领馆馆舍以及领馆财产与领馆档案，纵有武装冲突情事，亦应如此办理；

（二）派遣国得将领馆馆舍以及其中财产与领馆档案委托接受国可以接受之第三国保管；

（三）派遣国得委托接受国可以接受之第三国代为保护派遣国及其国民之利益。

二、遇领馆暂时或长期停闭，本条第一项第（一）款规定应适用之。此外，

（一）派遣国在接受国境内虽未设使馆，但设有另一领馆时，得责成该领馆保管已停闭之领馆之馆舍以及其中财产与领馆档案，又经接受国同意后，得责令其兼理已停闭领馆辖区内之领事职务。

（二）派遣国在接受国内并无使馆或其他领馆时，本条第一项第（二）款及第（三）款之规定应适用之。

第二章　关于领馆职业领事官员及其他领馆人员之便利、特权与豁免

第一节　关于领馆之便利、特权与豁免

第二十八条　领馆工作之便利

接受国应给予领馆执行职务之充分便利。

第二十九条　国旗与国徽之使用

一、派遣国有权依本条之规定在接受国内使用本国之国旗与国徽。

二、领馆所在之建筑物及其正门上，以及领馆馆长寓邸与在执行公务时乘用之交通工具上得悬挂派遣国国旗并揭示国徽。

三、行使本条所规定之权利时，对于接受国之法律规章与惯例应加顾及。

第三十条　房舍

一、接受国应便利派遣国依接受国法律规章在其境内置备领馆所需之馆舍，或协助领馆以其他方法获得房舍。

二、接受国遇必要时，并应协助领馆为其人员获得适当房舍。

第三十一条　领馆馆舍不得侵犯

一、领馆馆舍于本条所规定之限度内不得侵犯。

二、接受国官吏非经领馆馆长或其指定人员或派遣国使馆馆长同意，不得进入领馆馆舍中专供领馆工作之用之部分。惟遇火灾或其他灾害须迅速采取保护行动时，得推定领馆馆长已表示同意。

三、除本条第二项另有规定外，接受国负有特殊责任，采取一切适当步骤保护领馆馆舍免受侵入或损害，并防止任何扰乱领馆安宁或有损领馆尊严之情事。

四、领馆馆舍、馆舍设备以及领馆之财产与交通工具应免受为国防或公用目的而实施之任何方式之征用。如为此等目的确有征用之必要时，应采取一切可能步骤以免领馆职务之执行受有妨碍，并应向派遣国为迅速、充分及有效之赔偿。

第三十二条　领馆馆舍免税

一、领馆馆舍及职业领馆馆长寓邸之以派遣国或代表派遣国人员为所有权人或承租人者，概免缴纳国家、区域或地方性之一切捐税，但其为对供给特定服务应纳之费者不在此列。

二、本条第一项所称之免税，对于与派遣国或代表派遣国人员订立承办契约之人依接受国法律应纳之捐税不适用之。

第三十三条　领馆档案及文件不得侵犯

领馆档案及文件无论何时，亦不论位于何处，均属不得侵犯。

第三十四条　行动自由

除接受国为国家安全设定禁止或限制进入区域所订法律规章另有规定外，接受国应确保所有领馆人员在其境内行动及旅行之自由。

第三十五条　通讯自由

一、接受国应准许领馆为一切公务目的自由通讯，并予保护。领馆与派遣国政府及无论何处之该国使馆及其他领馆通讯,得采用一切适当方法,包括外交或领馆信差,外交或领馆邮袋及明密码电信在内。但领馆须经接受国许可,始得装置及使用无线电发报机。

二、领馆之来往公文不得侵犯。来往公文系指有关领馆及其职务之一切来往文件。

三、领馆邮袋不得予以开拆或扣留。但如接受国主管当局有重大理由认为邮袋装有不在本条第四项所称公文文件及用品之列之物品时,得请派遣国授权代表一人在该当局前将邮袋开拆。如派遣国当局拒绝此项请求,邮袋应予退回至原发送地点。

四、构成领馆邮袋之包裹须附有可资识别之外部标记,并以装载来往公文及公务文件或专供公务之用之物品为限。

五、领馆信差应持有官方文件,载明其身分及构成领馆邮袋之包裹件数。除经接受国同意外,领馆信差不得为接受国国民,亦不得为接受国永久居民,但其为派遣国国民者不在此限。其于执行职务时,应受接受国保护。领馆信差享有人身不得侵犯权,不受任何方式之逮捕或拘禁。

六、派遣国,其使馆及领馆得派特别领馆信差。遇此情形,本条第五项之规定亦应适用,惟特别信差将其所负责携带之领馆邮袋送交收件人后,即不复享有该项所称之豁免。

七、领馆邮袋得托交预定在准许入境地点停泊之船舶船长或在该地降落之商营飞机机长运带。船长或机长应持有官方文件,载明构成邮袋之包裹件数,但不得视为领馆信差。领馆得与主管地方当局商定,派领馆人员一人径向船长或机长自由提取领馆邮袋。

第三十六条 与派遣国国民通讯及联络

一、为便于领馆执行其对派遣国国民之职务计:

(一)领事官员得自由与派遣国国民通讯及会见。派遣国国民与派遣国领事官员通讯及会见应有同样自由。

(二)遇有领馆辖区内有派遣国国民受逮捕或监禁或羁押候审、或受任何其他方式之拘禁之情事，经其本人请求时，接受国主管当局应迅即通知派遣国领馆。受逮捕、监禁、羁押或拘禁之人致领馆之信件亦应由该当局迅予递交。该当局应将本款规定之权利迅即告知当事人。

（三）领事官员有权探访受监禁、羁押或拘禁之派遣国国民，与之交谈或通讯，并代聘其法律代表。领事官员并有权探访其辖区内依判决而受监禁、羁押或拘禁之派遣国国民。但如受监禁、羁押或拘禁之国民明示反对为其采取行动时，领事官员应避免采取此种行动。

二、本条第一项所称各项权利应遵照接受国法律规章行使之，但此项法律规章务须使本条所规定之权利之目的得以充分实现。

第三十七条　关于死亡、监护或托管及船舶毁损与航空事故之通知

倘接受国主管当局获有有关情报，该当局负有义务：

（一）遇有派遣国国民死亡时，迅即通知辖区所及之领馆；

（二）遇有为隶籍派遣国之未成年人或其他无充分行为能力人之利益计，似宜指定监护人或托管人时，迅将此项情事通知主管领馆。惟此项通知不得妨碍接受国关于指派此等人员之法律规章之施行。

（三）遇具有派遣国国籍之船舶在接受国领海或内国水域毁损或搁浅时，或遇在派遣国登记之航空机在接受国领域内发生意外事故时，迅即通知最接近出事地点之领馆。

第三十八条　与接受国当局通讯

领事官员执行职务时，得与下列当局接洽：

（一）其辖区内之主管地方当局；

（二）接受国之主管中央当局，但以经接受国之法律规章与惯例或有关国际协定所许可且在其规定范围内之情形为限。

第三十九条　领馆规费与手续费

一、领馆得在接受国境内征收派遣国法律规章所规定之领馆办事规费与手续费。

二、本条第一项所称规费与手续费之收入款项以及此项规费或手

续费之收据，概免缴纳接受国内之一切捐税。

第二节　关于职业领事官员及其他领馆人员之便利、特权与豁免

第四十条　对领事官员之保护

接受国对于领事官员应表示适当尊重并应采取一切适当步骤以防其人身自由或尊严受任何侵犯。

第四十一条　领事官员人身不得侵犯

一、领事官员不得予以逮捕候审或羁押候审，但遇犯严重罪行之情形，依主管司法机关之裁判执行者不在此列。

二、除有本条第一项所规定之情形外，对于领事官员不得施以监禁或对其人身自由加以任何其他方式之拘束，但为执行有确定效力之司法判决者不在此限。

三、如对领事官员提起刑事诉讼，该员须到管辖机关出庭。惟进行诉讼程序时，应顾及该员所任职位予以适当之尊重，除有本条第一项所规定之情形外，并应尽量避免妨碍领事职务之执行。遇有本崐条第一项所称之情形，确有羁押领事官员之必要时，对该员提起诉讼，应尽速办理。

第四十二条　逮捕、羁押或诉究之通知

遇领馆馆员受逮捕候审或羁押候审，或对其提起刑事诉讼时，接受国应迅即通知领馆馆长。倘领馆馆长本人为该项措施之对象时，接受国应经由外交途径通知派遣国。

第四十三条　管辖之豁免

一、领事官员及领馆雇员对其为执行领事职务而实施之行为不受接受国司法或行政机关之管辖。

二、惟本条第一项之规定不适用于下列民事诉讼：

（一）因领事官员或领馆雇员并未明示或默示以派遣国代表身分而订契约所生之诉讼；

（二）第三者因车辆船舶或航空机在接受国内所造成之意外事故而要求损害赔偿之诉讼。

第四十四条　作证之义务

一、领馆人员得被请在司法或行政程序中到场作证。除本条第三项所称之情形外，领馆雇员或服务人员不得拒绝作证。如领事官员拒绝作证，不得对其施行强制措施或处罚。

二、要求领事官员作证之机关应避免对其执行职务有所妨碍。于可能情形下得在其寓所或领馆录取证言，或接受其书面陈述。

三、领馆人员就其执行职务所涉事项，无担任作证或提供有关来往公文及文件之义务。领馆人员并有权拒绝以鉴定人身分就派遣国之法律提出证言。

第四十五条　特权及豁免之抛弃

一、派遣国得就某一领馆人员抛弃第四十一条、第四十三条及第四十四条所规定之任何一项特权和豁免。

二、除本条第三项所规定之情形外，特权及豁免之抛弃概须明示，并应以书面通知接受国。

三、领事官员或领馆雇员如就第四十三条规定可免受管辖之事项，主动提起诉讼，即不得对与本诉直接相关之反诉主张管辖之豁免。

四、民事或行政诉讼程序上管辖豁免之抛弃，不得视为对司法判决执行处分之豁免亦默示抛弃，抛弃此项处分之豁免，须分别为之。

第四十六条　免除外侨登记及居留证

一、领事官员及领馆雇员，以及与其构成同一户口之家属应免除接受国法律规章就外侨登记及居留证所规定之一切义务。

二、但本条第一项之规定对于任何非派遣国常任雇员，或在接受国内从事私人有偿职业之领馆雇员，应不适用，对于此等雇员之家属，亦不应适用。

第四十七条　免除工作证

一、领馆人员就其对派遣国所为之服务而言，应免除接受国关于雇用外国劳工之法律规章所规定之任何有关工作证之义务。

二、属于领事官员及领馆雇员之私人服务人员，如不在接受国内从事其他有偿职业，应免除本条第一项所称之义务。

第四十八条　社会保险办法免于适用

一、除本条第三项另有规定外，领馆人员就其对派遣国所为之服务而言，以及与其构成同一户口之家属，应免适用接受国施行之社会保险办法。

二、专受领馆人员雇用之私人服务人员亦应享有本条第一项所规定之豁免，但以符合下列两项条件为限：

（一）非为接受国国民且不在该国永久居留者；

（二）受有派遣国或第三国所施行之社会保险办法保护者。

三、领馆人员如其所雇人员不享受本条第二项所规定之豁免时，应履行接受国社会保险办法对雇用人所规定之义务。

四、本条第一项及第二项所规定之豁免并不妨碍对于接受国社会保险制度之自愿参加，但以接受国许可参加为限。

第四十九条　免税

一、领事官员及领馆雇员以及与其构成同一户口之家属免纳一切对人或对物课征之国家、区域或地方性捐税，但下列各项不在此列：

（一）通常计入商品或劳务价格内之一类间接税；

（二）对于接受国境内私有不动产课征之捐税，但第三十二条之规定不在此限；

（三）接受国课征之遗产税、遗产取得税或继承税及让与税，但第五十一条第（二）项之规定不在此限；

（四）对于自接受国内获致之私人所得，包括资本收益在内，所课征之捐税以及对于在接受国内商务或金融事业上所为投资课征之资本税；

（五）为供给特定服务所征收之费用；

（六）登记费、法院手续费或记录费、抵押税及印花税，但第三十二条之规定不在此限。

二、领馆服务人员就其服务所得之工资，免纳捐税。

三、领馆人员如其所雇人员之工资薪给不在接受国内免除所得税时，应履行该国关于征收所得税之法律规章对雇用人所规定之义务。

第五十条　免纳关税及免受查验

一、接受国应依本国制定之法律规章，准许下列物品入境并免除一切关税以及贮存、运送及类似服务费用以外之一切其他课征：

（一）领馆公务用品；

（二）领事官员或与其构成同一户口之家属之私人自用品，包括供其初到任定居之用之物品在内。消费用品不得超过关系人员本人直接需用之数量。

二、领馆雇员就其初到任时运入之物品，享有本条第一项所规定之特权与豁免。

三、领事官员及与其构成同一户口之家属所携私人行李免受查验。倘有重大理由认为其中装有不在本条第一项第（二）款之列之物品或接受国法律规章禁止进出口或须受其检疫法律规章管制之物品，始可查验。此项查验应在有关领事官员或其家属前为之。

第五十一条　领馆人员或其家属之遗产

遇领馆人员或与其构成同一户口之家属死亡时，接受国：

（一）应许可亡故者之动产移送出国，但任何动产系在接受国内取得而在当事人死亡时禁止出口者不在此列；

（二）对于动产之在接受国境内纯系因亡故者为领馆人员或领馆人员之家属而在接受国境内所致者，应不课征国家、区域或地方性遗产税、遗产取得税或继承税及让与税。

第五十二条　免除个人劳务及捐献

接受国应准领馆人员及与其构成同一户口之家属免除一切个人劳务及所有各种公共服务，并免除类如有关征用、军事捐献及屯宿等之军事义务。

第五十三条　领事特权与豁免之开始及终止

一、各领馆人员自进入接受国国境前往就任之时起享有本公约所规定之特权与豁免，其已在该国境内者，自其就领馆职务之时起开始享有。

二、领馆人员之与其构成同一户口之家属及其私人服务人员自领馆人员依本条第一项享受特权及豁免之日起，或自本人进入接受国国境之时起，或自其成为领馆人员之家属或私人服务人员之日期起，享有本公约所规定之特权与豁免，以在后之日期为准。

三、领馆人员之职务如已终止，其本人之特权与豁免以及与其构成同一户口之家属或私人服务人员之特权与豁免通常应于各该人员离接受国国境时或其离境之合理期间终了时停止，以在先之时间为准，纵有武装冲突情事，亦应继续有效至该时为止。就本条第二项所称之人员而言，其特权与豁免于其不复为领馆人员户内家属或不复为领馆人员雇用时终止，但如此等人员意欲于稍后合理期间内离接受国国境，其特权与豁免应继续有效，至其离境之时为止。

四、惟关于领事官员或领馆雇员为执行职务所实施之行为，其管辖之豁免应继续有效，无时间限制。

五、遇领馆人员死亡，与其构成同一户口之家属应继续享有应享之特权与豁免至其离接受国国境时或其离境之合理期间终了时为止，以在先之时间为准。

第五十四条　第三国之义务

一、遇领事官员前往就任或返任或返回派遣国道经第三国国境或在该国境内，而该国已发给其应领之签证时，第三国应给予本公约其他条款所规定而为确保其过境或返回所必需之一切豁免。与领事官员构成同一户口而享有特权与豁免之家属与领事官员同行时或单独旅行前往会聚或返回派遣国时，本项规定应同样适用。

二、遇有类似本条第一项所述之情形，第三国不应阻碍其他领馆人员或与其构成同一户口之家属经过该国国境。

三、第三国对于过境之来往公文及其他公务通讯，包括明密码电信在内，应比照接受国依本公约所负之义务，给予同样之自由及保护。第三国遇有已领其所应领签证之领馆信差及领馆邮袋过境时，应比照接受国依本公约所负之义务，给予同样之不得侵犯权及保护。

四、第三国依本条第一项、第二项及第三项规定所负之义务，对于各该项内分别述及之人员与公务通讯及领馆邮袋之因不可抗力而在第三国境内者，亦适用之。

第五十五条　尊重接受国法律规章

一、在不妨碍领事特权与豁免之情形下，凡享有此项特权与豁免之人员均负有尊重接受国法律规章之义务。此等人员并负有不干涉该国内政之义务。

二、领馆馆舍不得充作任何与执行领事职务不相符合之用途。

三、本条第二项之规定并不禁止于领馆馆舍所在之建筑物之一部分设置其他团体或机关之办事处，但供此类办事处应用之房舍须与领馆自用房舍隔离。在此情形下，此项办事处在本公约之适用上，不得视为领馆馆舍之一部分。

第五十六条　对于第三者损害之保险

领馆人员对于接受国法律规章就使用车辆、船舶或航空机对第三者可能发生之损害所规定之任何保险办法，应加遵守。

第五十七条　关于私人有偿职业之特别规定

一、职业领事官员不应在接受国内为私人利益从事任何专业或商业活动。

二、下列人员不应享受本章所规定之特权及豁免：

（一）在接受国内从事私人有偿职业之领馆雇员或服务人员；

（二）本项第（一）款所称人员之家属或其私人服务人员；

（三）领馆人员家属本人在接受国内从事私人有偿职业者。

第三章 对于名誉领事官员及以此等
官员为馆长之领馆所适用之办法

第五十八条　关于便利、特权及豁免之一般规定

一、第二十八条、第二十九条、第三十条、第三十四条、第三十五条、第三十六条、第三十七条、第三十八条、第三十九条、第五十四条第三项、第五十五条第二项及第三项对于以名誉领事官员为馆长之领馆应适用之。此外，关于此等领馆所享之便利、特权及豁免应适用第五十九条、第六十条、第六十一条及第六十二条之规定。

二、第四十二条及第四十三条、第四十四条第三项、第四十五条、第五十三条及第五十五条第一项之规定应适用于名誉领事官员。此外，关于此等领事官员所享之便利、特权及豁免应适用第六十三条、第六十四条、第六十五条、第六十六条及第六十七条之规定。

三、名誉领事官员之家属及以名誉领事官员为馆长之领馆所雇用雇员之家属不得享受本公约所规定之特权及豁免。

四、不同国家内以名誉领事官员为馆长之两个领馆间，非经两有关接受国同意，不得互换领馆邮袋。

第五十九条　领馆馆舍之保护

接受国应采取必要步骤保护以名誉领事官员为馆长之领馆馆舍使不受侵入或损害，并防止任何扰乱领馆安宁或有损领馆尊严之情事。

第六十条　领馆馆舍免税

一、以名誉领事官员为馆长之领馆馆舍，如以派遣国为所有权人或承租人，概免缴纳国家、区域或地方性之一切捐税，但其为对供给特定服务应纳之费者不在此列。

二、本条第一项所称之免税，对于与派遣国订立承办契约之人依接受国法律规章应纳之捐税不适用之。

第六十一条　领馆档案及文件不得侵犯

领馆以名誉领事官员为馆长者，其领馆档案及文件无论何时亦不

论位于何处，均属不得侵犯，但此等档案及文件以与其他文书及文件，尤其与领馆馆长及其所属工作人员之私人信件以及关于彼等专业或行业之物资、簿籍或文件分别保管者为限。

第六十二条　免纳关税

接受国应依本国制定之法律规章，准许下列物品入境并免除一切关税以及贮存、运送及类似服务费用以外之一切其他课征，但以此等物品系供以名誉领事官员为馆长之领馆公务上使用者为限：国徽、国旗、牌匾、印章、簿籍、公务印刷品、办公室用具、办公室设备以及由派遣国或应派遣国之请供给与领馆之类似物品。

第六十三条　刑事诉讼

如对名誉领事官员提起刑事诉讼，该员须到管辖机关出庭。惟诉讼程序进行时，应顾及该员所任职位予以适当尊重，且除该员已受逮捕或羁押外，应尽量避免妨碍领事职务之执行。遇确有羁押名誉领事官员之必要时，对该员提起诉讼，应尽速办理。

第六十四条　对名誉领事官员之保护

接受国负有义务对名誉领事官员给予因其所任职位关系而需要之保护。

第六十五条　免除外侨登记及居留证

名誉领事官员，除在接受国内为私人利益从事任何专业或商业活动者外，应免除接受国法律规章就外侨登记及居留证所规定之一切义务。

第六十六条　免税

名誉领事官员因执行领事职务向派遣国支领之薪酬免纳一切捐税。

第六十七条　免除个人劳务及捐献

接受国应准名誉领事官员免除一切个人劳务及所有各种公共服务，并免除类如有关征用、军事捐献及屯宿等之军事义务。

第六十八条　名誉领事官员制度由各国任意选用

各国可自由决定是否委派或接受名誉领事官员。

第四章　一般条款

第六十九条　非为领馆馆长之领事代理人

一、各国可自由决定是否设立或承认由派遣国并未派为领馆馆长之领事代理人主持之领事代理处。

二、本条第一项所称之领事代理处执行职务之条件以及主持代理处之领事代理人可享之特权及豁免由派遣国与接受国协议定之。

第七十条　使馆承办领事职务

一、本公约之各项规定，在其文义所许可之范围内，对于使馆承办领事职务，亦适用之。

二、使馆人员派任领事组工作者，或另经指派担任使馆内领事职务者，其姓名应通知接受国外交部或该部指定之机关。

三、使馆执行领事职务时得与下列当局接洽：

（一）其辖区内之地方当局；

（二）接受国之中央当局，但以经接受国之法律规章与惯例或有关国际协定所许可者为限。

四、本条第二项所称使馆人员之特权与豁免仍以关于外交关系之国际法规则为准。

第七十一条　接受国国民或永久居民

一、除接受国特许享有其他便利、特权与豁免外，领事官员为接受国国民或永久居民者，仅就其为执行职务而实施之公务行为享有管辖之豁免及人身不得侵犯权，并享有本公约第四十四条第三项所规定之特权。就此等领事官员而言，接受国应同样负有第四十二条所规定之义务。如对此等领事官员提起刑事诉讼，除该员已受逮捕或羁押外，诉讼程序之进行，应尽量避免妨碍领事职务之执行。

二、其他为接受国国民或永久居民之领馆人员及其家属，以及本条第一项所称领事官员之家属，仅得在接受国许可之范围内享有便利、特权与豁免。领馆人员家属及私人服务人员本人为接受国国民或永久居民者，亦仅得在接受国许可之范围内享有便利、特权及豁免。但接受国对此等人员行使管辖时，应避免对领馆职务之执行有不当之妨碍。

第七十二条　无差别待遇

一、接受国适用本公约之规定时，对各国不得差别待遇。

二、惟下列情形不以差别待遇论：

（一）接受国因派遣国对接受国领馆适用本公约之任何规定时有所限制，对同一规定之适用亦予限制；

（二）各国依惯例或协定彼此间给予较本公约规定为优之待遇。

第七十三条　本公约与其他国际协定之关系

一、本公约之规定不影响当事国间现行有效之其他国际协定。

二、本公约并不禁止各国间另订国际协定以确认、或补充、或推广、或引申本公约之各项规定。

第七十四条　签署

本公约应听由联合国或任何专门机关之全体会员国、或国际法院规约当事国、及经联合国大会邀请成为本公约当事一方之任何其他国家签署，其办法如下：至一九六三年十月三十一日止在奥地利共和国联邦外交部签署，其后至一九六四年三月三十一日止在纽约联合国会所签署。

第七十五条　批准

本公约须经批准。批准文件应送交联合国秘书长存放。

第七十六条　加入

本公约应听由属于第七十四条所称四类之一之国家加入。加入文件应送交联合国秘书长存放。

第七十七条　生效

一、本公约应于第二十二件批准或加入文件送交联合国秘书长存放之日后第三十日起发生效力。

二、对于在第二十二件批准或加入文件存放后批准或加入本公约之国家，本公约应于各该国存放批准或加入文件后第三十日起发生效力。

第七十八条 秘书长之通知

联合国秘书长应将下列事项通知所有属于第七十四条所称四类之一之国家：

（一）依第七十四条、第七十五条及第七十六条对本公约所为之签署及送存之批准或加入文件；

（二）依第七十七条本公约发生效力之日期。

第七十九条 作准文本

本公约之原本应交联合国秘书长存放，其中文、英文、法文、俄文及西班牙文各本同一作准；秘书长应将各文正式副本分送所有属于第七十四条所称四类之一之国家。

为此，下列全权代表，各秉本国政府正式授予签字之权，谨签字于本公约，以昭信守。

公历一千九百六十三年四月二十四日订于维也纳。

附录 2　中华人民共和国领事保护与协助条例

中华人民共和国国务院令

第 763 号

《中华人民共和国领事保护与协助条例》已经 2023 年 6 月 29 日国务院第 9 次常务会议通过，现予公布，自 2023 年 9 月 1 日起施行。

总理　李强

2023 年 7 月 9 日

中华人民共和国领事保护与协助条例[①]

第一条　为了维护在国外的中国公民、法人、非法人组织正当权益，规范和加强领事保护与协助工作，制定本条例。

第二条　领事保护与协助工作坚持中国共产党的领导，坚持以人民为中心，贯彻总体国家安全观，加强统筹协调，提高领事保护与协助能力。

---

① 《中华人民共和国领事保护与协助条例》，载《人民日报》，2023 年 7 月 15 日，第 5 版。

第三条　本条例适用于领事保护与协助以及相关的指导协调、安全预防、支持保障等活动。

本条例所称领事保护与协助，是指在国外的中国公民、法人、非法人组织正当权益被侵犯或者需要帮助时，驻外外交机构依法维护其正当权益及提供协助的行为。

前款所称驻外外交机构，是指承担领事保护与协助职责的中华人民共和国驻外国的使馆、领馆等代表机构。

第四条　外交部统筹开展领事保护与协助工作，进行国外安全的宣传及提醒，指导驻外外交机构开展领事保护与协助，协调有关部门和地方人民政府参与领事保护与协助相关工作，开展有关国际交流与合作。

驻外外交机构依法履行领事保护与协助职责，开展相关安全宣传、预防活动，与国内有关部门和地方人民政府加强沟通协调。

国务院有关部门和地方人民政府建立相关工作机制，根据各自职责参与领事保护与协助相关工作，为在国外的中国公民、法人、非法人组织提供必要协助。

有外派人员的国内单位应当做好国外安全的宣传、教育培训和有关处置工作。在国外的中国公民、法人、非法人组织应当遵守中国及所在国法律，尊重所在国宗教信仰和风俗习惯，做好自我安全防范。

第五条　外交部建立公开的热线电话和网络平台，驻外外交机构对外公布办公地址和联系方式，受理涉及领事保护与协助的咨询和求助。

中国公民、法人、非法人组织请求领事保护与协助时，应当向驻外外交机构提供能够证明其身份的文件或者相关信息。

第六条　在国外的中国公民、法人、非法人组织可以在外交部或者驻外外交机构建立的信息登记平台上预先登记基本信息，便于驻外外交机构对其提供领事保护与协助。

国务院有关部门、驻外外交机构根据领事保护与协助的需要依法共享在国外的中国公民、法人、非法人组织有关信息，并做好信息保护工作。

第七条　驻外外交机构应当在履责区域内履行领事保护与协助职责；特殊情况下，经驻在国同意，可以临时在履责区域外执行领事保护与协助职责；经第三国同意，可以在该第三国执行领事保护与协助职责。

第八条　在国外的中国公民、法人、非法人组织因正当权益被侵犯向驻外外交机构求助的，驻外外交机构应当根据相关情形向其提供维护自身正当权益的渠道和建议，向驻在国有关部门核实情况，敦促依法公正妥善处理，并提供协助。

第九条　获知在国外的中国公民、法人、非法人组织因涉嫌违法犯罪被驻在国采取相关措施的，驻外外交机构应当根据相关情形向驻在国有关部门了解核实情况，要求依法公正妥善处理。

前款中的中国公民被拘留、逮捕、监禁或者以其他方式被驻在国限制人身自由的，驻外外交机构应当根据相关情形，按照驻在国法律和我国与驻在国缔结或者共同参加的国际条约对其进行探视或者与其联络，了解其相关需求，要求驻在国有关部门给予该中国公民人道主义待遇和公正待遇。

第十条　获知驻在国审理涉及中国公民、法人、非法人组织的案件的，驻外外交机构可以按照驻在国法律和我国与驻在国缔结或者共同参加的国际条约进行旁听，并要求驻在国有关部门根据驻在国法律保障其诉讼权利。

第十一条　获知在国外的中国公民需要监护但生活处于无人照料状态的，驻外外交机构应当向驻在国有关部门通报情况，敦促依法妥善处理。情况紧急的，驻外外交机构应当协调有关方面给予必要的临时生活照料。

驻外外交机构应当将有关情况及时通知该中国公民的亲属或者国内住所地省级人民政府。接到通知的省级人民政府应当将有关情况及时逐级通知到该中国公民住所地的居民委员会、村民委员会或者民政部门。驻外外交机构和地方人民政府应当为有关人员或者组织履行监护职责提供协助。

第十二条　在国外的中国公民因基本生活保障出现困难向驻外外交机构求助的，驻外外交机构应当为其联系亲友、获取救济等提供协助。

第十三条　在国外的中国公民下落不明，其亲属向驻外外交机构求助的，驻外外交机构应当提供当地报警方式及其他获取救助的信息。

驻在国警方立案的，驻外外交机构应当敦促驻在国警方及时妥善处理。

第十四条　获知在国外的中国公民因治安刑事案件、自然灾害、意外事故等受伤的，驻外外交机构应当根据相关情形向驻在国有关部门了解核实情况，敦促开展紧急救助和医疗救治，要求依法公正妥善处理。

中国公民因前款所列情形死亡的，驻外外交机构应当为死者近亲属按照驻在国有关规定处理善后事宜提供协助，告知死者近亲属当地关于遗体、遗物处理时限等规定，要求驻在国有关部门依法公正处理并妥善保管遗体、遗物。

第十五条　驻在国发生战争、武装冲突、暴乱、严重自然灾害、重大事故灾难、重大传染病疫情、恐怖袭击等重大突发事件，在国外的中国公民、法人、非法人组织因人身财产安全受到威胁需要帮助的，驻外外交机构应当及时核实情况，敦促驻在国采取有效措施保护中国公民、法人、非法人组织的人身财产安全，并根据相关情形提供协助。

确有必要且条件具备的，外交部和驻外外交机构应当联系、协调驻在国及国内有关方面为在国外的中国公民、法人、非法人组织提供有关协助，有关部门和地方人民政府应当积极履行相应职责。

第十六条　驻外外交机构应当了解驻在国当地法律服务、翻译、医疗、殡葬等机构的信息，在中国公民、法人、非法人组织需要时提供咨询。

第十七条 在国外的中国公民、法人、非法人组织因与中介机构、旅游经营者、运输机构等产生纠纷向驻外外交机构求助的，驻外外交机构应当根据具体情况向其提供依法维护自身正当权益的有关信息和建议。

第十八条 驻外外交机构应当结合当地安全形势、法律环境、风俗习惯等情况，建立领事保护与协助工作安全预警和应急处置机制，开展安全风险评估，对履责区域内的中国公民、法人、非法人组织进行安全宣传，指导其开展突发事件应对、日常安全保护等工作。

在国外的中国法人、非法人组织应当根据所在国的安全形势，建立安全防范和应急处置机制，保障有关经费，加强安全防范教育和应急知识培训，根据需要设立专门安全管理机构、配备人员。

第十九条 外交部和驻外外交机构应当密切关注有关国家和地区社会治安、自然灾害、事故灾难、传染病疫情等安全形势，根据情况公开发布国外安全提醒。国外安全提醒的级别划分和发布程序，由外交部制定。

国务院文化和旅游主管部门会同外交部建立国外旅游目的地安全风险提示机制，根据国外安全提醒，公开发布旅游目的地安全风险提示。

国务院有关部门和地方人民政府结合国外安全提醒，根据各自职责提醒有关中国公民、法人、非法人组织在当地做好安全防范、避免前往及驻留高风险国家或者地区。

第二十条 国务院有关部门根据各自职责开展国外安全的宣传、教育培训工作，提高相关行业和人员国外安全风险防范水平，着重提高在国外留学、旅游、经商、务工等人员的安全意识和风险防范能力。

地方人民政府结合本地区在国外的中国公民、法人、非法人组织状况，加强对重点地区和群体的安全宣传及对有关人员的培训。

第二十一条 有关中国公民、法人、非法人组织应当积极关注安全提醒，根据安全提醒要求，在当地做好安全防范、避免前往及驻留高风险国家或者地区。

经营出国旅游业务的旅行社应当关注国外安全提醒和旅游目的地安全风险提示，通过出行前告知等方式，就目的地国家或者地区存在的安全风险，向旅游者作出真实说明和明确提示；通过网络平台销售的，应当在显著位置标明有关风险。

第二十二条　国家为领事保护与协助工作提供人员、资金等保障。

地方人民政府参与领事保护与协助相关工作的经费纳入预算管理。

有外派人员的国内企业用于国外安全保障的投入纳入企业成本费用。

第二十三条　驻外外交机构根据领事保护与协助工作实际需要，经外交部批准，可以聘用人员从事辅助性工作。

外交部和驻外外交机构根据工作职责要求，对从事领事保护与协助工作的驻外外交人员及其他人员进行培训。

第二十四条　国家鼓励有关组织和个人为领事保护与协助工作提供志愿服务。

国家鼓励和支持保险公司、紧急救援机构、律师事务所等社会力量参与领事保护与协助相关工作。

第二十五条　对在领事保护与协助工作中作出突出贡献的组织和个人，按照国家有关规定给予表彰、奖励。

第二十六条　中国公民、法人、非法人组织在领事保护与协助过程中，得到第三方提供的食宿、交通、医疗等物资和服务的，应当支付应由其自身承担的费用。

第二十七条　本条例自2023年9月1日起施行。

附录3　中华人民共和国护照法

中华人民共和国主席令

第五十号

《中华人民共和国护照法》已由中华人民共和国第十届全国人民代表大会常务委员会第二十一次会议于2006年4月29日通过，现予公布，自2007年1月1日起施行。

中华人民共和国主席　胡锦涛

2006年4月29日

中华人民共和国护照法[①]

第一条　为了规范中华人民共和国护照的申请、签发和管理，保障中华人民共和国公民出入中华人民共和国国境的权益，促进对外交往，制定本法。

第二条　中华人民共和国护照是中华人民共和国公民出入国境和在国外证明国籍和身份的证件。

[①] 《中华人民共和国护照法》，载《人民日报》，2006年5月10日，第16版。

任何组织或者个人不得伪造、变造、转让、故意损毁或者非法扣押护照。

第三条　护照分为普通护照、外交护照和公务护照。

护照由外交部通过外交途径向外国政府推介。

第四条　普通护照由公安部出入境管理机构或者公安部委托的县级以上地方人民政府公安机关出入境管理机构以及中华人民共和国驻外使馆、领馆和外交部委托的其他驻外机构签发。

外交护照由外交部签发。

公务护照由外交部、中华人民共和国驻外使馆、领馆或者外交部委托的其他驻外机构以及外交部委托的省、自治区、直辖市和设区的市人民政府外事部门签发。

第五条　公民因前往外国定居、探亲、学习、就业、旅行、从事商务活动等非公务原因出国的，由本人向户籍所在地的县级以上地方人民政府公安机关出入境管理机构申请普通护照。

第六条　公民申请普通护照，应当提交本人的居民身份证、户口簿、近期免冠照片以及申请事由的相关材料。国家工作人员因本法第五条规定的原因出境申请普通护照的，还应当按照国家有关规定提交相关证明文件。

公安机关出入境管理机构应当自收到申请材料之日起十五日内签发普通护照；对不符合规定不予签发的，应当书面说明理由，并告知申请人享有依法申请行政复议或者提起行政诉讼的权利。

在偏远地区或者交通不便的地区或者因特殊情况，不能按期签发护照的，经护照签发机关负责人批准，签发时间可以延长至三十日。

公民因合理紧急事由请求加急办理的，公安机关出入境管理机构应当及时办理。

第七条　普通护照的登记项目包括：护照持有人的姓名、性别、出生日期、出生地，护照的签发日期、有效期、签发地点和签发机关。

普通护照的有效期为：护照持有人未满十六周岁的五年，十六周岁以上的十年。

普通护照的具体签发办法，由公安部规定。

第八条 外交官员、领事官员及其随行配偶、未成年子女和外交信使持用外交护照。

在中华人民共和国驻外使馆、领馆或者联合国、联合国专门机构以及其他政府间国际组织中工作的中国政府派出的职员及其随行配偶、未成年子女持用公务护照。

前两款规定之外的公民出国执行公务的，由其工作单位依照本法第四条第二款、第三款的规定向外交部门提出申请，由外交部门根据需要签发外交护照或者公务护照。

第九条 外交护照、公务护照的登记项目包括：护照持有人的姓名、性别、出生日期、出生地，护照的签发日期、有效期和签发机关。

外交护照、公务护照的签发范围、签发办法、有效期以及公务护照的具体类别，由外交部规定。

第十条 护照持有人所持护照的登记事项发生变更时，应当持相关证明材料，向护照签发机关申请护照变更加注。

第十一条 有下列情形之一的，护照持有人可以按照规定申请换发或者补发护照：

（一）护照有效期即将届满的；

（二）护照签证页即将使用完毕的；

（三）护照损毁不能使用的；

（四）护照遗失或者被盗的；

（五）有正当理由需要换发或者补发护照的其他情形。

护照持有人申请换发或者补发普通护照，在国内，由本人向户籍所在地的县级以上地方人民政府公安机关出入境管理机构提出；在国外，由本人向中华人民共和国驻外使馆、领馆或者外交部委托的其他驻外机构提出。定居国外的中国公民回国后申请换发或者补发普通护照的，由本人向暂住地的县级以上地方人民政府公安机关出入境管理机构提出。

外交护照、公务护照的换发或者补发，按照外交部的有关规定办理。

第十二条　护照具备视读与机读两种功能。

护照的防伪性能参照国际技术标准制定。

护照签发机关及其工作人员对因制作、签发护照而知悉的公民个人信息，应当予以保密。

第十三条　申请人有下列情形之一的，护照签发机关不予签发护照：

（一）不具有中华人民共和国国籍的；

（二）无法证明身份的；

（三）在申请过程中弄虚作假的；

（四）被判处刑罚正在服刑的；

（五）人民法院通知有未了结的民事案件不能出境的；

（六）属于刑事案件被告人或者犯罪嫌疑人的；

（七）国务院有关主管部门认为出境后将对国家安全造成危害或者对国家利益造成重大损失的。

第十四条　申请人有下列情形之一的，护照签发机关自其刑罚执行完毕或者被遣返回国之日起六个月至三年以内不予签发护照：

（一）因妨害国（边）境管理受到刑事处罚的；

（二）因非法出境、非法居留、非法就业被遣返回国的。

第十五条　人民法院、人民检察院、公安机关、国家安全机关、行政监察机关因办理案件需要，可以依法扣押案件当事人的护照。

案件当事人拒不交出护照的，前款规定的国家机关可以提请护照签发机关宣布案件当事人的护照作废。

第十六条　护照持有人丧失中华人民共和国国籍，或者护照遗失、被盗等情形，由护照签发机关宣布该护照作废。

伪造、变造、骗取或者被签发机关宣布作废的护照无效。

第十七条　弄虚作假骗取护照的，由护照签发机关收缴护照或者宣布护照作废；由公安机关处二千元以上五千元以下罚款；构成犯罪的，依法追究刑事责任。

第十八条　为他人提供伪造、变造的护照，或者出售护照的，依法追究刑事责任；尚不够刑事处罚的，由公安机关没收违法所得，处十日以上十五日以下拘留，并处二千元以上五千元以下罚款；非法护照及其印制设备由公安机关收缴。

第十九条　持用伪造或者变造的护照或者冒用他人护照出入国（边）境的，由公安机关依照出境入境管理的法律规定予以处罚；非法护照由公安机关收缴。

第二十条　护照签发机关工作人员在办理护照过程中有下列行为之一的，依法给予行政处分；构成犯罪的，依法追究刑事责任：

（一）应当受理而不予受理的；

（二）无正当理由不在法定期限内签发的；

（三）超出国家规定标准收取费用的；

（四）向申请人索取或者收受贿赂的；

（五）泄露因制作、签发护照而知悉的公民个人信息，侵害公民合法权益的；

（六）滥用职权、玩忽职守、徇私舞弊的其他行为。

第二十一条　普通护照由公安部规定式样并监制；外交护照、公务护照由外交部规定式样并监制。

第二十二条　护照签发机关可以收取护照的工本费、加注费。收取的工本费和加注费上缴国库。

护照工本费和加注费的标准由国务院价格行政部门会同国务院财政部门规定、公布。

第二十三条　短期出国的公民在国外发生护照遗失、被盗或者损毁不能使用等情形，应当向中华人民共和国驻外使馆、领馆或者外交部委托的其他驻外机构申请中华人民共和国旅行证。

第二十四条　公民从事边境贸易、边境旅游服务或者参加边境旅游等情形，可以向公安部委托的县级以上地方人民政府公安机关出入境管理机构申请中华人民共和国出入境通行证。

第二十五条　公民以海员身份出入国境和在国外船舶上从事工作的，应当向交通部委托的海事管理机构申请中华人民共和国海员证。

第二十六条　本法自 2007 年 1 月 1 日起施行。本法施行前签发的护照在有效期内继续有效。

附录 4　领事认证办法

中华人民共和国外交部令

第 2 号

《领事认证办法》已于 2015 年 11 月 6 日经国务院批准，现予公布，自 2016 年 3 月 1 日起施行。

部长　王毅

2015 年 11 月 19 日

领事认证办法[①]

第一章　总　则

第一条　为了规范领事认证工作，维护领事认证公信力，促进对外交往，保障自然人、法人或者其他组织的合法权益，制定本办法。

第二条　本办法适用于国内出具的需送往国外使用的文书和国外出具的需送至国内使用的文书的领事认证。

[①]　《领事认证办法》，https://www.gov.cn/gongbao/content/2015/content_2978259.htm。

第三条 本办法所称领事认证,是指领事认证机构根据自然人、法人或者其他组织的申请,对国内涉外公证书、其他证明文书或者国外有关文书上的最后一个印鉴、签名的真实性予以确认的活动。

前款所称领事认证机构,是指依照本办法办理领事认证的机构,包括外交部、外交部委托的地方人民政府外事部门(以下称地方外办)和驻外使馆、领馆以及外交部委托的其他驻外机构。

领事认证机构委托代办接件、录入、咨询等服务性事务的单位,应当在委托范围内从事相关活动。

第四条 领事认证机构办理领事认证,应当遵守法律,坚持客观、真实的原则,不得损害国家利益和社会公共利益。

第五条 外交部负责国家领事认证工作。

第六条 领事认证分为国内文书的领事认证和国外文书的领事认证。

外交部和地方外办负责办理国内文书的领事认证。

驻外使馆、领馆以及外交部委托的其他驻外机构负责办理国外文书的领事认证。

第七条 领事认证人员包括领事认证签署人员和领事认证协助人员。

领事认证签署人员负责审核、签署工作。

领事认证协助人员负责受理、制证、收费等事务性工作。

第八条 外交部和驻外使馆、领馆以及外交部委托的其他驻外机构的领事认证签署人员应当为随员及以上外交职务或者领事随员及以上领事职务。

地方外办的领事认证签署人员应当为主任科员及以上职务。

领事认证签署人员应当具有3年以上外交或者外事工作经历,具备领事认证签署工作所需的专业知识和能力,并参加外交部组织的相应培训。

驻外使馆、领馆以及外交部委托的其他驻外机构和地方外办的领事认证签署人员应当报外交部备案，特殊情况应当报外交部批准。

第九条 领事认证人员不得实施下列行为：

（一）为本人及其近亲属办理领事认证或者办理与本人及其近亲属有利害关系的领事认证；

（二）未按规定程序出具领事认证书；

（三）故意毁损、篡改领事认证书或者领事认证档案；

（四）侵占、盗窃领事认证防伪纸张、印章等专用物品；

（五）利用办理领事认证的职务便利索取财物，或者牟取其他不正当利益；

（六）其他法律、行政法规禁止的行为。

第十条 领事认证的申请人以及其他个人或者组织不得实施下列行为：

（一）利用领事认证书从事非法活动；

（二）伪造、变造领事认证书；

（三）伪造或者擅自变动、改动经领事认证的公证书或者其他证明文书。

第二章 印鉴和签名式样的备案

第十一条 领事认证机构在办理领事认证前应当依照本章规定对相应印鉴和签名式样进行备案。

第十二条 国内公证机构以及其他证明机构应当将相应印鉴以及公证员、签署人的签名式样向外交部、地方外办进行备案。

第十三条 地方外办应当将用于领事认证的印鉴以及领事认证签署人员的姓名、职务、签名式样送有关国家驻华领事机构备案。

第十四条 外交部应当将用于领事认证的印鉴以及领事认证签署人员的姓名、衔级、签名式样送有关国家驻华使馆备案。

第十五条 驻外使馆、领馆以及外交部委托的其他驻外机构应当对驻在国认证机构的印鉴和签署人员的姓名、职务和签名式样进行备案。

第十六条　驻外使馆、领馆以及外交部委托的其他驻外机构、地方外办应当将领事认证签署人员的姓名、衔级（职务）、签名式样报外交部备案。

第十七条　印鉴、签名式样自备案之日起10个工作日后生效。

第十八条　领事认证签署人员不再行使签署职责的，有关机构应当及时将被取消签署权人员的姓名、衔级（职务）、取消签署权的日期等事项通知原备案机构。

第三章　领事认证程序

第十九条　国内出具的需送往国外使用的文书，文书使用国要求领事认证的，经国内公证机构公证或者证明机构证明后，应当送外交部或者地方外办办理领事认证，方可送文书使用国驻华使馆或者领事机构办理认证。

中国缔结或者参加的国际条约或者外交部另有规定的除外。

第二十条　国外出具的需送至国内使用的文书，中国法律法规规定或者文书使用机构要求认证的，经文书出具国有关机构公证、认证后，应当由中国驻该国使馆、领馆或者外交部委托的其他驻外机构办理领事认证。

中国缔结或者参加的国际条约或者外交部另有规定的除外。

第二十一条　申请办理领事认证，应当提交以下材料：

（一）合法有效的身份证件；

（二）填写真实、完整、准确的申请表；

（三）申请领事认证的文书；

（四）领事认证机构认为需要提交的其他材料。

第二十二条　领事认证机构可以根据需要向申请人核实申办领事

认证的目的和领事认证书的用途等情况，必要时可以要求申请人提交相关证明材料。

第二十三条　有下列情形之一的，领事认证机构不予办理领事认证：

（一）文书的印鉴、签名不属实的；

（二）文书的印鉴、签名未进行备案，或者与备案不相符的；

（三）文书的印鉴、签名、装订、时效等不符合文书出具机构、文书使用机构规定和要求的；

（四）可能损害国家利益和社会公共利益的；

（五）不予办理领事认证的其他情形。

第二十四条　申请人提交的办理领事认证的文书在两页及以上的，应当采用火漆加封、加盖骑缝章或者加盖钢印等不易被拆换的方式进行装订。

第二十五条　领事认证机构经过审查，认为申请领事认证的文书符合要求的，应当自受理申请之日起10个工作日内出具领事认证书。

因不可抗力、补充证明材料或者需要核实有关情况的，所需时间不计算在前款规定的期限内。

第二十六条　领事认证书应当包括下列内容：

（一）领事认证书编号；

（二）领事认证证词；

（三）出具领事认证书的机构名称；

（四）领事认证签署人员的签名；

（五）出具领事认证书的日期。

第二十七条　领事认证书自出具之日起生效。

领事认证书应当采用领事认证贴纸的形式粘贴在办理领事认证的文书上，具体式样、内容由外交部负责制定。

第二十八条　领事认证书应当使用规范汉字。

第二十九条　申请人申请办理领事认证应当按照国务院财政部门、

价格主管部门的规定缴纳相关费用。

第三十条　领事认证机构经过审查，认为申请办理领事认证的文书、手续或者其他材料不齐全的，应当一次性告知申请人需要履行的手续和补充的证明材料。

第四章　领事认证效力和异议处理

第三十一条　领事认证是领事认证机构以国家名义对文书予以确认的活动，其目的是使一国出具的文书能在另一国境内得以承认，不会因为怀疑文书上的印鉴、签名的真实性而影响其域外的法律效力。

领事认证不对公证书或者其他证明文书证明的事项行使证明职能，不对文书内容本身的真实性、合法性负责，文书内容由文书出具机构负责。

第三十二条　经领事认证的文书内容被更改、替换的，领事认证书无效。

第三十三条　申请人和已经领事认证的文书内容的利害关系人，对领事认证机构出具的领事认证书有异议的，可以向出具该领事认证书的领事认证机构提出复查申请。

第三十四条　领事认证机构收到复查申请后，应当进行审查、核实。对于领事认证书的编号、证词、出证日期等内容错误的，应当及时予以纠正。

第三十五条　已经领事认证的公证书或者其他证明文书依法定程序确定有错误而进行更正的，原公证书或者其他证明文书上的领事认证书自动失效。申请人可以持更正后的公证书或者其他证明文书重新申请办理领事认证。

已经领事认证的公证书或者其他证明文书依法定程序撤销的，领事认证书自该公证书或者其他证明文书因撤销而失效之日起同时自动失效。

第五章 法律责任

第三十六条 领事认证人员有本办法第九条规定行为之一的,由有关机关依法给予行政处分;构成犯罪的,依法追究刑事责任。

第三十七条 申请人以及其他个人或者组织有本办法第十条规定行为之一的,依法承担相应的法律责任。

第六章 附则

第三十八条 本办法所称文书,是指出生证、结婚证、学历证、原产地证、商业发票、含有非纸质材料的文件等各类证书以及文字材料等的总称。

第三十九条 本办法自2016年3月1日起施行。

附录5 中国与外国缔结领事条约（协定）一览表

中国与外国缔结领事条约（协定）一览表

（以签署日期为序，发布时间为2023年12月12日）

序号	条约(协定)名称	签署日期	生效日期
1	中华人民共和国和德意志民主共和国领事条约	1959-01-27	已失效
2	中华人民共和国和苏维埃社会主义共和国联盟领事条约	1959-06-23	已终止
3	中华人民共和国和捷克斯洛伐克共和国领事条约	1960-05-07	已终止
4	中华人民共和国和美利坚合众国领事条约	1980-09-17	1982-02-18
5	中华人民共和国和南斯拉夫社会主义联邦共和国领事条约[①]	1982-02-04	1982-11-26
6	中华人民共和国政府和波兰人民共和国政府领事条约	1984-07-14	1985-02-21

续表

序号	条约(协定)名称	签署日期	生效日期
7	中华人民共和国和朝鲜民主主义人民共和国领事条约	1985-11-26	1986-07-02
8	中华人民共和国和德意志民主共和国领事条约[②]	1986-05-31（重签）	已终止
9	中华人民共和国和匈牙利人民共和国领事条约	1986-06-03	1986-11-28
10	中华人民共和国和意大利共和国领事条约	1986-06-19	1991-06-19
11	中华人民共和国和蒙古人民共和国领事条约	1986-08-09	1987-02-07
12	中华人民共和国和苏维埃社会主义共和国联盟领事条约	1986-09-10（重签）	已终止
13	中华人民共和国和墨西哥合众国领事条约	1986-12-07	1988-01-14
14	中华人民共和国和保加利亚人民共和国领事条约	1987-05-06	1988-01-02
15	中华人民共和国和捷克斯洛伐克社会主义共和国领事条约[③]	1988-09-05（重签）	1989-07-05
16	中华人民共和国和土耳其共和国领事条约	1989-03-06	1991-08-02
17	中华人民共和国和老挝人民民主共和国领事条约	1989-10-08	1991-04-06
18	中华人民共和国和伊拉克共和国领事条约	1989-10-27	1991-07-03
19	中华人民共和国和阿拉伯也门共和国领事条约[④]	1990-03-04	1998-03-18
20	中华人民共和国和古巴共和国领事条约	1990-08-28	1993-01-03
21	中华人民共和国和阿根廷领事条约	1990-11-15	1993-04-08
22	中华人民共和国和罗马尼亚领事条约	1991-01-16	1992-06-28
23	中华人民共和国和印度共和国领事条约	1991-12-13	1992-10-30
24	中华人民共和国和突尼斯共和国领事条约	1992-3-31	1993-3-12

续表

序号	条约(协定)名称	签署日期	生效日期
25	中华人民共和国和哈萨克斯坦共和国领事条约	1992-08-10	1994-04-29
26	中华人民共和国和立陶宛共和国领事条约	1992-08-15	1993-05-10
27	中华人民共和国和巴基斯坦伊斯兰共和国领事条约	1992-10-07	1995-04-06
28	中华人民共和国和乌克兰领事条约	1992-10-31	1994-01-19
29	中华人民共和国和摩尔多瓦共和国领事条约	1992-11-07	1996-09-18
30	中华人民共和国和玻利维亚共和国领事条约	1992-11-18	1994-03-01
31	中华人民共和国和土库曼斯坦领事条约	1992-11-21	1996-05-25
32	中华人民共和国和白俄罗斯共和国领事条约	1993-01-11	1994-03-31
33	中华人民共和国和吉尔吉斯共和国领事条约	1993-08-30	1994-05-23
34	中华人民共和国和阿塞拜疆共和国领事条约	1994-01-04	1996-04-28
35	中华人民共和国和秘鲁共和国领事条约	1994-06-09	1996-10-31
36	中华人民共和国和乌兹别克斯坦共和国领事条约	1994-10-24	1996-08-02
37	中华人民共和国和亚美尼亚共和国领事条约	1995-12-26	1997-10-29
38	中华人民共和国和格鲁吉亚共和国领事条约	1996-01-23	1998-05-15
39	中华人民共和国和克罗地亚共和国领事条约	1996-02-05	1997-11-8
40	中华人民共和国政府和加拿大政府领事协定	1997-11-28	1999-03-11

续表

序号	条约(协定)名称	签署日期	生效日期
41	中华人民共和国和越南社会主义共和国领事条约	1998-10-19	2000-07-26
42	中华人民共和国和澳大利亚领事协定 中华人民共和国政府和澳大利亚政府就《中华人民共和国和澳大利亚领事协定》和《中华人民共和国政府和澳大利亚政府关于澳大利亚继续在中华人民共和国澳门特别行政区执行领事职务的协定》有关问题达成协议的换文	1999-09-08 2017-10-31	2000-09-15 2017-12-01
43	中华人民共和国和俄罗斯联邦领事条约	2002-04-25	2003-10-23
44	中华人民共和国政府和尼日利亚联邦共和国政府领事协定	2002-07-02	尚未生效
45	中华人民共和国和新西兰领事协定	2003-10-26	2006-04-23
46	中华人民共和国和日本国领事协定	2008-10-24	2010-02-16
47	中华人民共和国和菲律宾共和国领事协定	2009-10-29	2013-07-13
48	中华人民共和国和柬埔寨王国领事条约	2010-02-25	2011-01-12
49	中华人民共和国和大韩民国领事协定	2014-07-03	2015-04-12

资料来源:《中国与外国缔结领事条约(协定)一览表》,http://cs.mfa.gov.cn/zlbg/tyxy_660627/201402/t20140225_961624.shtml。

注:①《中南领事条约》在中国与马其顿、斯洛文尼亚、与波斯尼亚和黑塞哥维那、与塞尔维亚、与黑山之间继续有效。

②中德双方于1991年确认《中国和民主德国领事条约》随德国的统一予以终止。

③《中捷领事条约》在中国与捷克、与斯洛伐克之间仍然有效。

④1992年4月,中也双方确认《中也领事条约》适用于也门共和国全境。

附录6 中国与外国互免签证协定一览表

截至目前,中华人民共和国与下列国家缔结互免签证协定。中国公民持所适用的护照前往下列国家短期旅行通常无需事先申请签证。

中国与外国互免签证协定一览表

(更新至 2024 年 5 月 28 日)

序号	协议国	互免签证的证件类别	生效日期	备注
1	阿尔巴尼亚	外交、公务护照	1956-08-25	
		公务普通护照、普通护照	2023-03-18	
2	阿尔及利亚	外交、公务护照	2019-03-13	
3	阿富汗	外交护照	2015-07-16	
4	阿根廷	中方外交、公务护照	1993-08-14	
		阿方外交、官员护照		
5	阿联酋	外交护照	2012-03-21	
		公务、公务普通护照	2016-01-11	
		普通护照	2018-01-16	
6	阿曼	中方外交、公务护照	2010-04-16	
		阿方外交、公务和特别护照		

续表

序号	协议国	互免签证的证件类别	生效日期	备注
7	阿塞拜疆	外交、公务、公务普通护照	1994-02-10	
		团体旅游	1994-05-01	
8	爱尔兰	中方外交护照、公务和公务普通护照（公务和公务普通护照限于随部长级及以上代表团出访者）	2015-09-23	
		爱方外交护照、官员护照（官员护照限于随部长级及以上代表团出访者）		
		欧盟通行证	2017-01-01	③
9	埃及	中方外交、公务护照	2007-01-27	
		埃方外交、特别护照		
10	埃塞俄比亚	外交、公务、公务普通护照	2015-12-07	
11	爱沙尼亚	外交护照、欧盟通行证	2017-01-01	③
12	安哥拉	外交、公务护照	2015-04-11	
13	安提瓜和巴布达	中方外交、公务、公务普通、普通护照	2024-05-11	
		安方外交、官员、普通护照		
14	奥地利	外交护照、欧盟通行证	2017-01-01	③
15	巴巴多斯	中方外交、公务、公务普通护照	2014-08-02	
		巴方外交、官员护照		
		普通护照	2017-06-01	
16	巴布亚新几内亚	中方外交、公务、公务普通护照	2019-05-02	
		巴方外交、公务护照		
17	巴哈马	中方外交、公务、公务普通、普通护照	2014-02-12	
		巴方外交、官员、普通护照		

续表

序号	协议国	互免签证的证件类别	生效日期	备注
18	巴基斯坦	中方外交、公务护照 巴方外交、官员护照	1987-08-16	
		公务普通护照	1988-04-30	
19	巴勒斯坦	中方外交护照 巴方外交护照	2024-01-21	
20	巴林	中方外交、公务、公务普通护照 巴方外交、特别护照	2018-10-25	
21	巴拿马	中方外交、公务、公务普通护照 巴方外交、公务、领事护照	2017-10-28	
22	巴西	中方外交、公务、公务普通护照 巴方外交、官员护照	2004-08-10	
23	白俄罗斯	外交、公务护照 团体旅游	1993-03-01	
		普通护照	2018-8-10	
24	保加利亚	外交、公务护照	2012-04-04	
		欧盟通行证	2017-01-01	③
25	北马其顿	中方外交、公务、公务普通护照 北马方外交、公务、标有"公务"字样的普通护照	1994-07-19	
26	贝宁	中方外交、公务、公务普通护照 贝方外交、公务、附有"公务证明"的普通护照	1993-11-06	
27	比利时	外交护照、欧盟通行证	2017-01-01	③

续表

序号	协议国	互免签证的证件类别	生效日期	备注
28	秘鲁	中方外交、公务护照 秘方外交、特别护照	2004-05-12	
29	冰岛	外交护照	2017-06-01	
30	博茨瓦纳	中方外交、公务、公务普通护照 博方外交、公务、官员护照	2018-12-22	
31	波黑	中方外交、公务、公务普通护照 波方外交、公务护照 普通护照	1980-01-09 2017-10-04 2018-05-29	①
32	波兰	外交、公务护照、海员证、机组人员证件 欧盟通行证	1992-07-27 2017-01-01	③
33	玻利维亚	中方外交、公务护照 玻方外交、官员护照 公务普通护照	1987-11-15 2008-01-18	
34	布基纳法索	中方外交、公务、公务普通护照 布方外交、公务护照	2018-11-18	
35	布隆迪	外交、公务、公务普通护照	2014-11-25	
36	朝鲜	外交、公务护照 中方公务普通护照 朝方公务团体护照	1956-10-01 1965-01-01	
37	赤道几内亚	中方外交、公务护照 赤方外交、官员护照 中方公务普通护照 赤方特别公务护照	2006-01-01 2017-08-06	
38	丹麦	外交护照、欧盟通行证	2017-01-01	③

续表

序号	协议国	互免签证的证件类别	生效日期	备注
39	德国	外交护照、欧盟通行证	2017-01-01	③
40	东帝汶	外交、公务、公务普通护照	2015-06-24	
41	多哥	外交、公务、公务普通护照	2015-05-07	
42	多米尼加	中方外交、公务、公务普通护照 多方外交、官员护照	2021-01-08	
43	多米尼克	中方外交、公务、公务普通护照 多方外交、官员护照	2014-03-29	
		普通护照	2022-09-19	
44	厄瓜多尔	中方外交、公务护照 厄方外交、官员护照	1987-07-11	
		中方公务普通护照 厄方特别护照	1988-12-25	
		普通护照	2016-08-18	
45	厄立特里亚	外交、公务、公务普通护照	2015-04-15	
46	俄罗斯	团体旅游	2000-12-01	
		外交、公务护照，随车、飞机、船执行公务的国际列车车组人员、机组人员、持海员证船员	2014-04-26	
47	法国	外交护照、欧盟通行证	2017-01-01	③
48	斐济	外交、公务、公务普通、普通护照	2015-03-14	
49	菲律宾	中方外交、公务护照（限临时访问人员） 菲方外交、官员护照（限临时访问人员）	2005-02-28	
50	芬兰	外交护照、欧盟通行证	2017-01-01	③
51	佛得角	外交、公务护照	2015-07-11	

续表

序号	协议国	互免签证的证件类别	生效日期	备注
52	冈比亚	中方外交、公务、公务普通护照 冈方外交、公务护照	2018-06-10	
53	刚果(布)	外交、公务、公务普通护照	2014-08-07	
54	格林纳达	中方外交、公务护照 格方外交、官员护照	2010-01-17	
		公务普通、普通护照	2015-06-10	
55	哥伦比亚	外交护照	1987-11-14	
		中方公务护照 哥方官员护照	1991-11-14	
56	哥斯达黎加	外交、公务护照	2008-01-15	
57	格鲁吉亚	外交、公务、公务普通护照	1994-02-03	
		普通护照	2024-05-28	
58	古巴	中方外交、公务、公务普通护照 古方外交、公务、官员护照	2021-07-16	
59	圭亚那	中方外交、公务、公务普通护照 圭方外交、官员护照	1998-08-19	
60	韩国	外交护照	2013-08-10	
		中方公务护照 韩方官用护照	2014-12-25	
61	哈萨克斯坦	外交、公务护照	1994-02-01	
		中方公务普通、普通、旅行证 哈方普通、回国证明	2023-11-10	
62	荷兰	外交护照、欧盟通行证	2017-01-01	③
63	黑山	外交、公务护照	2013-03-01	

续表

序号	协议国	互免签证的证件类别	生效日期	备注
64	洪都拉斯	中方外交、公务、公务普通护照 洪方外交、官员、公务护照	2023-09-25	
65	加纳	外交、公务护照	2017-03-28	
66	加蓬	外交、公务、公务普通护照	2016-02-05	
67	吉布提	外交、公务、公务普通护照	2014-12-04	
68	吉尔吉斯斯坦	外交、公务护照	2003-06-14	
69	几内亚	外交、公务、公务普通护照	2017-09-16	
70	柬埔寨	外交、公务护照	2006-09-14	
71	捷克	外交护照、欧盟通行证	2017-01-01	③
72	津巴布韦	外交、公务护照	2014-11-12	
73	喀麦隆	外交、公务护照	2017-08-12	
74	卡塔尔	中方外交、公务、公务普通、普通护照 卡方外交、特别、公务、普通护照	2018-12-21	
75	克罗地亚	中方外交、公务护照 克方外交、官员护照	1995-04-09	
		欧盟通行证	2017-01-01	③
76	科摩罗	外交、公务、公务普通护照	2016-02-26	
77	科特迪瓦	外交、公务、公务普通护照	2015-12-19	
78	科威特	中方外交、公务、公务普通护照 科方外交、特别护照	2014-10-17	
79	肯尼亚	中方外交、公务护照 肯方外交、官员护照	2014-08-17	
80	拉脱维亚	外交护照、欧盟通行证	2017-01-01	③

续表

序号	协议国	互免签证的证件类别	生效日期	备注
81	莱索托	中方外交、公务护照 莱方外交、官员护照	2016-08-24	
82	老挝	中方外交、公务、公务普通护照 老方外交、公务、加注有效公务签证的普通护照	1989-11-06	
83	黎巴嫩	中方外交、公务、公务普通护照 黎方外交、特别、公务护照	2023-12-24	
84	利比里亚	外交护照	2016-02-10	
85	立陶宛	外交、公务护照、海员证（随船） 欧盟通行证	1992-09-14 2017-01-01	③
86	卢森堡	外交护照、欧盟通行证	2017-01-01	③
87	卢旺达	中方外交、公务、公务普通护照 卢方外交、公务护照	2018-12-23	
88	罗马尼亚	外交、公务护照 欧盟通行证	1981-09-16 2017-01-01	③
89	马达加斯加	中方外交、公务、公务普通护照 马方外交、公务护照	2023-11-04	
90	马尔代夫	外交、公务护照 中方外交、公务、公务普通护照、普通护照及中华人民共和国旅行证 马方外交、公务护照、普通护照及马尔代夫共和国临时旅行证件、紧急旅行证件（身份证明书）	1984-11-27 2022-05-20	
91	马耳他	外交、公务护照 欧盟通行证	2008-03-06 2017-01-01	③

续表

序号	协议国	互免签证的证件类别	生效日期	备注
92	马里	外交、公务、公务普通护照	2015-05-09	
93	马来西亚	中方外交、公务护照 马方外交、官员护照	2011-05-18	
94	毛里求斯	外交、公务、公务普通、普通护照	2013-10-31	
95	毛里塔尼亚	中方外交、公务、公务普通护照 毛方外交、公务护照	2017-05-15	
96	蒙古国	外交、公务、公务普通护照	1989-04-30	
97	孟加拉国	中方外交、公务、公务普通护照 孟方外交、官员、加注"政府公务"或"免费"字样的普通护照	1989-12-18	
98	缅甸	中方外交、公务护照 缅方外交、官员护照	1998-03-05	
99	摩尔多瓦	中方外交、公务、公务普通护照 摩方外交、公务、加注"公务"字样的普通护照 团体旅游	1993-01-01	
100	摩洛哥	外交、公务护照 中方公务普通、摩方特别护照	2014-03-06 2016-06-09	
101	莫桑比克	外交、公务护照	2016-05-14	
102	墨西哥	中方外交、公务护照 墨方外交、官员护照	1998-01-01	
103	南非	外交护照 公务护照	2010-11-27 2016-03-01	
104	南苏丹	中方外交、公务、公务普通护照 南方外交、特别护照	2019-03-28	

续表

序号	协议国	互免签证的证件类别	生效日期	备注
105	尼泊尔	中方外交、公务护照 尼方外交、官员护照	2006-10-16	
106	尼加拉瓜	中方外交、公务、公务普通 尼方外交、官员、公务	2022-07-07	
107	尼日尔	中方外交、公务、公务普通护照 尼方外交、公务护照	2018-12-15	
108	尼日利亚	外交、公务、公务普通护照	2014-02-01	
109	挪威	外交护照	2018-06-18	
110	葡萄牙	外交护照、欧盟通行证	2017-01-01	③
111	瑞典	外交护照、欧盟通行证	2017-01-01	③
112	瑞士	外交护照	2016-01-29	
113	萨尔瓦多	外交、公务(官员)、公务普通	2022-10-23	
114	萨摩亚	中方外交、公务护照 萨方外交、官员护照	2011-02-18	
115	塞尔维亚	中方外交、公务、公务普通护照 塞方外交、公务、加注"公务"字样的普通护照 普通护照	1980-01-09 2017-01-15	①
116	塞拉利昂	中方外交、公务、公务普通护照 塞方外交、公务护照	2018-12-24	
117	塞内加尔	外交、公务、公务普通护照	2014-05-03	
118	塞浦路斯	外交、公务护照 欧盟通行证	1991-10-02 2017-01-01	③
119	塞舌尔	外交、公务、公务普通、普通护照	2013-06-26	

续表

序号	协议国	互免签证的证件类别	生效日期	备注
120	圣多美和普林西比	中方外交、公务、公务普通护照 圣普方外交、特别公务护照	2018-02-03	
121	圣马力诺	外交、公务、普通护照	1985-07-22	
122	斯里兰卡	中方外交、公务、公务普通护照 斯方外交、官员护照	2013-04-18	
123	斯洛伐克	中方外交、公务护照 斯方外交、公务、特别护照	1956-06-01	②
		欧盟通行证	2017-01-01	③
124	斯洛文尼亚	外交、公务护照	1994-07-01	
		欧盟通行证	2017-01-01	③
125	苏丹	中方外交、公务护照 苏方外交、特别、官员护照	1995-10-26	
126	苏里南	外交、公务、公务普通、普通护照	2021-05-01	
127	所罗门群岛	外交、公务（官员）、公务普通	2022-11-24	
128	塔吉克斯坦	中方外交、公务、公务普通 塔方外交、公务、加注"公务"字样的普通护照	1993-06-01	
129	泰国	中方外交、公务护照 泰方外交、官员护照	1997-06-01	
		中方公务普通、普通护照 泰方普通护照	2024-03-01	
130	坦桑尼亚	外交、公务护照	2005-07-11	

· 249 ·

续表

序号	协议国	互免签证的证件类别	生效日期	备注
131	汤加	中方外交、公务、公务普通护照 汤方外交、官员护照	2012-11-10	
		普通护照	2016-08-19	
132	特立尼达和多巴哥	中方外交、公务护照 特方外交、官员护照	2006-11-23	
133	突尼斯	中方外交、公务护照 突方外交、特别护照	2006-09-29	
134	土耳其	中方外交、公务、公务普通护照 土方外交、公务、特别护照	1989-12-24	
135	土库曼斯坦	中方外交、公务、公务普通护照 土方外交、公务、加注"公务"字样的普通护照	1993-02-01	
		团体旅游		
136	瓦努阿图	中方外交、公务护照 瓦方外交、官员护照	2020-04-19	
137	委内瑞拉	外交、公务护照、公务普通护照	2014-01-08	
138	文莱	中方外交、公务护照 文方外交、官员护照	2005-06-18	
139	乌克兰	外交、公务护照和海员证	2002-03-31	
140	乌拉圭	中方外交、公务、公务普通护照 乌方外交、公务护照	2017-01-07	
141	乌兹别克斯坦	外交护照	2010-07-09	
142	西班牙	外交护照、欧盟通行证	2017-01-01	③
143	希腊	外交护照、欧盟通行证	2017-01-01	③

续表

序号	协议国	互免签证的证件类别	生效日期	备注
144	新加坡	外交、公务、公务普通护照	2011-04-17	
		普通护照	2024-02-09	
145	匈牙利	外交、公务护照	1992-05-28	
		欧盟通行证	2017-01-01	③
146	牙买加	中方外交、公务护照	1995-06-08	
		牙方外交、官员护照		
147	亚美尼亚	中方外交、公务、公务普通护照	1994-08-03	
		亚方外交、公务、公务普通、加注"公务"字样的普通护照		
		普通护照	2020-01-19	③
148	意大利	外交护照、欧盟通行证	2017-01-01	
149	伊朗	外交、公务护照	1989-07-12	
150	伊拉克	外交、特别、公务、公务普通护照	2023-12-19	
151	以色列	外交、公务护照	2016-01-17	
152	印度尼西亚	外交、公务护照(限临时访问人员)	2005-11-14	
153	英国	中方外交护照、公务和公务普通护照(公务和公务普通护照限于随部长级及以上代表团出访者)	2007-10-25	
		英方外交护照、官员护照(官员护照限于随部长级及以上代表团出访者)		
		欧盟通行证	2017-01-01	③
154	约旦	中方外交、公务护照	1993-03-11	
		约方外交、公务、特别护照		
155	越南	外交、公务、公务普通护照	1992-03-15	

续表

序号	协议国	互免签证的证件类别	生效日期	备注
156	乍得	中方外交、公务、公务普通护照 乍方外交、公务护照	2019-11-18	
157	智利	中方外交、公务护照 智方外交、官员护照	1986-05-07	

资料来源：《中国与外国互免签证协定一览表》，http://cs.mfa.gov.cn/zlbg/tyxy_660627/202110/t20211029_10403855.shtml。

注：①目前适用中国与前南斯拉夫社会主义联邦共和国有关协议。

②目前适用中国与前捷克斯洛伐克共和国有关协议。

③适用《中国与欧盟关于互免持外交护照人员短期停留签证的协定》。

④免签入境并不等于可无限期在协定国停留或居住，根据协定要求，持有关护照免签入境后，一般只允许停留不超过30日。持照人如需停留30日以上，按要求应尽快在当地申请办理居留手续。

⑤有关协定文本可在中华人民共和国外交部网站条约数据库（http://treaty.mfa.gov.cn/web/index.jsp）查询。

附录7　持普通护照中国公民前往有关国家和地区入境便利待遇一览表*

近期，外交部领事司对中国领事服务网《持普通护照中国公民前往有关国家和地区入境便利待遇一览表》进行了更新，并已通知出入境边防检查机关给予相关人员出境便利。考虑各国有关入境法规政策可能动态调整，所提供信息仅供参考，请行前咨询相关国家主管部门，按要求准备所需材料或履行必要手续，以免入境受阻。

（一）单方面允许中国公民免签入境国家和地区名单（26个）

亚洲（8个）：阿曼、韩国（济州岛30天免签、青少年修学旅行团体免签）、乌兹别克斯坦（经国际机场可持10日内回国或赴第三国机票免签入境，经陆路口岸可持10日内乌国家航空公司离境机票免签入境）、伊朗、越南（2020年7月起，外国人前往越南富国岛出入境及居留不超过30日免办签证）、格鲁吉亚（2023年9月11日起，仅对旅游为目的中国公民施行免签30天便利）、泰国（2023年9月25日至2024年2月28日30天免签）、马来西亚（2023年12月1日至

---

* 鉴于各国有关入境法规政策可能动态调整，本附录信息仅供参考，请以有关国家政策为准。

2024年12月31日）。

非洲（8个）：加蓬、摩洛哥、莫桑比克、突尼斯（适用于自中国境内或境外入境突尼斯的中国个人或团体游客）、赞比亚、法属留尼汪（需持有资质的旅行社签发的免签券）、安哥拉（短期来安旅游含短期商务访问的中国公民可免签多次入境）、贝宁。

美洲（5个）：安提瓜和巴布达、海地、圣基茨和尼维斯、圣卢西亚、牙买加（以旅游目的来牙且停留不超过30日，可免签）。

大洋洲（5个）：密克罗尼西亚联邦、纽埃、萨摩亚（需有返程或前往第三国机票，前往第三国的签证等）、法属波利尼西亚（需持有资质的旅行社签发的免签券）、基里巴斯。

（二）单方面允许中国公民办理落地签证国家和地区名单（44个）

亚洲（19个）：阿曼、阿塞拜疆、巴林、东帝汶、柬埔寨、老挝、黎巴嫩（护照上无以色列签证或出入境记录）、马来西亚（仅限从新加坡、泰国、印尼或文莱入境马来西亚的中国籍旅客）、孟加拉国（限公务旅行、商务投资、旅游目的）、尼泊尔、沙特阿拉伯、泰国、土库曼斯坦（邀请人需事先在土移民局办理落地签手续）、文莱、叙利亚、伊拉克、印度尼西亚、约旦、越南。

非洲（18个）：埃及、安哥拉、博茨瓦纳、布隆迪、赤道几内亚、佛得角、吉布提、津巴布韦、科摩罗、卢旺达、马达加斯加、毛里塔尼亚、尼日利亚、塞拉利昂、圣多美和普林西比、索马里、坦桑尼亚、突尼斯。

欧洲（1个）：塞浦路斯（仅限紧急人道主义状况下申办，如突然去世者的近亲属等）。

美洲（3个）：萨尔瓦多（需持有指定国家有效签证）、牙买加（普通护照持有人以工作、经商目的来牙，或来牙旅游超过30日，提前经牙移民局审核通过，可办理落地签）、玻利维亚。

大洋洲（3个）：库克群岛、帕劳、瓦努阿图。

(三) 单方面允许中国公民免签过境国家和地区名单（41个）

亚洲（14个）：阿曼、阿塞拜疆、巴林、韩国（济州岛团体中转旅客免签入境政策、指定机场团体旅游免签、持日本团签的中国团体游客免签、前往美加新西兰等国过境免签）、柬埔寨、黎巴嫩、孟加拉国、沙特阿拉伯（凡是购买沙特航空或纳斯航空机票的乘客，可自动获得免签过境）、斯里兰卡（①在不间断旅程中途经斯里兰卡，并继续乘坐同一航班/船只赴第三国的，可免签过境；②乘客列于航空公司出具名单中，证明并承诺其将乘坐下一班次赴第三国的，可免签过境；免签过境停留期限视航班经停情况）、乌兹别克斯坦、新加坡（需持有指定国家有效签证）、伊朗、约旦、越南。

非洲（8个）：埃塞俄比亚、多哥、加蓬、肯尼亚、毛里塔尼亚、摩洛哥、塞内加尔、赞比亚。

欧洲（8个）：奥地利、波兰、瑞士、塞浦路斯、斯洛伐克、西班牙、匈牙利、意大利。

美洲（6个）：海地、尼加拉瓜、牙买加（①中转旅客仅在机场国际中转区停留，无需签证；②普通护照持有人如需入境中转，可免签3日）、阿根廷、圭亚那、智利。

大洋洲（5个）：巴布亚新几内亚、库克群岛、密克罗尼西亚联邦、纽埃、萨摩亚。

(四) 互免普通护照签证的国家和地区

详见本书附录6。

持普通护照中国公民前往有关国家和地区入境便利待遇一览表

（更新至 2023 年 11 月）

一、单方面允许中国公民免签入境国家和地区（26 个）

序号	国家/地区名称	单方面免签入境安排
1	阿曼	对护照种类及有效期的要求：所有种类护照，公务护照，公务普通护照，因私普通护照提供酒店预订单、返程机票、健康保险 可免签入境的口岸：所有口岸 免签入境停留期限：外交护照、公务护照 30 天，公务普通护照、因私普通护照 14 天 需交纳的费用：无
2	韩国	济州岛 30 天免签（详情可查阅韩国驻华使馆网站 https://overseas.mofa.go.kr/cn-zh/index.do） 中国青少年研学旅行团免签政策： 政策对象：由中国中小学生组成的 3 人及以上研学旅行团（其中至少 1 名为领队，组织研学旅行的团体相关人员，组织研学旅行的指定旅行社工作人员） 许可要求：获得韩国驻韩国使领馆领事确认（由带队老师、组织研学旅行的团体相关人员或组织研学旅行社工作人员提交申请） 在韩滞留资格及有效期：B-2（旅游过境），30 天，无需提交入境卡

附录7 持普通护照中国公民前往有关国家和地区入境便利待遇一览表

续表

序号	国家/地区名称	单方面免签入境安排
3	乌兹别克斯坦	对护照种类及有效期的要求:持公务、公务普通和因私护照均可免签入境,对护照有效期无特殊要求 免签入境需提供的材料:入境时需出示10日内回国或赴第三国机票,离境航班执飞航空公司应将旅客信息报边防部门备案 可免签入境的口岸:经国际机场可持10日内回国或赴第三国机票免签入境,乌国家航空公司离境航票免签入境,经陆路口岸可持10日内乌国家航空公司离境机票免签入境 免签入境停留期限:10天 需交纳的费用:无
4	伊朗	对护照种类及有效期的要求:中国普通护照、中国公务普通护照、香港特别行政区护照、澳门特别行政区护照,有效期6个月以上 免签入境需提供的材料:无 可免签入境的口岸:所有对外开放口岸 免签入境停留期限:每次入境后可停留21天 需交纳的费用:无
5	越南	对护照种类及有效期的要求:护照有效期6个月以上 免签入境需提供的材料:富国岛 可免签入境的口岸:富国岛 免签入境停留期限:30天 需交纳的费用:5美元

· 257 ·

续表

序号	国家/地区名称	单方面免签人境安排
6	加蓬	对护照种类及有效期的要求：因私普通护照，有效期在3个月以上免签人境需提供的材料：与人境目的相符的证明材料以及加蓬境内联系人、联系方式等信息可免签人境的口岸：加蓬所有口岸免签人境停留期限：30日，30日届满前至少7天可有偿申请不超过30天的延期签证，最多可申请延期两次，即停留总天数不得超过90天需交纳的费用：第一个30日免费，延期45 000中非法郎每次
7	摩洛哥	对护照种类及有效期的要求：各类护照均可，有效期须大于6个月免签人境需提供的材料：全部可免签人境的口岸：凭护照即可人境免签人境停留期限：最长停留期90天需交纳的费用：无
8	莫桑比克	对护照种类及有效期的要求：普通护照，有效期不少于6个月免签人境需提供的材料：有效期不少于6个月护照，往返机票，住宿证明可免签人境的口岸：马普托，贝拉免签人境停留期限：30天需交纳的费用：650梅蒂卡尔（约合10美元）

附录7 持普通护照中国公民前往有关国家和地区入境便利待遇一览表

续表

序号	国家/地区名称	单方面免签入境安排
9	突尼斯	免签政策适用于自中国境内或境外入境的中国个人或团体游客。在办理登机手续和入境时需提供已付费至酒店的酒店订单(Bon-voucher),与在突停留期相符的住返机票,否则行程可能受阻。方平台支付,须确保费用已付至酒店。因商务、学习、工作,探亲等其他目的来关人员须提前向突驻当地使领馆申办签证。
10	赞比亚	对护照种类及有效期的要求:普通护照,有效期大于6个月 免签人境需提供的材料:无 可免签入境的口岸:所有口岸 免签入境停留期限:12个月内一次,商务目的最长30天,旅游目的最长90天 需交纳的费用:无
11	法属留尼汪	对护照种类及有效期的要求:有效期剩余6个月以上的中国护照 免签人境需提供的材料:持有资质的旅行社签发的免签券(Voucher) 可免签入境的口岸:留尼汪两个机场(罗兰·加洛斯机场和皮埃尔·丰德机场) 免签人境停留期限:每次最多15天,6个月内总共不超过90天 需交纳的费用:免签券需支付20欧元,在有资质的旅行社购买机票酒店等服务超过500欧元免费办免签
12	法属波利尼西亚	对护照种类及有效期的要求:有效期自离开法波起剩余6个月以上的中国普通护照 免签人境需提供的材料:持有资质的旅行社签发的免签券 可免签入境的口岸:法阿机场 免签人境停留期限:每次最多15天 需交纳的费用:无

· 259 ·

续表

序号	国家/地区名称	单方面免签入境安排
13	安提瓜和巴布达	对护照种类及有效期的要求:外交护照,公务护照,普通护照,6个月以上有效期 免签入境需提供的材料:往返机票/返程行程单 可免签入境的口岸:目前为伯德机场 免签入境停留期限:30天 需交纳的费用:无
14	海地	对护照种类及有效期的要求:无 免签入境需提供的材料:须提供离境机票 可免签入境的口岸:太子港 免签入境停留期限:90天 需交纳的费用:10美元
15	圣基茨和尼维斯	对护照种类及有效期的要求:外交护照,公务护照,普通护照,6个月以上有效期 免签入境需提供的材料:往返机票/返程行程单 可免签入境的口岸:目前为罗伯特布拉德肖机场,万斯艾默里机场 免签入境停留期限:90天 需交纳的费用:无
16	圣卢西亚	圣卢西亚与我未建交,单方面实施对中国免签入境政策,最长可停留42天,详细信息可参阅圣卢西亚政府官方网站:https://www.govt.lc/services/apply-for-saint-lucia-non-immigrant-visa

附录7 持普通护照中国公民前往有关国家和地区入境便利待遇一览表

续表

序号	国家/地区名称	单方面免签入境安排
17	牙买加	对护照种类及有效期的要求:有效期在6个月以上的公务普通护照、普通护照持有人,以旅游目的来牙目停留不超过30日,可免签 免签入境需提供的材料:对于未来牙旅游的公务普通护照、普通护照持有人,入境时需出示停留期30日内的往返机票,酒店订单和足额旅费 可免签入境的口岸:金斯敦、蒙特哥贝 免签入境停留期限:公务普通护照、普通护照旅游事由可停留30日 需交纳的费用:无
18	密克罗尼西亚联邦	对护照种类及有效期的要求:护照有效期至少120天 免签入境需提供的材料:有效护照、返程机票 可免签入境的口岸:均可免签 免签入境停留期限:落地审发30天许可,到期需至移民局延期,最长停留期90天 需交纳的费用:无
19	纽埃	对护照种类及有效期的要求:无 免签入境需提供的材料:护照、离境机票、资金证明 可免签入境的口岸:无限制 免签入境停留期限:30天 需交纳的费用:无

· 261 ·

续表

序号	国家/地区名称	单方面免签入境安排
20	萨摩亚	对护照种类及有效期的要求：种类无要求，有效期需大于6个月 免签人境需提供的材料：有效期大于6个月的护照，返程或前往第三国机票，前往第三国的签证，资金证明，居住地地址 可免签入境的口岸：阿皮亚 免签入境停留期限：90天 需交纳的费用：无
21	格鲁吉亚	2023年9月11日起，仅对旅游为目的中国公民施行免签30天便利
22	基里巴斯	护照有效期6个月以上，每12个月累计停留不超过90天，此外如中国公民单次在基停留超过30天，需向基移民申请延长停留期，延期时长最多60天
23	泰国	2023年9月25日至2024年2月28日30天免签
24	安哥拉	短期来安哥拉旅游（含短期商务访问）的中国公民可免签证多次入境，每次入境停留期不超过30天，每年可免签入境停留累计不超过90天。超过90天则需按照正常流程申请旅游签证入境。免签入境人员仍需遵守边检、海关防疫等规定，持有剩余有效期长于停留期的有效护照和国家疫苗接种证明（如适用）
25	贝宁	中国公民可免签入境贝宁，每90日内可在贝居留不超过30日 中国公民入境贝时，护照剩余有效期应在6个月以上 中国公民免签入境时，仍需完成贝其他入境手续
26	马来西亚	2023年12月1日至2024年12月31日30天免签

附录7 持普通护照中国公民前往有关国家和地区入境便利待遇一览表

二、单方面允许中国公民办理落地签证国家和地区（44个）

序号	国家/地区名称	办理落地签证条件
1	阿曼	对护照种类及有效期的要求：所有种类护照，有效期6个月以上 办理落地签需提供的材料：外交护照、公务护照无需材料，因私普通护照、公务普通护照，因普通护照提供酒店预订单、返程机票、健康保险 可办理落地签的口岸：可网上提前申请，所有口岸均可办理 落地签的停留期限：30天 需交纳的费用：20里亚尔（约50美元）
2	阿塞拜疆	对护照种类及有效期的要求：因私护照，剩余有效期不少于6个月 办理落地签需提供的材料：因私护照 可办理落地签的口岸：盖达尔·阿利耶夫国际机场 落地签的停留期限：30天 需交纳的费用：30美元
3	巴林	对护照种类及有效期的要求：护照有效期需在停留期或签证期内有效（以最长的期限为准） 办理落地签需提供的材料：根据停留时间不同可能会被要求提供返回机票或生活费或住宿证明 可办理落地签的口岸：任何一个口岸 落地签的停留期限：14天或30天 需交纳的费用：14天为5巴林第纳尔，30天为12巴林第纳尔

· 263 ·

续表

序号	国家/地区名称	办理落地签证条件
4	东帝汶	对护照种类及有效期的要求:公务普通护照(因公事宜)、因私普通护照,剩余有效期6个月以上 办理落地签需提供的材料:护照原件 可办理落地签的口岸:帝力机场、巴图加德、萨莱勒、萨卡托 落地签的停留期限:30天 需交纳的费用:30美元
5	柬埔寨	对护照种类及有效期的要求:外交护照、公务护照、公务普通护照、普通护照,护照剩余有效期大于6个月 办理落地签需提供的材料:移民卡,护照上应有2页以上的空白页 可办理落地签的口岸:所有口岸 落地签的停留期限:30天 需交纳的费用:30美元
6	老挝	对护照种类及有效期的要求:所有护照,6个月以上有效期 办理落地签需提供的材料:机票或酒店订单或接待方信息 可办理落地签的口岸:老挝全国国际口岸 落地签的停留期限:30天 需交纳的费用:20美元

附录7 持普通护照中国公民前往有关国家和地区入境便利待遇一览表

续表

序号	国家/地区名称	办理落地签证条件
7	黎巴嫩	对护照种类及有效期的要求：所有护照种类均可办理，有效期6个月以上 办理落地签需提供的材料：往返机票及在黎住宿信息，护照上无以色列签证或出入境记录 可办理落地签的口岸：贝鲁特国际机场 落地签的停留期限：外交护照停留期6个月，其他护照停留期1个月，可延长至3个月 需交纳的费用：无
8	马来西亚	对护照种类及有效期的要求：仅限从新加坡、泰国、印度尼西亚或文莱入境马来西亚的中国籍旅客，无护照种类要求，护照有效期须6个月以上 办理落地签需提供的材料：6个月以上有效护照，并持有新加坡、泰国、印尼或文莱任一国家的有效签证，护照尺寸照片，回程机票，酒店订单，至少1000美元现金/支票/信用卡/借记卡/马来西亚国家银行承认的电子钱包 可办理落地签的口岸：吉隆坡国际机场、吉隆坡第二国际机场、槟城国际机场、柔佛新山土乃国际机场、沙巴亚庇国际机场、沙捞越古晋国际机场、吉打兰卡威国际机场、沙捞越美里国际机场、沙捞越都木山关口、纳闽国际轮渡码头邦国际机场、柔佛新山苏丹阿布巴卡口岸、沙捞越双溪都卡关口、打昔木山关口、纳闽国际轮渡码头 落地签的停留期限：单次入境，入境后最长可停留15天，不得延期 需交纳的费用：马币200令吉（约合307.86元人民币）
9	孟加拉国	对护照种类及有效期的要求：6个月有效期护照 办理落地签需提供的材料：限公务旅行、商务投资、旅游目的，需提供邀请函、往返机票、酒店预订单 可办理落地签的口岸：向国际旅客开放的口岸 落地签的停留期限：30天 需交纳的费用：51美元

· 265 ·

续表

序号	国家/地区名称	办理落地签证条件
10	尼泊尔	对护照种类及有效期的要求：中国普通护照、公务普通护照；原则上护照有效期需超过6个月；旅行证不能办理落地签 办理落地签需提供的材料：签证申请表、有效护照原件 可办理落地签的口岸：特里布万国际机场、博克拉国际机场、高塔姆佛祖国际机场、Rasuwagadi（Rasuwa）、Kodari（Mechi）、Gaddachauki（Kanchanpur）、Belahiya（Bhairahawa）、Biratnagar（Morang）（Rasuwa）、Kodari（Mechi）、Gaddachauki（Kanchanpur）、Belahiya（Bhairahawa）、Biratnagar（Morang）、Kakarbhitta（Mechi）、Jamunah（Banke）、Hilsa（Humla）、Birgunj（Parsa）、Mohana（Kailali） 落地签的停留期限：落地签一次最长可签发90天，旅游签最长可续签至150天 需交纳的费用：无
11	沙特阿拉伯	对护照种类及有效期的要求：不限护照种类，有效期至少6个月 办理落地签需提供的材料：未要求提供材料 可办理落地签的口岸：哈立德国王国际机场（利雅得）、吉达国际机场、达曼法赫德国王国际机场、巴林大桥口岸、巴塔口岸、杜拉口岸、达曼轮渡港口等 落地签的停留期限：可签发一次入境，停留期90天签证或一年多次入境，停留期90天签证 需交纳的费用：签证申请费约80美元，医疗保险费用约48.03美元

附录7 持普通护照中国公民前往有关国家和地区入境便利待遇一览表

续表

序号	国家/地区名称	办理落地签证条件
12	泰国	对护照种类及有效期的要求:有效期6个月以上的公务普通护照或普通护照 办理落地签需提供的材料:护照,机票和酒店订单(英文版),20000泰铢现金或4000人民币现金,两寸白底证件近照 可办理落地签的口岸:曼谷素万那普机场,曼谷廊曼机场,清迈机场,普吉机场及允许申请落地签证的入境口岸 落地签的停留期限:15天 需交纳的费用:2000泰铢
13	土库曼斯坦	对护照种类及有效期的要求:护照种类无限制,有效期应大于停留期 办理落地签需提供的材料:邀请人须事先在土移民局办理落地签的邀请函,国际旅行健康证明 申请人持护照,土移民局出具的邀请函、国际旅行健康证明办理落地签手续。 可办理落地签的口岸:土各口岸 落地签的停留期限:依据邀请函而定 需交纳的费用:一次入境,停留期10日:土首都机场85美元,其他口岸55美元,停留期20日:土首都机场95美元,其他口岸75美元,停留期1个月:土首都机场105美元,其他口岸95美元,3个月为135美元,其他口岸逐月增加30美元,即2个月为155美元,3个月为165美元,其他口岸逐月增加60美元,即2个月为215美元。多次入境,停留期1个月及以内:土首都机场125美元,其他口岸135美元,停留期1个月以上:土首都机场逐月增加40美元,即2个月为165美元,3个月为205美元,其他口岸逐月增加80美元,即2个月为215美元,3个月为295美元

· 267 ·

续表

序号	国家/地区名称	办理落地签证条件
14	文莱	对护照种类及有效期的要求:普通护照,有效期6个月以上 办理落地签需提供的材料:无邀请人:酒店订单,返程机票或赴第三国机票,签证申请表 请函、邀请人身份证复印件,返程机票或赴第三国机票,签证申请表 可办理落地签的口岸:文莱国际机场,陆路口岸(美里,林梦) 落地签的停留期限:14天 需交纳的费用:20文元(单次入境),30文元(多次入境)
15	叙利亚	对护照种类及有效期的要求:各类有效期大于6个月的护照,旅行证 办理落地签需提供的材料:叙当地注册公司,旅行社向叙内政部移民局申请的入境许可,护照 可办理落地签的口岸:叙利亚所有陆、海、空口岸 落地签的停留期限:3—6个月 需交纳的费用:75元人民币(按11或12美元收取)
16	伊拉克	对护照种类及有效期的要求:有效期6个月以上的公务、公务普通或因私护照 办理落地签需提供的材料:除有关护照外无需其他材料 可办理落地签的口岸:巴格达、巴士拉、纳杰夫、埃尔比勒、苏莱曼尼亚 落地签的停留期限:2个月 需交纳的费用:75美元

附录7 持普通护照中国公民前往有关国家和地区入境便利待遇一览表

续表

序号	国家/地区名称	办理落地签证条件
17	印度尼西亚	对护照种类及有效期的要求:因私护照,有效期6个月以上 办理落地签需提供的材料:回程机票或中转机票、护照 可办理落地签的口岸:16个机场口岸,91个海港口岸,6个边境口岸(详情请查阅印尼移民局官网 imigrasi.go.id/en/visa-kunjungan-saat-kedatangan/) 落地签停留期限:30天,可延期一次,最长30天 需交纳的费用:50万印尼盾/35美元
18	约旦	对护照种类及有效期的要求:因私普通护照,有效期不少于6个月,空白页数大于2页 办理落地签需提供的材料:护照原件(含有效出境章)、机票及行程单(如有) 可办理落地签的口岸:安曼阿丽亚皇后机场、亚咯巴侯赛因国王机场;陆海口岸:Jaber口岸,Ramtha口岸(主要供汽车通行)(约叙边境)、Sheikh Hussein大桥(约以边境)、A1-Karamah口岸(约伊边境)、Umari口岸、Mudawara口岸、Duraa口岸(约沙边境) 落地签的停留期限:30日,届时可向当地部门申请延期至60日 需交纳的费用:40约旦第纳尔(约合57美元)
19	越南	对护照种类及有效期的要求:护照有效期6个月以上 办理落地签需提供的材料:签证申请表、越南境内公司或单位担保函等 可办理落地签的口岸:各国际口岸 落地签的停留期限:30天 需交纳的费用:25美元

续表

序号	国家/地区名称	办理落地签证条件
20	埃及	对护照种类及有效期的要求：公务普通护照，普通护照，护照有效期需6个月以上 办理落地签需提供的材料：埃及当地旅行社担保，或提供往返机票，四星级以上酒店订单，2000美元现金 可办理落地签的口岸：埃及境内各国际机场，埃及塔巴陆路口岸（埃及与以色列边境）（注：埃及其它陆路口岸因接壤国或壤国地区安全局势严峻，对游客关闭或不定期开放） 落地签的停留期限：30天，可延期一次（不超30天） 需交纳的费用：25美元
21	安哥拉	对护照种类及有效期的要求：普通护照，不少于6个月有效 办理落地签需提供的材料：酒店预订单或在安居民出具的留宿材料；有效的疫苗接种或预防措施国际证书；生活费证明材料 可办理落地签的口岸：所有出入境口岸 落地签的停留期限：不超过30天 需交纳的费用：120美元
22	博茨瓦纳	对护照种类及有效期的要求：普通护照，有效期为6个月以上 办理落地签需提供的材料：申请表，机票酒店订单，邀请信等 可办理落地签的口岸：哈博罗内机场 落地签的停留期限：一般14天，最长90天 需交纳的费用：400~2000普拉不等

附录7 持普通护照中国公民前往有关国家和地区入境便利待遇一览表

续表

序号	国家/地区名称	办理落地签证条件
23	布隆迪	对护照种类及有效期的要求:普通护照,有效期为6个月及以上 办理落地签需提供的材料:护照,在布琼布拉国际机场填报的签证登记表打印页 可办理落地签的口岸:布琼布拉国际机场 落地签的停留期限:3日或30日 需交纳的费用:40美元(3日)或90美元(30日)
24	赤道几内亚	对护照种类及有效期的要求:无 办理落地签需提供的材料:有效护照原件,签证申请表2份(带签名),护照照片2张,无犯罪记录证明,国际旅行健康检查证明书,疫苗接种或预防措施国际证书,邀请公司介绍信(仅商务落地签证),填写赴赤几旅游证明(仅旅游落地签证) 可办理落地签的口岸:马拉博国际机场 落地签的停留期限:30日 需交纳的费用:5万中非法郎(约合600元人民币)
25	佛得角	对护照种类及有效期的要求:有效期6个月以上普通护照 办理落地签需提供的材料:含空白页的护照,旅行目的证明文件,如酒店预订单,邀请函等 可办理落地签的口岸:佛得角普拉亚国际机场,博阿维斯塔国际机场,萨尔国际机场,圣文森特国际机场 落地签的停留期限:90天 需交纳的费用:22.67欧元签证费及30.83欧元机场税

续表

序号	国家/地区名称	办理落地签证条件
26	吉布提	对护照种类及有效期的要求：普通护照，护照有效期不少于6个月 办理落地签需提供的材料：吉国际机场 可办理落地签的口岸：吉国际机场 落地签的停留期限：30天 需交纳的费用：30美元
27	津巴布韦	对护照种类及有效期的要求：半年以上有效期的因私护照 办理落地签需提供的材料：酒店订单或有效邀请函，往返机票行程单 可办理落地签的口岸：津巴布韦入境口岸均可办理 落地签的停留期限：30日 需交纳的费用：60美元
28	科摩罗	对护照种类及有效期的要求：普通护照，有效期不少于6个月 办理落地签需提供的材料：赛义德·易卜拉欣王子国际机场 可办理落地签的口岸：赛义德·易卜拉欣王子国际机场 落地签的停留期限：45日 需交纳的费用：15 000科郎或30欧元
29	卢旺达	对护照种类及有效期的要求：有效期不少于6个月的普通旅行证件 办理落地签需提供的材料：根据不同签证类别要求不同 可办理落地签的口岸：无限制 落地签的停留期限：30天 需交纳的费用：一次入境50美元，多次入境70美元

附录 7 持普通护照中国公民前往有关国家和地区入境便利待遇一览表

续表

序号	国家/地区名称	办理落地签证条件
30	马达加斯加	对护照种类及有效期的要求：各类护照均可办理,有效期至少 6 个月以上 办理落地签需提供的材料：回程机票 可办理落地签的口岸：塔那那利佛,塔马塔夫,诺西贝等有国际航班的城市 落地签的停留期限：15 至 90 天 需交纳的费用：15 天 10 欧元,30 天 35 欧元,60 天 40 欧元,如需从 60 天再延长至 90 天,需要申请人赴马首都移民局办理,价格为 8 万阿里亚里(约 128 元人民币),同时还需提交 2 张证件照、签证延期申请表及居住证明
31	毛里塔尼亚	对护照种类及有效期的要求：有效期 6 个月及以上的因私护照 办理落地签需提供的材料：护照 可办理落地签的口岸：努瓦克肖特国际机场,努瓦迪布国际机场,祖埃拉特机场,阿塔尔机场,努瓦迪布 PK55 陆地口岸,罗索陆地口岸,巴斯克努陆地口岸 落地签的停留期限：30 天 需交纳的费用：55 欧元或 60 美元
32	尼日利亚	对护照种类及有效期的要求：普通护照,有效期内即可 办理落地签需提供的材料：护照,在尼企业邀请函 可办理落地签的口岸：阿布贾,拉各斯,卡诺 落地签的停留期限：3 个月 需交纳的费用：174 美元

· 273 ·

续表

序号	国家/地区名称	办理落地签证条件
33	塞拉利昂	对护照种类及有效期的要求:普通护照,有效期6个月以上 办理落地签需提供的材料:疫苗接种或预防措施国际证书,来塞目的证明材料(如邀请函/酒店和保险订单等) 可办理落地签的口岸:隆吉机场口岸,根德马口岸,格巴拉穆亚口岸 落地签的停留期限:一个月,入境后可申请延期 需交纳的费用:80美元
34	圣多美和普林西比	对护照种类及有效期的要求:因私普通护照,有效期6个月以上 办理落地签需提供的材料:护照 可办理落地签的口岸:圣多美 Nuno Xavier 机场 落地签的停留期限:15天 需交纳的费用:500多布拉(约合161.2元人民币)
35	索马里	对护照种类及有效期的要求:护照种类无要求,有效期在落地签范围内即可 办理落地签需提供的材料:护照及驻索机构或当地机构出具的邀请函 可办理落地签的口岸:索所有口岸均可 落地签的停留期限:30天 需交纳的费用:60美元

附录7 持普通护照中国公民前往有关国家和地区入境便利待遇一览表

续表

序号	国家/地区名称	办理落地签证条件
36	坦桑尼亚	对护照种类及有效期的要求：公务普通护照，普通护照，剩余有效期超6个月 办理落地签需提供的材料：护照复印件，往返机票订单，入境申报表（旅游签证） 护照复印件，往返机票订单，坦方邀请函或中方派遣函、公司营业执照复印件等材料（商务签证） 可办理落地签的口岸：所有口岸 落地签的停留期限：90天 需交纳的费用：50美元（旅游签证），250美元（商务签证）
37	突尼斯	对护照种类及有效期的要求：普通护照，有效期6个月以上 办理落地签需提供的材料：提供已付费至突酒店的酒店订单，与停留期相符的往返交通票订单，明材料，但存在较大不确定性，无法保证签发 可办理落地签的口岸：突尼斯迦太基机场 落地签的停留期限：7天 需交纳的费用：约60突尼斯第纳尔
38	塞浦路斯	对护照种类及有效期的要求：仅限紧急人道主义状况下申办（如突然去世者的近亲属等）。护照应为10年内颁发，有至少2个空白页，预计离开塞浦路斯时护照日期护照有效期应超过3个月 办理落地签需提供的材料：视实际情况而定 可办理落地签的口岸：所有合法口岸；可办理短期（6个月内不超过90天）或机场过境签证（不包括"北塞地区"） 落地签的停留期限：可办理短期（6个月内不超过90天）或机场过境签证 需交纳的费用：80欧元

· 275 ·

续表

序号	国家/地区名称	办理落地签证条件
39	萨尔瓦多	对护照种类及有效期的要求：普通护照，对有效期无明确要求 办理落地签需提供的材料：有效期内的美国、加拿大、申根签证 可办理落地签的口岸：未明确 落地签的停留期限：根据具体情况确定 需交纳的费用：12美元
40	牙买加	对护照种类及有效期的要求：有效期6个月以上的公务普通护照，普通护照持有人以工作、经商等目的来牙，或来牙旅游超过30日，提前经牙移民局审核通过，可办理落地签 办理落地签需提供的材料：根据来牙事由不同，需在出发前通过邮件方式向牙移民局提交一系列相关材料（例如：工作事由提供牙劳工部出具的工作许可信，超过30日旅游事由提供相应酒店和机票订单等），经牙官方审核通过，方可在入境时办理落地签。如未经牙方审核通过直接来牙，有极大概率被拒绝入境 可办理落地签的口岸：金斯敦、蒙特哥贝 落地签的停留期限：根据具体事由，由牙移民局决定 需交纳的费用：350美元
41	玻利维亚	对护照种类及有效期的要求：有效期6个月以上因私护照 办理落地签需提供的材料：护照原件及复印件；签证申请表；如访问黄热病疫区需持疫苗接种证书；任返机票；经玻移民局备案的在玻合法居留人员邀请函或酒店预订单；有效财产证明；4X4白底照片 可办理落地签的口岸：任意口岸 落地签的停留期限：30天 需交纳的费用：735玻利维亚诺

附录7 持普通护照中国公民前往有关国家和地区入境便利待遇一览表

续表

序号	国家/地区名称	办理落地签证条件
42	库克群岛	对护照种类及有效期的要求:无 办理落地签提供的材料:护照,机票,健康及资金证明 可办理落地签的口岸:无限制 落地签的停留期限:31天 需交纳的费用:无
43	帕劳	对护照有效期及有效期的材料:护照有效期至少6个月(距离境帕劳时间至少6个月) 办理落地签提供的材料:有护照,确认机票,确认的返程机票 可办理落地签的口岸:均可办理 落地签审发30天许可,到期需至移民局延期,最长停留期90天 需交纳的费用:每次延期需交纳50美元
44	瓦努阿图	对护照种类及有效期的要求:因私普通护照,有效期超过6个月 办理落地签提供的材料:住返机票,确定的住宿 可办理落地签的口岸:维拉港国际机场 落地签的停留期限:不超120天 需交纳的费用:无

三、单方面允许中国公民免签过境国家和地区（41个）

序号	国家/地区名称	办理落地签证条件
1	阿曼	对护照种类及有效期的要求：所有种类护照，有效期6个月以上 免签过境需提供的材料：外交护照，公务护照无需材料，公务普通护照、因私普通护照提供酒店预订单、返程机票、健康保险 可免签过境的口岸：所有口岸 免签过境停留期限：外交护照、公务护照30天，公务普通护照、因私普通护照14天 需交纳的费用：无
2	阿塞拜疆	对护照种类及有效期的要求：因私护照，剩余有效期不少于6个月 免签过境需提供的材料：转机机票和第三国入境签证 可免签过境的口岸：盖达尔•阿利耶夫国际机场 免签过境停留期限：24小时（不可出机场管制区） 需交纳的费用：无
3	巴林	8小时内不出机场管制区转机可免签
4	韩国	详情可查阅韩国驻华使馆网站（https://overseas.mofa.go.kr/cn-zh/index.do） 一、仁川国际机场普通中转旅客免签入境政策 政策对象："过境韩国前在韩国普通中转入境人员免签入境政策"对象外，拟经仁川国际机场中转前在国籍国或第三国，并在离境前参加"过境旅游项目"（仁川国际机场转为外籍中转旅客推出的旅游项目，仁川空港公社、韩国航空等承认的旅游项目）的人员 部门要求：持有72小时内经仁川国际机场中转离韩机票，济州道免签入境旅客，免签人境期间在首都圈地区停留，同意"中转引导员"（引导仁川国际机场普通中转旅客、济州道免签中转旅客，持日本团签的中国团体游客参加

· 278 ·

附录7　持普通护照中国公民前往有关国家和地区入境便利待遇一览表

续表

序号	国家/地区名称	办理落地签证条件
	韩国	"过境旅游项目"的其运营团队工作人员）陪同；但被认为可能在参加旅游项目中擅自脱团等不参加旅游项目的，不予允许免签入境 在韩滞留资格及有效期：B-2（旅游过境），30天 二、济州岛中转旅客免签入境政策 政策对象：自中国（含港澳）出发，从韩国仁川、金浦、大邱、清州、襄阳及务安国际机场入境，在指定旅游开放地区内最长停留5天后前往济州特别自治道的中国团体游客（团签待办机构）组织的旅行团（根据脱团程度给予行政制裁；持有5天内前在济州道驻韩国大使领事馆指定旅行社（团签待办机构）组织的旅行团（拟乘船驶往济州港开放地区仅限制旅游开放地区内港口开通至济州港航线情况） 在韩滞留资格及有效期：B-2（旅游过境），15天，无需提交入境卡 三、持日本团签的中国团体游客免签入境政策 政策对象：持日本团体签证自中国出发经韩国回国或前往第三国的中国团体游客（不少于3人） 许可要求：韩国文化体育观光部指定旅行社和韩国驻华使领馆指定旅行社（团签待办机构）组织的旅行团，同意"中转引导员"陪同；除济州国际机场外，从仁川、金浦、金海、大邱、清州、襄阳及务安国际机场入境韩国 在韩滞留资格及有效期：B-2（旅游过境），15天，无需提交入境卡 四、过境韩国前往第三国人员免签政策 政策对象：入境韩国需要签证的国家人员，符合下列条件之一的：持美国（含关岛和塞班岛）、加拿大、澳大利亚、新西兰签证（含永久居留证，再入境许可）之一，过境韩国前往上述四国人员，或者自上述四

· 279 ·

续表

		国出发,经韩国前往国籍地或第三国人员;持欧洲 32 个国家(希腊,荷兰,挪威,丹麦,德国,拉脱维亚,罗马尼亚,卢森堡,立陶宛,列支敦士登,马耳他,比利时,保加利亚,塞浦路斯,瑞士,葡萄牙,波兰,斯洛伐克,斯洛文尼亚,冰岛,爱尔兰,爱沙尼亚,匈牙利,奥地利,意大利,捷克,克罗地亚,西班牙,法国,芬兰)签证(含永久居留证);过境韩国前往上述 32 个国家人员,或者自上述 32 国出发经韩国前往国籍国或第三国人员 许可要求:持有 30 天内离韩机票订单,且在相关国家没有非法居留等违法事实;近 3 年内(以入韩日期为准)未被拒绝入境韩国;未曾因非法拘留或者违反韩国法律规定等被处 500 万韩元以上通告处分或者下令限期出境、驱逐出境;在最后一个中转国或过境国停留不超过 3 天,但拟从韩国回该国(赴韩前最后一个中转过或过境国等)人员除外,美国,加拿大,新西兰及欧洲 32 国能核实有效性的签证贴在护照上;澳大利亚所持签证需通过澳大利亚签证在线验证系统(VEVO,online.immi.gov.au)验证 在韩滞留资格及有效期:B-2(旅游过境),30 天
5	柬埔寨	对护照种类及有效期的要求:无 可免签过境的口岸:金边国际机场,暹粒国际机场 免签过境停留期限:无,但不可出机场管制区 需交纳的费用:无
6	黎巴嫩	对护照种类及有效期的要求:所有护照种类均可办理,有效期 6 个月以上 可免签过境的口岸:贝鲁特国际机场 免签过境停留期限:无 需交纳的费用:无

附录7 持普通护照中国公民前往有关国家和地区入境便利待遇一览表

续表

7	孟加拉国	对护照种类及有效期的要求:6个月有效期护照 免签过境需提供的材料:由航空公司提供,个人无需提供材料 可免签过境的口岸:向国际旅客开放的口岸 免签过境停留期限:72小时 需交纳的费用:20美元,持外交、公务护照免费
8	沙特阿拉伯	对护照种类及有效期的要求:不限护照种类,有效期至少6个月 免签过境需提供的材料:凡是购买沙特航空或纳斯航空机票的乘客,可自动获得免签过境 可免签过境的口岸:哈立德国王国际机场(利雅得)、吉达国际机场、达曼法赫德国王国际机场等 免签过境停留期限:96小时 需交纳的费用:沙特航空免签过境免收申请费,纳斯航空申请费约10.5美元
9	斯里兰卡	对护照种类及有效期的要求:所有护照,有效期不少于6个月 免签过境需提供的材料:在不间断旅程中途经斯里兰卡,并继续乘坐同一航班(船只)赴第三国的,可免签过境;乘客列于航空公司出具名单中,证明并承诺乘坐下一班次赴第三国的,可免签过境 可免签过境的口岸:机场:科伦坡班达拉奈克国际机场、马特拉·拉贾帕克萨国际机场,科伦坡国际机场;港口:科伦坡港、加勒港、汉班托塔国际港、亭可马里港 免签过境停留期限:视航班经停情况 需交纳的费用:无

续表

10	乌兹别克斯坦	对护照种类及有效期的要求：持公务、公务普通和因私护照均可免入境，对护照有效期无特殊要求 免签过境需提供的材料：过境时需出示10日内回国或赴第三国机票，离境航班执飞航司应将旅客信息报边防部门备案 可免签过境的口岸：经国际机场可持10日内回国或赴第三国机票免签过境，经陆路口岸可持10日内回国或离境机票免签过境 免签过境停留期限：10天 需交纳的费用：无
11	新加坡	96小时免签过境政策，简称"VFTF" 对护照种类及有效期的要求：各类护照，有效期不少于6个月 免签过境需提供的材料：有效期不少于6个月的护照；96小时内离境的续程机票或船票；满足在新停留的足够经费；持有美国、加拿大、英国、澳大利亚、新西兰、日本、德国、瑞士等8国任一国签发的签证，且抵新时有效签证出行日使用，自该国经新加坡返回中国，仍可适用免签过境政策；电子入境卡（抵新前3日内在https://www.ica.gov.sg上填写并提交）；黄热病疫苗接种证明（如在抵新在6日内曾赴黄热病流行国家） 可免签过境的口岸：新加坡 免签过境停留期限：96小时 需交纳的费用：无

· 282 ·

附录7 持普通护照中国公民前往有关国家和地区入境便利待遇一览表

续表

12	伊朗	对护照种类有效期的要求:对护照种类无限制,有效期6个月以上 免签过境需提供的材料:无 可免签过境的口岸:无限制 免签过境停留期限:最长21天 需交纳的费用:无
13	约旦	对护照种类及有效期的要求:所有种护照,有效期6个月以上,空白页数大于2页 免签过境需提供的材料:护照原件(含有效出境章)、机票及行程单(如需)、下一站国家签证(如需) 可免签过境的口岸:航空口岸:安曼阿丽亚皇后机场,亚喀巴侯赛因国王机场;陆海口岸:Jaber口岸,Ramtha口岸(主要供汽车通行)(约叙边境)、Umari口岸、Mudawara口岸,Sheikh Hussein大桥,King Hussein大桥(约以边境)、Al-Karamah口岸(约伊边境),Duraa口岸(约沙边境) 免签过境停留期限:24小时 需交纳的费用:无
14	越南	对护照种类及有效期的要求:护照有效期6个月以上 免签过境需提供的材料:护照、国际航班机票等 可免签过境的口岸:各国际航空口岸 免签过境停留期限:未限时间 需交纳的费用:无

续表

15	埃塞俄比亚	对护照种类及有效期的要求:持6个月以上有效期中国护照(包括普通护照) 免签过境需提供的材料:亚的斯亚贝巴博莱国护照及转机机票 免签过境停留期限:无限制 需交纳的费用:无
16	多哥	对护照种类及有效期的要求:在有效期内的所有护照 免签过境需提供的材料:有效护照,联程机票或船票 免签过境停留期限:机场和港口 需交纳的费用:无
17	加蓬	对护照种类及有效期的要求:因私普通护照,有效期在3个月以上 免签过境需提供的材料:加蓬所有的相符的证明材料 免签过境停留期限:与入境目的所有口岸 需交纳的费用:30日
18	肯尼亚	对护照种类及有效期的要求:公务普通护照,因私护照,旅行证,有效期内即可 免签过境需提供的材料:乔莫·肯雅塔机场国际区 免签过境停留期限:停留在机场国际区,不出机场即可,若出机场需办理过境签 需交纳的费用:无

· 284 ·

附录7 持普通护照中国公民前往有关国家和地区入境便利待遇一览表

续表

19	毛里塔尼亚	对护照种类有效期的要求：有效期6个月及以上的中国护照 免签过境需提供的材料：护照、有效中转交通证明 可免签过境的口岸：努瓦克肖特国际机场、努瓦迪布国际机场、祖埃拉特机场、阿塔尔机场、努瓦迪布PK55陆地口岸、罗索陆地口岸、巴斯克努陆地口岸 免签入境停留期限：无明确时限，因私护照出境需办理落地签 需交纳的费用：无
20	摩洛哥	同免签入境。无论何种目的，中国公民持各类护照均可免签入境摩洛哥，包括过境中转 对护照种类有效期的要求：各类护照 免签过境需提供的材料：凭护照即可入境 可免签过境的口岸：全部 免签入境停留期限：最长停留90天 需交纳的费用：无
21	塞内加尔	对护照种类及有效期的要求：各类护照，有效期6个月以上 免签过境需提供的材料：护照及机票行程单 可免签过境的口岸：布莱兹迪亚涅机场 免签入境停留期限：72小时 需交纳的费用：无
22	赞比亚	对护照种类及有效期的要求：普通护照，有效期大于6个月 免签过境需提供的材料：无 可免签过境的口岸：所有口岸 需交纳的费用：无

· 285 ·

续表

23	奥地利	对护照种类及有效期的要求:种类无要求,有效期至少应有3个月 免签过境需提供的材料:无 可免签过境的口岸:所有口岸机场转机区(不入境) 免签过境停留期限:24小时 需交纳的费用:无
24	波兰	对护照种类及有效期的要求:公务普通护照、普通护照,3个月及以上有效期 免签过境需提供的材料:赴第三国(非申根国家)有效签证或居留,有效护照,赴第三国联程机票。经波兰其他申根国家入境 可免签过境的口岸:华沙肖邦国际机场国际候机区 免签过境停留期限:无停留期限要求,一般不超过24小时 需交纳的费用:无
25	瑞士	对护照种类及有效期的要求:应持有效且瑞士政府认可的旅行证件,签发日期应在10年以内 免签过境需提供的材料:无 可免签过境的口岸:可从任意口岸过境,不得离开机场中转区 免签过境停留期限:无特殊规定 需交纳的费用:无

附录7 持普通护照中国公民前往有关国家和地区入境便利待遇一览表

续表

26	塞浦路斯	对护照种类及有效期的要求:护照应为10年内颁发,有至少2个空白页。预计离开塞浦路斯日期护照有效期应超过3个月 免签过境需提供的材料:离境机票 可免签过境的口岸:只能在机场国际转机区域内停留 免签过境停留期限:24小时 需交纳的费用:无
27	斯洛伐克	对护照种类及有效期的要求:公务普通护照,普通护照 免签过境需提供的材料:仅允许停留在机场国际中转区域 可免签过境的口岸:自斯前往第三国机票 免签过境停留期限:无限制 需交纳的费用:无
28	西班牙	对护照种类及有效期的要求:有效公务和普通护照,未提及有效期 免签过境需提供的材料:持联程机票且下一站目的地(或转机地)为非申根国家 可免签过境的口岸:西班牙境内机场国际中转区 免签过境停留期限:联程机票离开西班牙的时间为准 需交纳的费用:无

· 287 ·

续表

29	匈牙利	对护照种类及有效期的要求：公务普通护照，因私普通护照 免签过境需提供的材料：有效护照，联程机票以及前往目的地国所需相关文件等 可免签过境过境的口岸：免签过境不能离开中转区，包括取出托运行李再登机等情形，均需办理申根签证 免签过境停留期限：24小时内（由于布达佩斯机场中转区较小且联程航班少，建议拟免签过境人员根据航班情况谨慎安排，必要时邮件询问机场） 需交纳的费用：无
30	意大利	对护照种类及有效期的要求：公务，普通护照均可免签过境，护照截至离境原则上需剩余至少3个月有效期 免签过境需提供的材料：护照，入境第三国的签证，机票 可免签过境过境的口岸：机场国际过境区域 免签过境停留期限：无限制 需交纳的费用：无
31	海地	对护照种类及有效期的要求：无 免签过境需提供的材料：须提供离境机票 可免签过境过境的口岸：太子港 免签过境停留期限：90天 需交纳的费用：如出海关需交纳10美元

附录7 持普通护照中国公民前往有关国家和地区入境便利待遇一览表

续表

32	尼加拉瓜	对护照种类及有效期的要求：无护照种类要求，如不出机场管制区转机，则无需签证 可免签过境的口岸：下站飞抵机票 免签过境停留期限：无 需交纳的费用：无
33	牙买加	对护照种类及有效期的要求：中转旅客仅在机场国际中转区停留，无需签证；护照有效期6个月以上的公务普通护照，普通护照持有人如需入境，需出示从国内到目的地国的往返机票，其中包括3日内从牙买加出发的接续航班机票 可免签过境的口岸：金斯敦、蒙特哥贝 免签过境停留期限：3日 需交纳的费用：无
34	阿根廷	对护照种类及有效期的材料：普通护照，有效期一般不少于6个月 免签过境的材料：护照、经运输公司确认的离境行程单 可免签过境的口岸：国际机场、车站等口岸中转区 免签过境停留期限：12小时 需交纳的费用：在规定停留期内无需交纳相关费用

· 289 ·

续表

35	圭亚那	对护照种类及有效期的要求:持6个月以上有效期的各类护照 免签过境需提供的材料:始发地、贾根国际机场中转圭亚那和目的地机票行程单 可免签过境的口岸:贾根国际机场 免签过境停留期限:无明确要求 需交纳的费用:无
36	智利	对护照种类及有效期的要求:普通护照和公务普通护照,有效期无明确规定 免签过境需提供的材料:乘飞机直接过境,不出机场管制区目停留期不超过24小时,免办签证 可免签过境的口岸:仅限航空口岸 免签过境停留期限:24小时 需交纳的费用:无
37	巴布亚新几内亚	对护照种类及有效期的要求:无特别要求 免签过境需提供的材料:护照、下一程机票 可免签过境的口岸:不出机场管制区 免签过境停留期限:无特别要求 需交纳的费用:无
38	库克群岛	对护照种类及有效期的要求:无 免签过境需提供的材料:护照、机票、资金证明 可免签过境的口岸:无限制 免签过境停留期限:30天 需交纳的费用:无

附录7　持普通护照中国公民前往有关国家和地区入境便利待遇一览表

续表

39	密克罗尼西亚联邦	对护照种类及有效期的要求：护照有效期至少120天 免签过境需提供的材料：护照，机票 可免签过境的口岸：均可免签 免签过境停留期限：落地审发30天许可，到期需至移民局延期，最长停留期90天 需交纳的费用：无
40	纽埃	对护照种类及有效期的要求：无 免签过境需提供的材料：护照，机票，资金证明 可免签过境的口岸：无限制 免签过境停留期限：30天 需交纳的费用：无
41	萨摩亚	对护照种类及有效期的要求：种类无要求，有效期大于6个月 免签过境需提供的材料：有效期大于6个月的护照，返程或前往第三国机票，前往第三国的签证，资金证明，居住地地址 可免签过境的口岸：阿皮亚 免签过境停留期限：90天 需交纳的费用：无

资料来源：http://cs.mfa.gov.cn/zggmcg/cgqz/qzxx_660462/202110/t20211030_10404169.shtml。

后　记

　　我与领事工作结缘始于2000年。是年3月，我从外交学院借调到中国驻以色列大使馆领事部工作。我的前任因身体原因急于回国，使馆迫切希望有人前去接替，因此，我未来得及接受任何与领事工作相关的培训就奔往国外赴任。至今我仍然清晰地记得，从北京飞往特拉维夫的航班于夜晚降落在本·古里安国际机场。第二天早上我到使馆报到，主管领事工作的刘爱忠参赞拿出三大本规章制度汇编摆在我的面前，和颜悦色地安慰我说，没有培训没关系，咱们在实践中边干边学。就这样，对领事业务一无所知的我走上了领事工作岗位。所幸当时中国公民出国人数不多，使馆的领事工作任务也不像当今这样复杂，还能容我边干边学。在为期两年零三个月的领事工作中，我认真阅读规章制度，主动向前辈请教，逐渐学会了制作颁发签证、护照（那时候使馆可以自己制作护照）、公证认证书等，并不定期地去监狱探望因非法打工被关押的中国工人。参与处理的最大的一起领事保护案件是2002年4月中国工人耶路撒冷公交车爆炸伤亡案。接到耶路撒冷警察局的通知后，使馆主管领事工作的倪坚参赞立即开车带着我和领事部的同事们连夜从特拉维夫赶往耶路撒冷，挨家医院寻找被收治的受伤中国工人和被暂时安置的已遇难中国工人遗体。找到之后，又与使馆商务处一起处理后续保护和协助事宜。

后　记

2002年6月，我在使馆任期结束，回到国内继续任教，正逢外交学院开设"当代中国领事"课程。吴建民院长邀请刚任满回国的中国驻纽约总领事张宏喜大使来学院讲授该门课程。由于我在使馆领事部的工作经历，被学院领导指定为张大使的助教。张大使从事领事实践工作几十年，曾任领事司司长，对中国领事工作有着全面深刻的理解。在讲授领事课程的过程中，我还结识了一位良师益友——梁宝山参赞。梁参赞也是资深领事官员，对领事问题的研究深入细致，著有《实用领事知识》一书，并编写了钱其琛主编的《世界外交大辞典》中几乎所有关于领事知识的词条。在两位前辈的鼓励和引导下，我走上了领事问题研究的道路。后来，因张大使工作繁忙，无暇兼顾授课工作，我逐步接手"当代中国领事"这门课程。将多年教学和研究的内容要点记录下来，编写一本教材，一直是我的心愿。

在此书的编写过程中，我得到了很多人的支持与帮助。尤其要感谢我的博士生魏冉，她帮我查找了不少材料，并帮我校对了初稿。感谢当代世界出版社的刘娟娟女士和她的团队，正是因为他们的付出，这本书才能够顺利与读者见面。

当前，世界处于百年未有之大变局，中国特色大国外交也面临着前所未有的机遇与挑战，中国驻外使领馆工作异常繁忙。希望此书能够让更多的人了解领事工作，并助力外交外事人员培训。希望以后所有驻外人员在走上工作岗位之前能够接受良好的培训，不要像当年的我，基本上靠"自学成才"。愿他们能够更好地发挥才干，为祖国外交事业作出更多贡献。

夏莉萍
2024年1月20日于北京